기적을 만나는 기도

기적을 만나는 **기도**

초판 1쇄 발행 2022년 5월 1일

지은이 · 박영호, 조병호
펴낸곳 · 도서출판 **통독원**
편　집 · 박지영
디자인 · 전민영

주소 · 서울시 강남구 선릉로 806
전화 · 02)525-7794 팩 스 · 02)587-7794
홈페이지 · www.tongbooks.com
등록 · 제21-503호(1993.10.28)

ISBN 979-11-90540-40-7 03230

기적을 만나는 기도

박영호, 조병호 지음

통독원

예수 믿는 사람들은 하늘의 하나님께 기도하는 사람들입니다. 예수를 주라 고백하는 그리스도인들은 예수 그리스도의 이름으로 하늘의 하나님께 기도합니다. 그렇다면 우리는 왜 하나님께 기도할까요? 그 답은 바로 계시의 책 성경에 있습니다. 성경 속 하나님의 사람들이 하나님께 기도했기 때문입니다.

세상 사람들은 나름 다 그들의 방식으로, 그들이 원하는 대로, 그들의 형식에 따라 기도를 하고 삽니다. 그러나 성경 속 하나님 사람들의 기도는 세상 사람들의 기도와는 다릅니다. 성경 속 하나님 사람들의 기도는, 구약성경에서는 다메섹 엘리에셀, 모세, 한나, 다윗, 솔로몬, 예레미야, 느헤미야의 기도 등이 기록되어 있고, 신약성경에서는 기도의 모범이시고 우리에게 기도를 가르쳐주신 예수님, 그리고 스데반과 사도 바울의 기도 등이 기록되어 있습니다.

하나님께서 성경 속 하나님 사람들의 기도를 성경에 기록해 우리에게 선물로 주신 이유는 우리도 성경 속 하나님 사람들처럼 그렇게 기도하기를 바라셨기 때문일 것입니다.

아이들이 하는 말을 가만히 들어보면 그들의 말은 곧 그들 부모의 언어라는 사실을 발견하게 됩니다. 기도 언어도 마찬가지입니다. 성경을 공부하고 하는 기도가 있고, 무슨 말인지도 잘 모르면서 이전 성도들이 하던 기도를 그저 무의식중에 따라 하는 기도도 있습니다.

기도는 성경 속 하나님 사람들에게 배워서 해야 합니다. 그래야 성경 속 하나님 사람들처럼 하나님께 통(通)하고, 기적을 체험하게 됩니다.

하나님께 통(通)하지 않고, 기적을 체험할 수 없는 기도는 다음과 같습니다.

첫째, 외식하는 자의 기도입니다. 외식하는 사람은 자기가 기도를 많이 한다는 사실을 사람들에게 보여주고 널리 알리기 위해 사람들이 많이 모여 있는 곳에서 눈에 띄는 기도를 합니다. 바리새인들은 사람들이 다 들을 수 있도록 대놓고 세리와 비교하며 자기가 세리 같지 않아서 감사하다는 기도를 했습니다. 그런데 이런 기도는 하늘에서 받을 상이 없습니다. 이 사람은 이미 사람들에게 상을 다 받았기 때문입니다.

둘째, 중언부언하는 기도입니다. 예수님 당시 이방인들은 기도를 오래, 그리고 길게 즉, 말을 많이 해야 자랑스러운 기도라고 생각했습니다. 기도를 오래, 길게, 그리고 말을 많이 하려고만 하면 그 말은 두서가 없고, 중언부언하며, 듣기도 힘듭니다. 이렇게 장시간 기도하는 사람에게 자기만족은 있겠지만, 예수님께서는 이런 기도는 하지 말라고 꼬집어 말씀하셨습니다.

하나님께서는 우리가 하나님께 구하기 전에 우리에게 있어야 할 것을 아십니다. 그러므로 기도는 골방에 들어가 문을 닫고 은밀한 중에 계신 하나님께 기도해야 합니다. 이것이 예수님께서 가르쳐주신 기도의 비결입니다.

본서는 성경 속 하나님의 사람들이 어떻게 기도했는지를 성경을 통해 배우며, 우리의 기도도 성경 속 하나님의 사람들처럼 하나님과 통(通)하며, 우리의 기도도 성경 속 하나님의 사람들처럼 기적을 체험하는 기도가 되는 길을 제시합니다.

본서를 다 읽고 나면, 왜 성경 속 하나님의 사람들이 결국 모든 영광을 하나님께 돌려드렸는지 깨닫게 될 것입니다. 우리의 기도와 우리의 묵상도 성경 속 하나님의 사람들처럼 하나님께 열납 되기를 소망합니다.

주후 2022년 부활절을 보내며
창원새순교회 박영호 목사와
성경통독원 조병호 박사가 공저하며
하나님께 영광을 돌립니다.

Contents

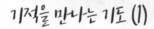

기적을 만나는 기도 (1)
다메섹 엘리에셀의
기도와 말씀 묵상

"그가 이르되 우리 주인 아브라함의 하나님 여호와여 원하건대 오늘 나에게
순조롭게 만나게 하사 내 주인 아브라함에게 은혜를 베푸시옵소서 성 중 사
람의 딸들이 물 길으러 나오겠사오니 내가 우물 곁에 서 있다가 한 소녀에게
이르기를 청하건대 너는 물동이를 기울여 나로 마시게 하라 하리니 그의 대
답이 마시라 내가 당신의 낙타에게도 마시게 하리라 하면 그는 주께서 주의
종 이삭을 위하여 정하신 자라 이로 말미암아 주께서 내 주인에게 은혜 베푸
심을 내가 알겠나이다"(창 24:12~14)

1. 기도란 무엇인가?
기도를 어떻게 해야 하는가?

교회에 다니기 시작하면서 크게 달라진 우리의 모습이 있다면 그것은 바로 우리가 하나님께 기도한다는 것입니다. 예수님을 믿는 사람, 신앙생활을 시작한 사람은 언젠가부터 하나님 앞에 나아가 기도합니다. 그런데 기도가 무엇인지 정확하게 알거나 또 기도를 어떻게 해야 잘하는 것인지 알고 기도하는 사람은 생각보다 많지 않습니다.

신앙생활을 하는 가운데 제일 잘못하기 쉬운 것이 기도입니다. 성도들이 세상 사람들이 하는 기도처럼 하나님의 자리를 또 다른 신과 바꿔서 기도하는 그 정도 선에 머물러 있기 쉽기 때문입니다. 대부분 예수님을 믿기 이전에 기본적으로 무속신앙에서 가지고 있던 기도를 조금 바꿔 무늬만 기도인 기도를 합니다. 때문에 기도의 내용을 보면 자기 개인의 문제, 가족들의 건강, 자녀들의 시험과 결혼, 남편의 성공과 같은 지극히 개인적인 문제 해결을 갈망하며 드리는 기도가 많습니다. 그런데 이런 기도는 교회 밖에서도 얼마든지 할 수 있는 기도입니다.

하나님의 말씀인 성경을 모르기 때문에 그렇습니다. 우선 기도하는 사람이 가장 기본적으로 알아야 할 것은 "세계를 경영하시는 분은 하나님이시다."라는 사실입니다. 하나님께서는 하나님의 나라를 이 땅에 세우려 하시는 분임을 알아야 합니다. 예수님께서는 "너희는 먼저 그의 나라와 그의 의를 구하라"(마 6:33)라고 말씀하셨습니다. 이 말씀은 하나님의 나라와 하나님의 의를 구하라는 뜻입니다. 하나님께서 이 땅에 하나님 나라를 세우시는 것은 의로운 나라를 세우려 하시는 것입니다.

이를 위해 하나님께서 아브라함을 택하셨습니다. 하나님께서는 하나님의 법도를 실천하는 백성들을 통해서 하나님의 나라를 세우고 싶으셨습니다. 그 내용이 창세기 18장 18~19절에 잘 나타나 있습니다.

> "아브라함은 강대한 나라가 되고 천하 만민은 그로 말미암아 복을 받
> 게 될 것이 아니냐 내가 그로 그 자식과 권속에게 명하여 여호와의 도
> 를 지켜 의와 공도를 행하게 하려고 그를 택하였나니 이는 나 여호와
> 가 아브라함에게 대하여 말한 일을 이루려 함이니라"(창 18:18~19).

아브라함이 갈대아 우르에서 우상숭배하고 있을 때 하나님께서 "너는 너의 본토 친척집을 떠나 내가 네게 지시할 땅으로 가라!"라고 말씀하셨습니다. 그때 이미 아브라함을 통해서 한 씨를 주시고 민족을 이루게 하여 창대하게 하셔서 세상 모든 민족이 복을 받게 하겠다는 하나님의 계획이 있으

셨습니다. 하나님의 말씀에 순종한 아브라함은 하란에 갔다가 다시 하란에서 가나안 땅으로 내려오는 과정을 거쳤습니다(창 12장). 그리고 아브라함이 가나안 땅에 도착했을 때 하나님께서 이 땅을 너와 네 자손에게 주시겠다고 한 땅과 자손에 관한 계시를 창세기 18장에서 또다시 주셨던 것입니다.

처음에는 몰랐습니다. 그러나 계속해서 하나님께서 아브라함에게 필요할 때마다 이 말씀을 주셔서 깨닫게 하십니다. 아브라함이 점차 '아, 하나님께서 내 개인적인 삶을 통해 무엇인가 원하시는구나. 그것을 이루어가기 위해서 내가 기도하는 사람으로 살기를 원하시는구나.' 하고 깨닫습니다.

어느 날에는 하나님께서 아브라함에게 그 유명한 소돔과 고모라에 대한 멸망을 예고하기도 하셨습니다. 그러나 소돔과 고모라를 멸망시키기 전에 아브라함을 통해서 세우려는 나라가 무엇인지에 대해서 먼저 말씀하시며 나라 같지 않은 소돔과 고모라성에 대한 심판과 멸망을 선포하셨습니다. 소돔과 고모라에 대한 하나님의 심판에 대해 듣고 아브라함은 그 성에 의인 50명, 40명, 30명, 20명, 10명이라도 있으면 그 성을 용서해주시기를 하나님께 기도했습니다. 이를 통해 우리는 기도하기를 원하시는 하나님의 뜻을 알 수 있습니다.

기도란 무엇입니까? 기도는 내가 원하고 바라고 소원하는 것이 응답될 때까지 기도하여 응답받는 것이 아닙니다. 기도는 하나님께서 이 땅, 이 역사 속에서 이루고자 하시는 하나님 나라를 위해서, 하나님의 뜻이 이루어지도록 하기 위해서, 우리가 하나님의 세계 경영에 동참하는 것입니다. 하나님께서 세상을 다스리시는 데에 동참하는 길이 바로 기도인 것입니다.

2. 엘리에셀의 기도
- 800킬로 후 1분 기도

역사적인 시간을 보면, 창세기 21장에는 하나님께서 약속하신 지 25년 만에 이삭이 출생하고 8일 만에 할례를 받고 또 젖 뗄 때 그 이복형인 이스마엘과 헤어지는 이야기, 그리고 이스마엘과 그의 어머니 하갈을 내보내는 이야기가 있습니다. 하나님께서는 그렇게 약속의 땅에 이삭만 남겨두셨습니다.

그리하신 후 창세기 22장에는 모리아산에서 이삭을 번제로 바치려고 했던 사건이 나옵니다. 창세기 23장에는 사라가 죽고, 아브라함이 사라의 장례를 위해 막벨라굴이 있는 밭을 사서 그곳에 아내를 장례 치른 이야기가 나옵니다.

이제 사라가 죽고 아브라함과 아들 이삭만 남았습니다. 그리고 이삭이 사십 세가 되었습니다. 아브라함이 약속의 땅에 도착했을 때, 하나님께서 아브라함에게 한 씨를 주겠다고 하신 지 25년 만에 이삭이 태어났고, 그로 부터 40년이 지난 이야기가 창세기 24장의 이야기입니다. 하나님의 계획을 위해서는 먼저 아브라함의 씨가 되는 이삭으로 말미암아 한 민족이 이루어 져야 합니다. 온 세상이 하나님의 복을 받으려면 일단 이삭이 결혼부터 해 야 합니다. 그래서 하나님의 크고 놀라운 계획이 이루어지기 위해서는 이 삭의 신부 될 사람이 너무나 중요했던 것입니다. 엘리에셀 또한 이 중요한 사실을 잘 알고 있었을 것입니다.

창세기 14장에서 보면 아브라함의 집에는 318명의 가신이 있었습니다. 창세기 24장은 시간이 더 지난 시점이었으니 더 많은 사람이 아브라함과 함께하고 있었을 것입니다. 아브라함은 집안에 있는 종들 가운데 엘리에셀 을 불러서 자신의 허벅지 아래 손을 넣게 하고 맹세를 시켰습니다.

> "내가 너에게 하늘의 하나님, 땅의 하나님이신 여호와를 가리켜 맹세
> 하게 하노니 너는 내가 거주하는 이 지방 가나안 족속의 딸 중에서 내
> 아들을 위하여 아내를 택하지 말고 내 고향 내 족속에게로 가서 내 아
> 들 이삭을 위하여 아내를 택하라"(창 24:3~4).

주인 아브라함에게 맹세를 한 엘리에셀이 낙타 열 마리에 이삭의 아내 가 될 여인에게 줄 선물을 싣고 헤브론에서 하란까지 약 800km에 이르는 먼 길을 떠납니다.

800km를 가려면 하루 40km를 걷는다고 할 때 아무리 적게 걸려도 20일은 걸립니다. 열 마리의 낙타를 몰고 여러 사람이 함께 갔다면 20일보

다 더 걸렸을 것입니다. 마침내 그곳에 도착하자마자 엘리에셀이 다음과 같이 하나님께 기도를 합니다.

> "우리 주인 아브라함의 하나님 여호와여 원하건대 오늘 나에게 순조롭게 만나게 하사 내 주인 아브라함에게 은혜를 베푸시옵소서 성 중 사람의 딸들이 물 길으러 나오겠사오니 내가 우물 곁에 서 있다가 한 소녀에게 이르기를 청하건대 너는 물동이를 기울여 나로 마시게 하라 하리니 그의 대답이 마시라 내가 당신의 낙타에게도 마시게 하리라 하면 그는 주께서 주의 종 이삭을 위하여 정하신 자라 이로 말미암아 주께서 내 주인에게 은혜 베푸심을 내가 알겠나이다"(창 24:12~14).

아브라함의 며느릿감인 이삭의 신부될 사람을 순조롭게 만나게 하셔서 주인 아브라함에게 은혜를 베풀어주시라는 기도입니다. 주인 아브라함의 며느리 이삭의 신부를 찾는 데 하나님의 은혜가 필요하다는 것입니다.

기도를 마치기도 전에 리브가가 그곳에 도착합니다. 기도를 하고 나서 한참 기다렸다던지 하루를 기다렸다든지 한 게 아니고 1분도 안 되게 짧게 기도한 후 그 기도가 바로 응답된 것입니다. 마치 엘리에셀이 하란에 도착하는 그 시간에 맞추신 것 같은 장면입니다.

예수님께서 주신 기도에 대한 가르침 중에 "구하기 전에 너희에게 있어야 할 것을 하나님 너희 아버지께서 아시느니라"(마 6:8)라는 말씀이 있습니다. 우리의 성경 지식과 신앙으로 보면 엘리에셀이 할 기도의 내용도 하나님께서 알고 계셨을 것이고, 800km나 달려오기 전에 무엇 때문에 오는지도 알고 계셨다는 것입니다. 아브라함이 엘리에셀에게 부탁하는 그 여인을, 하나님께서 하란 땅에 이미 준비해놓고 계셨던 것입니다. 하나님께서 리브가를 만날 수 있도록 환경을 모두 만들어놓으셨습니다.

그러면서 하나님께서는 엘리에셀에게 기도하도록 하십니다. 엘리에셀과 아브라함 사이에 맹세가 이루어지게 하신 것입니다. 그렇게 해서 궁극적으로 보면 한 사람 찾는 일을 통해 하나님께서 세계를 경영하신다는 사실을 깨닫게 하십니다. 지금이 아니라 먼 미래까지 내다보시고 일하시는 하나님의 일에 엘리에셀이 지금 기도하면서 참여하고 있었던 것입니다. 엘리에셀의 기도는 교회가, 그리고 성도들이 해야 하는 기도입니다.

내 앞에 필요한 조그마한 것, 물론 우리 개인에게는 큰 문제라 할 수 있는, 이를테면 재산에 관한 문제라든지 또는 질병의 고통에서 구원받는 문제 등과 같은 기도 하나까지라도 하나님께서 세계를 경영하시는 일에 관계된 일입니다. 하나님께서는 그 일을 위해서 기도로 동참해야 된다는 것을 엘리에셀의 기도를 통해 우리에게 가르쳐주십니다. 그래서 오늘 우리의 기도 또한 하나님의 세계 경영과 관계가 있다는 사실을 알아야 합니다.

예수님께서는 우리에게 기도에 대해서 여러 가지를 가르쳐주셨습니다. 사람에게 보이려고 기도하지 마라. 길거리에서 손들고 큰 소리 지르면서 기도하지 마라. 기도하려면 골방에 들어가서 은밀하게 보시는 하나님 아버지 앞에서 응답받는 기도를 하라. 이방인들이 자기들의 신들에게 하는 것처럼 무슨 말을 하는지 알아듣지도 못하는 중언부언하는 그런 기도, 아무 뜻도 없는 그런 기도는 하지 마라, 라고 예수님께서 가르쳐주셨습니다.

그러면서 하늘 아버지께서 너희에게 있어야 될 것이 무엇인지 아심을, 너희는 너희의 필요를 알고 계시는 하나님 아버지께 기도하는 것임을 가르쳐주셨습니다. 그리고 하나님께 기도하면 반드시 응답해주신다고 믿음을 가지고 기도하라고 말씀하시며 우리에게 어떻게 기도하는지 그 모범을 가르쳐주셨습니다.

> "하늘에 계신 우리 아버지여 이름이 거룩히 여김을 받으시오며 나라가 임하시오며 뜻이 하늘에서 이루어진 것 같이 땅에서도 이루어지이다 오늘 우리에게 일용할 양식을 주시옵고 우리가 우리에게 죄 지은 자를 사하여 준 것 같이 우리 죄를 사하여 주시옵고 우리를 시험에 들게 하지 마시옵고 다만 악에서 구하시옵소서 (나라와 권세와 영광이 아버지께 영원히 있사옵나이다 아멘)"(마 6:9~13).

예수님께서 가르쳐주신 기도와 엘리에셀의 기도는 시간적으로 2천 년의 간격이 있는 기도이지만 엘리에셀의 기도가 예수님께서 가르쳐주신 기도와 동떨어져 있지 않습니다. 엘리에셀이 자기 주인 아브라함이 며느리를 얻게 해달라는 기도, 곧 자기 주인의 아들 이삭이 신부를 맞이하게 해달라는 이 기도가 바로 하나님의 나라와 하나님의 의와 관계가 있다는 것입니다.

3. 아브라함을 통해 하나님 배우기

엘리에셀이 이 기도를 하기 위해서는 오랜 시간이 그에게 필요했습니다. 우리는 아브라함과 엘리에셀의 이야기를 알고 있습니다. 정확하게 두 사람이 어디에서 어떻게 만났는지는 모르지만 엘리에셀을 이야기할 때 아브라함은 '내가 키운 종'이라고 이야기합니다.

창세기 13장을 보면 아브라함과 롯이 헤어지는 이야기가 나옵니다. 롯이 떠나고 아브라함이 굉장히 쓸쓸하고 외로워할 때 하나님께서 "동서남북을 바라보라."라고 말씀하시며 "네 눈에 보이는 모든 것을 네 자손에게 주겠다."라고 걱정하지 말라고 말씀해주셨습니다. 창세기 14장에는 앗수르 제국의 4개 도시국가 연합들과 소돔과 고모라 지역의 5개 도시국가 연합들이 국제적인 전쟁을 하는 사건이 등장합니다.

창세기 14장에 "당시에 시날 왕 아므라벨과 엘라살 왕 아리옥과 엘람 왕 그돌라오멜과 고임 왕 디달이"(창 14:1), 이렇게 4개의 도시국가 연합군과 그 다음에 소돔과 고모라 지역을 중심으로 "소돔 왕 베라와 고모라 왕 비르사와 아드마 왕 시납과 스보임 왕 세메벨과 벨라 곧 소알 왕과 싸우니라"(창 14:2)와 같이 5개 도시국가 연합군 사이에 국제 전쟁이 벌어져 결국 소돔 지역의 도시국가 연합군이 패배합니다. 그러면서 아브라함의 조카 롯과 그 가족들이 잡혀갑니다.

"도망한 자가 와서 히브리 사람 아브람에게 알리니"(창 14:13).

그곳에서 도망쳐 나온 어떤 사람이 히브리 사람 아브라함에게 '아브라함의 조카 롯'이 잡혀갔다는 사실을 알려줍니다. 그러자 아브라함과 동맹한 원주민들이 연합군을 형성해 롯을 구하기 위해 북쪽으로 단까지 올라갑니다.

"아브람이 그의 조카가 사로잡혔음을 듣고 집에서 길리고 훈련된 자
삼백십팔 명을 거느리고 단까지 쫓아가서"(창 14:14).

그들은 더 멀리 다메섹 왼편 호바까지 쫓아가 기습합니다. 기습을 밤에 했기 때문에 이 전투는 야습이기도 했습니다. 이는 적군이 생각지도 못했던 전술이었습니다. 아브라함이 318명의 가신과 동맹 부족들과 같이 가서 싸운 전쟁 때 나온 전문 군사용어는 야습과 기습으로 그때에 시행이 된 것입니다.

이 전쟁에서 아브라함이 이기고 돌아옵니다.

> "살렘 왕 멜기세덱이 떡과 포도주를 가지고 나왔으니 그는 지극히 높으신 하나님의 제사장이었더라"(창 14:18).

지극히 높으신 하나님의 제사장 살렘 왕 멜기세덱이 떡과 포도주를 가지고 나와서 아브라함을 맞이합니다. 아브라함은 멜기세덱에게 십일조를 드리고, 그는 아브라함을 축복해줍니다. 이상의 내용을 누구보다 잘 알고 있는 사람이 아브라함의 종 엘리에셀입니다.

이어지는 창세기 15장에서는 하나님께서 아브라함에게 또다시 땅과 자손에 관한 약속을 해주십니다. 이때 중요한 사건이 엘리에셀에게 생깁니다.

> "이 후에 여호와의 말씀이 환상 중에 아브람에게 임하여 이르시되 아브람아 두려워하지 말라 나는 네 방패요 너의 지극히 큰 상급이니라 아브람이 이르되 주 여호와여 무엇을 내게 주시려 하나이까 나는 자식이 없사오니 나의 상속자는 이 다메섹 사람 엘리에셀이니이다 아브람이 또 이르되 주께서 내게 씨를 주지 아니하셨으니 내 집에서 길린 자가 내 상속자가 될 것이니이다"(창 15:1~3).

아브라함이 이 이야기를 하나님께 드릴 때 엘리에셀은 충격과 기쁨을 동시에 느꼈을 것입니다. 그동안 자기 주인에게 충성하는 삶을 살았는데 아들이 없는 주인이 자기를 상속자로 삼으려고 한다는 말을 아브라함이 지금 하나님께 말씀드린 것입니다. 그런데 하나님께서 아브라함을 밖으로 데리고 나가셔서 하늘을 우러러 뭇별을 셀 수 있나 보라고 하시면서 네 자손이 이와 같으리라고 말씀하셨습니다. 그러자 아브라함이 하나님의 말씀을 믿습니다.

> "여호와의 말씀이 그에게 임하여 이르시되 그 사람이 네 상속자가 아니라 네 몸에서 날 자가 네 상속자가 되리라 하시고 그를 이끌고 밖으로 나가 이르시되 하늘을 우러러 뭇별을 셀 수 있나 보라 또 그에게 이르시되 네 자손이 이와 같으리라 아브람이 여호와를 믿으니 여호와께서 이를 그의 의로 여기시고"(창 15:4~6).

이때 아브라함이 하나님의 말씀을 믿었다는 것은 엘리에셀을 상속자로 삼겠다는 결심을 포기한다는 것입니다. 아브라함이 하나님께 말씀드릴 그때 하나님께서 거절하시는 말씀을 들으면서 엘리에셀이 굉장히 충격을 받았을 것입니다. 또한 자기 주인 아브라함이 하나님의 말씀을 듣고 곧바로 자기를 상속자로 삼는 것을 포기하는 것을 보고 충격을 받았을 것입니다. 엘리에셀에게 얼마나 상처가 되었겠습니까. 사실 기대한 것은 아닐 것입니다. 엘리에셀이라는 사람이 그동안 아브라함의 상속자가 되기 위해서 충성했다고는 절대로 생각하지 않습니다. 그래도 아브라함이 자기를 상속자로 삼으리라는 그 이야기를 들었을 때 너무나도 기뻤을 텐데 결국 하나님께서 가로막으시고, 아브라함마저도 이에 순종하는 이야기를 듣고 상처를 받았을 것입니다.

그 일이 있은 지 얼마 후 아브라함과 하갈 사이에서 이스마엘이 태어납니다. 또한 그로부터 14년여가 지난 뒤에 사라를 통해 이삭이 출생합니다. 그리고 이제 이삭이 자라서 나이 사십이 되고 장가를 갈 때에 이른 것입니다. 그동안 많은 일이 아브라함 가정에 있었을 것입니다. 엘리에셀은 그 누구보다 이삭을 보호하며 돌봐주는 그런 일도 잘했을 것입니다. 이삭의 어머니 사라가 죽고 나서도 이삭을 잘 보호했을 것입니다. 그래서 아브라함이 엘리에셀을 불러서 이삭의 신부가 될 사람을 찾아오라고 마지막 사명을 주었을 것입니다.

그 중요한 일을 감당하기 위해 엘리에셀이 지금 하란 땅에 도착했고 도착하자마자 '제 주인 아브라함에게 은혜를 베풀어주십시오.' 하는 기도를 올린 것입니다. 그리고 엘리에셀에게 리브가라는 이삭의 신부를 하나님께서 예비시켜주시는 놀라운 장면이 벌어진 것입니다. 이때 드린 엘리에셀의 기도가 하나님의 세계 경영에 동참하는 성도가 드려야 할 기도의 모범이 된 것입니다.

우리가 하는 기도는 어떠한 기도든지 반드시 하나님의 나라와 하나님의 의와 관계가 되어야 합니다. 하나님께서 이 땅에 세우려고 하시는, 하나님의 공의와 정의가 실행되는 그 나라와 관계가 되어야 한다는 것입니다.

아브라함의 아들 이삭을 장가보내는 일 또한 하나님 나라와 연결이 되는 것입니다. 아브라함의 종인 엘리에셀이 주인의 뜻을 받들어 낙타 열 마리에 예물을 싣고 800km의 길을 거쳐 하란에 도착해 한 여인을 찾아보려고 하는 일은 가족으로 보자면 어마어마한 거사일 수 있지만, 아브라함 가

정의 일일 뿐입니다. 그러나 이 일은 단순히 한 가족의 일에 머물지 않습니다. 이삭에게는 개인적인 일이요, 아브라함에게는 가정에 관한 일이지만, 이스라엘에게는 민족을 이루는 큰일이며, 이는 세계 민족을 복 주시는 하나님의 뜻과 관계된 일입니다. 이것이 하나님 나라 백성이 살아가는 삶의 영역입니다. 우리는 기도에 이렇게 큰 뜻이 있다는 사실을 잊지 말아야 할 것입니다.

4. 기도
– 하나님의 세계 경영에 동참하는 것

　　우리가 엘리에셀과 같은 기도를 하려면, 가장 먼저 기록된 하나님의 말씀을 알아야 됩니다. 하나님의 말씀인 성경을 통해서 하나님의 뜻이 무엇인지를 알아야 됩니다. 하나님의 세계 경영이 무엇인지를 알아야 엘리에셀처럼 기도할 수 있습니다. 그렇지 않으면 상처 받은 심령이 될 뿐입니다. 엘리에셀 입장에서는 상속자가 될 수 없었기에 어찌 보면 심술을 부릴 수도 있는 상황이었습니다. 그런데 엘리에셀이 하란 땅에 와서 기도하면서 조건을 다는 내용을 보십시오.

　　엘리에셀은 하나님께서 주인의 아들을 위해 정해준 사람을 알기 위해 조건을 달아 기도합니다. 한 소녀가 와서 물동이를 기울여 목마른 나그네인 자신에게 물을 주려고 하고, 더 나아가 낙타에게도 마시라 하는 두 가지 조건이 갖춰진다면 그때 그 사람이 바로 하나님께서 정해준 사람이라고 알겠다고 구체적인 조건을 달아 기도했습니다.

엘리에셀은 여러 조건을 달지 않았습니다. 용모가 어떻다든지, 집안의 재산이 어떻다든지, 학벌이 어떻다든지 이런 조건이 아닙니다. 손 대접할 줄 아는 사람, 즉 나그네 대접을 할 줄 아는 사람을 조건으로 달았습니다. 엘리에셀은 물동이를 기울여 물을 마시게 하는 사람, 그리고 나그네가 데리고 온 낙타에게까지 관심을 가져주는 사람, 곧 배려할 줄 아는 사람을 구했습니다.

엘리에셀이 이 기도를 하기 전에 누구를 봤겠습니까? 엘리에셀은 자기의 여주인 사라를 보며 살았습니다. 창세기 18장에 보면 세 천사가 아브라함의 집을 방문했을 때 천사를 대접하기 위해 아브라함이 송아지를 잡아 하인에게 주었습니다. 그때 소만 잡았겠습니까? 그 요리를 누가 했겠습니까? 엘리에셀은 사라가 여종들을 진두지휘해 준비하는 것을 수십 년 동안 지켜봤을 것입니다.

엘리에셀은 큰 가문을 이루며 하나님께서 품으시는 세계 모든 민족을 구원하는 일에 쓰임 받을 사람이라면 집안일뿐만 아니라, 나그네도 잘 돌볼 줄 아는 품성을 가진 사람이어야 한다고 생각하며 기도했습니다. 엘리에셀이 사라를 닮은 사람을 생각하며 기도했을 것입니다. 엘리에셀의 기도는 하나님이 나라를 이루는 데 관련된 한 사람을 찾고 있는 기도였습니다.

엘리에셀의 기도를 바로 알기 위해서는 아브라함과 엘리에셀의 역사를 먼저 보아야 합니다. 엘리에셀은 하나님께서 자기의 주인 아브라함에게 말씀하시는 이야기들을 들으면서 아브라함의 믿음이 어떻게 성장했는지 잘 알고 있었습니다. 엘리에셀은 주인 아브라함이 어려운 일을 만날 때 때로는 잘못하고, 때로는 잘하고, 때로는 정말 잘하는 모습을 보면서 살아왔습니다. 아브라함의 신앙이 성장하는 것, 아브라함의 세계가 커지는 것도 모두 보았습니다. 그런데 정말 중요한 것은 하나님께서 아브라함에게 하신 말씀을 아브라함이 믿고 순종하는 것도 보았다는 것입니다.

아브라함이 엘리에셀을 자기 상속자로 말씀드렸을 때 하나님께서 거절하시자 아브라함은 다시 한번 그 주제를 가지고 하나님께 여쭈었습니다. 그런데 또 하나님께서 거절하십니다. 그러자 아브라함도 한켠으로 마음이 불편했을 것입니다. 나이는 들어가고, 자식은 없고, 후계자도 정할 수 없으니 고민이 되는 것이 사실이기 때문입니다.

그리고 시간이 많이 흘러가버렸습니다. 엘리에셀은 그 시간 속에서 아브라함의 기다림을 지켜보았습니다. '아, 우리 주인 아브라함의 신앙이 하나님 말씀을 들으면서 이렇게 달라지는구나.' 하고 알게 된 것입니다. 엘리에셀이 하나님께 아브라함의 상속자가 되는 것을 거절당하고, 아브라함도 자신을 포기하여 마음에 큰 상처가 되었던 그때, 아브라함에게 배운 것이 있었습니다. 자기의 생각이 따로 있고, 섭섭한 일이 있다 해도 하나님의 말씀을 우선으로 생각하고 살아야 한다는 사실입니다. 우리 마음의 섭섭함, 서운함을 치료하는 길은 하나님의 말씀을 우리 속에 채우는 것입니다. 그래야 그 섭섭함을 떨쳐버릴 수 있습니다.

살아가면서 이 같은 섭섭함을 많이 가질 수 있습니다. 나이가 들면 들수록 섭섭병밖에는 없다고 그러잖습니까. 우리가 하나님께서 그려가시는 세계 경영의 큰 그림과 하나님의 마음을 붙들 수 있다면, 마음의 아픔들이 치료되고 회복되면서 새 삶으로 나아갈 수 있습니다. 엘리에셀 또한 자신의 묵은 감정들을 다 버리고 하나님께서 아브라함을 통해 하고 싶어 하시는 일, 지금 자신이 해야 할 일을 하나님께 기도하면서 살아가는 사람이 되었습니다. 엘리에셀, 정말 멋진 사람입니다.

엘리에셀의 신분은 종이지만 사실은 자유인입니다. 어느 누가 이렇게 통 큰 기도를 할 수 있겠습니까. 엘리에셀은 주인을 기쁘게 하고, 주인의 주인 되신 하나님을 기쁘게 하는 삶을 살았던 것입니다. 그가 어디에서 그 '품위'를 배웠겠습니까. 하나님의 말씀을 통해서 배운 품위입니다. 마찬가지로 우리도 기도를 제대로 하는 사람이 되기 위해서는 하나님의 말씀을 먼저 공부해야 합니다.

교회에서 제일 위험한 사람은 교회 나오자마자 금식하고, 철야하고, 기도원까지 다니는 사람입니다. 그런 사람은 정말 무서운 대상이 될 수 있습니다. 우리는 기도하기 전에 말씀을 먼저 배워야 합니다. 기도하기 전에 먼저 성경을 읽어야 합니다. 그래서 하나님께서 누구이신지 알아야 합니다. 하나님께서 원하시는 하나님 나라가 무엇인지, 하나님의 뜻이 무엇인지 알고 기도하는 것이 중요합니다. 이를 결코 잊지 말아야 합니다. 이를 통해 우리가 하나님 말씀을 중심으로 신앙생활을 해야 한다는 것을 가장 먼저 깨달아야 합니다.

또 하나, 우리는 아브라함이 처해 있는 현실과 엘리에셀이 처해 있는 현실 문제를 알아야 합니다. 사실 제일 좋은 것은 자기 주인의 아들인 이삭을 데리고 하란에 가면 신붓감 찾기가 훨씬 쉽습니다. 그러나 엘리에셀의 주인인 아브라함의 조건은 이삭을 데려갈 수 없다는 것입니다. 선도 안 보여주고 신부를 찾는다는 것은 정말 어려운 일입니다. 사실 인간적으로 거의 불가능한 일이기까지 합니다.

그런데 조건 두 가지를 달면서 엘리에셀이 자신의 현실 문제를 해결하기 위해 기도합니다. 무엇을 연결시켰습니까? 세계 모든 민족이 복을 받게 되는 큰일을 생각할 때 여기에 하나님의 큰 계획이 있으시다는 것을 알았기에 이삭을 안 데려가도 하나님께서 신붓감을 만나게 해주실 것이라는 믿음이 그에게 있었던 것입니다.

먼저는 하나님의 말씀을 통한 뜻을 아는 것입니다. 그리고 현실적인 문제를 해결하기 위해 기도라는 도구를 사용하는 것입니다. 모든 사람에게는 현실 문제가 있습니다. 그것을 해결하는 방법은 하나님께 기도하는 것 외에는 방법이 없습니다. 엘리에셀이 아브라함에게 받은 문제를 해결하려고 할 때 사실 이삭의 동행 여부는 중요한 일이 아닙니다. 중요한 점은 하나님께 있습니다. 하나님께서 이삭을 위한 배필을 준비해주시는 것이 중요합니다. 그리고 그 사람이 하나님께서 정해주신 사람인 것을 자신이 알아보는 것이 중요합니다. 그래서 그 조건에 맞는 신붓감이 나타나 자신이 그 여인을 알아보기를 바랐던 것입니다.

엘리에셀의 조건이 창세기 24장 14절에 나와 있습니다. "한 소녀에게 이르기를 청하건대 너는 물동이를 기울여 나로 마시게 하라." 하는 첫 번째

조건. 그리고 "마시라."라는 그녀의 대답과 아울러, "내가 당신의 낙타에게
도 마시게 하리라."라는 두 번째 조건까지 이루어지면 하나님께서 정해주
신 사람이라고 알아보겠다는 것입니다. 이것이 중요합니다.

엘리에셀의 기도를 들으신 하나님께서 즉시 기도에 응답해주셨습니다.
우리는 하나님의 계시의 말씀인 성경을 통해 하나님의 뜻을 압니다. 엘리
에셀이 이삭의 신부가 될 사람을 구하는 일이 현실적으로 시장의 원리에는
맞지 않는 일입니다. 신부만 나오라고 하고 신랑은 안 데리고 가서 선을 보
는 자리가 가능하겠습니까? 반대의 경우도 마찬가지입니다. 예의도 없을
뿐만 아니라 불가능한 일입니다.

그런데 엘리에셀이 자신의 현실 문제를 기도로 해결한 것입니다. 결국
모든 문제의 해결은 하나님께 달렸다고 생각하며 기도한 것입니다. 하나님
께서는 이미 엘리에셀이 도착하는 시간도, 리브가가 가축에게 물을 먹이기
위해서 우물에 나오는 시간도 다 계산해놓고 기다리셨습니다. 엘리에셀이
기도를 마치기 전에 벌써 리브가를 도착하게 하셨던 것입니다. 하나님께서
는 그렇게 엘리에셀의 조건 두 가지를 다 들어주시면서 엘리에셀에게 확신
을 주셨습니다.

기도에 대해 즉시 응답받을 수도 있고 오래 걸릴 수도 있지만 구약과 신
약의 기도에 대한 가르침은 '구하면 하나님께서 반드시 응답해주신다.'입니
다. 그래서 기도에 대해 즉시 응답을 받을 수도 있고 기다려서 천천히 응답
을 받을 수도 있지만, 하나님께서는 반드시 기도에 대해 응답해주십니다.

엘리에셀이 기도를 마치기도 전에 리브가가 물동이를 메고 나와서 엘리에셀의 기도 조건을 충족시켜주었습니다.

"그가 이르되 내 주여 마시소서 하며 급히 그 물동이를 손에 내려 마시게 하고 마시게 하기를 다하고 이르되 당신의 낙타를 위하여서도 물을 길어 그것들도 배불리 마시게 하리이다 하고"(창 24:18~19).

"낙타가 마시기를 다하매 그가 반 세겔 무게의 금 코걸이 한 개와 열 세겔 무게의 금 손목고 리 한 쌍을 그에게 주며"(창 24:22).

엘리에셀이 리브라를 따라서 라반의 집으로 갑니다. 잠시 생각해봅시다. 열 마리의 낙타가 물을 마시려면 물의 양이 보통이 아닙니다. 낙타 한 마리가 제대로 충분히 물을 마시면 일주일 동안 물을 안 마셔도 된다고 합니다. 낙타는 한 번 마실 때 1,000리터 정도를 마신다고 합니다. 1리터짜리 1,000병입니다. 말그대로 낙타는 어마어마한 물을 마십니다. 리브가는 이처럼 엄청난 일을 하고 난 후 엘리에셀을 집으로 안내합니다.

여차여차한 내용들이 자세히 성경에 나와 있습니다.

"이르되 나의 주인 아브라함의 하나님 여호와를 찬송하나이다 나의 주인에게 주의 사랑과 성실을 그치지 아니하셨사오며 여호와께서 길에서 나를 인도하사 내 주인의 동생 집에 이르게 하셨나이다 하니라"
(창 24:27).

하나님께서는 마침내 엘리에셀을 아브라함의 동생 집에 이르게 하셨고, 라반은 엘리에셀을 위해 잔치를 배설합니다. 그때 엘리에셀이 말합니다.

"내가 내 일을 진술하기 전에는 먹지 아니하겠나이다"(창 24:33).

엘리에셀은 20일 내지 30일가량 걸려서 하란에 도착했습니다. 하란까지 오면서 맛집을 찾아 여행을 한 것도 아닙니다. 그러니 아브라함의 동생 집에서 차린 상이 얼마나 굉장한 잔칫상이었겠습니까. 그런데 엘리에셀이 음식을 먹는 것보다 더 중요한 일이 있다고 이야기합니다. 이것을 말씀드리기 전에는 먹지 않겠다는 말입니다. 먹는 것보다 더 중요한 것. 그것은 바로 아브라함의 아들 이삭의 신붓감을 찾는 일이었습니다. 자신이 이곳에 온 목적은 차려놓은 진수성찬을 먹기 위함이 아니라 자신의 주인 아브라함의 며느리 곧 주인의 아들 이삭의 신부를 만나기 위해서 왔다는 그 이야기를 하는 것입니다. 그리고 이를 위해 어떻게 기도가 응답되었는지 그 전후 사정 모두를 이야기합니다.

"내 주인 아브라함의 하나님 여호와께서 나를 바른 길로 인도하사 나의 주인의 동생의 딸을 그의 아들을 위하여 택하게 하셨으므로 내가 머리를 숙여 그에게 경배하고 찬송하였나이다"(창 24:48).
* 주인의 동생의 딸(손녀) = 아브라함의 동생 나홀의 아들 브두엘의 딸은 '손녀'임.

이 말을 들은 라반과 브두엘이 다음과 같이 대답합니다.

"라반과 브두엘이 대답하여 이르되 이 일이 여호와께로 말미암았으니 우리는 가부를 말할 수 없노라 리브가가 당신 앞에 있으니 데리고 가서 여호와의 명령대로 그를 당신의 주인의 아들의 아내가 되게 하라"(창 24:50~51).

5. 기도의 목적은 하나님께 영광을 돌리는 것

"아브라함의 종이 그들의 말을 듣고 땅에 엎드려 여호와께 절하고"

(창 24:52).

엘리에셀이 아브라함의 동생인 브두엘에게 절하는 것이 아니라 여호와께 절을 합니다. '아, 하나님이 하셨구나.' 하며 하나님께 엎드려 경배한 것입니다. 엘리에셀이 기도 응답의 결과를 가지고 하나님께 영광을 돌린 것입니다.

이것이 기도입니다. 하나님께 영광을 돌리는 것이 기도의 궁극적인 목적입니다. 우리 그리스도인의 삶의 모든 목적은 '하나님의 영광'입니다. "그런즉 너희가 먹든지 마시든지 무엇을 하든지 다 하나님의 영광을 위하여 하라"(고전 10:31)라는 말씀대로입니다.

아브라함의 종 엘리에셀은 정말 아름답고 훌륭한 신앙인이었습니다. 모두 아브라함의 영향입니다. 그는 맡은 일을 가지고 하나하나 세밀하게 기도할 줄 아는 사람이었으며 기도가 응답되었을 때 하나님께 감사할 줄 알고 하나님께 영광을 돌리는 사람이었습니다.

> "이에 그들 곧 종과 동행자들이 먹고 마시고 유숙하고 아침에 일어나서 그가 이르되 나를 보내어 내 주인에게로 돌아가게 하소서"(창 24:54).

다음 날 아침에 일어나서 엘리에셀은 리브가를 데리고 떠나겠다고 말합니다. 20일 내지 30일가량 걸리는 시간을 힘들게 달려왔는데, 그 다음 날 바로 떠난다니요? 이 이야기를 듣고 리브가의 가족들이 "이 아이로 하여금 며칠 또는 열흘을 우리와 함께 머물게 하라 그 후에 그가 갈 것이니라"(창 24:55)라고 말합니다. 가족들과 헤어질 시간이 필요하잖습니까. 열흘간 시간을 달라고 말합니다. 엘리에셀은 한 열흘 동안 하란 구경도 하고 여행도 하고 대접도 받고 …. 엘리에셀은 이런 대접을 받기에 충분한 자격이 있는 사람입니다. 그런데 엘리에셀은 그렇게 하지 않습니다.

목적이 이루어졌으니 바로 떠나겠다는 것입니다. 엘리에셀은 가족들과 리브가의 동의를 받아 바로 떠납니다. 그리고 이삭과 만나게 됩니다.

> "이삭이 저물 때에 들에 나가 묵상하다가 눈을 들어 보매 낙타들이 오는지라 리브가가 눈을 들어 이삭을 바라보고 낙타에서 내려 종에게 말하되 들에서 배회하다가 우리에게로 마주 오는 자가 누구냐 종이

이르되 이는 내 주인이니이다 리브가가 너울을 가지고 자기의 얼굴을 가리더라 종이 그 행한 일을 다 이삭에게 아뢰매 이삭이 리브가를 인도하여 그의 어머니 사라의 장막으로 들이고 그를 맞이하여 아내로 삼고 사랑하였으니 이삭이 그의 어머니를 장례한 후에 위로를 얻었더라"(창 24:63~67).

엘리에셀은 하나님께서 아브라함에게 주신 계시의 말씀을 통해 하나님의 나라와 하나님의 뜻을 알았습니다. 그래서 아브라함의 아들 이삭을 장가보내는 일이 하나님의 나라와 세계 경영에 관계가 있음을 알았던 것입니다. 엘리에셀은 마음속에 있었던 과거의 작은 섭섭함과 모든 것을 다 들어내고 하나님의 뜻으로 마음을 채우고 하나님의 나라를 위해서 헌신했습니다.

하나님의 계시의 말씀을 통해 하나님을 알게 되면 믿음에 기반하여 '행동하는 사람'이 됩니다. 하나님 말씀을 통해서 하나님 뜻을 알게 되면 하늘의 하나님께 기도하게 됩니다. 그리고 기도에 응답받으며 하나님께 영광을 돌려드리게 됩니다. 그래서 우리가 늘 성경을 읽으면서 하나님의 뜻이 무엇인가를 찾게 되고, 현실 문제를 해결하기 위해 하나님의 말씀을 가지고 기도로 나아갈 수 있게 됩니다.

현실 문제를 해결할 해답을 찾고 그 해답이 실제로 이루어지기 위해서는 기도가 꼭 필요합니다. 기도하고 나면 하나님의 응답이 즉시 주어질 수도 있고 나중에 주어질 수도 있습니다. 그러나 반드시 응답받는다는 확신 속에서 기도하며, 기도에 대해 응답이 주어졌을 때에는 모든 영광을 하나님께 돌려드려야 합니다. 이것이 바로 엘리에셀의 삶을 통해서 우리에게 가르쳐주시는 하나님의 말씀입니다.

성경! 더 열심히 읽고 공부합시다. 성경을 통해서 하나님의 마음과 하나님의 나라에 대한 충분한 지식을 갖고 우리의 현실 문제 가운데 어려움을 발견할 때, 우리가 '아, 이 문제 … 기도하면 해결해주신다. 하나님께서 세계를 경영하시면서 나의 문제 또한 해결해주신다.' 이러한 믿음으로 하나님께 기도하며 응답받고, 모든 영광을 하나님께 돌려드리는 성숙한 사람으로 살아가는 복된 하나님의 자녀들이 되기를 바랍니다.

기적을 만나는 기도 (2)
모세의
기도와 말씀 묵상

"어찌하여 애굽 사람들이 이르기를 여호와가 자기의 백성을 산에서 죽이고
지면에서 진멸하려는 악한 의도로 인도해 내었다고 말하게 하시려 하나이
까 주의 맹렬한 노를 그치시고 뜻을 돌이키사 주의 백성에게 이 화를 내리지
마옵소서 주의 종 아브라함과 이삭과 이스라엘을 기억하소서 주께서 그들
을 위하여 주를 가리켜 맹세하여 이르시기를 내가 너희의 자손을 하늘의 별
처럼 많게 하고 내가 허락한 이 온 땅을 너희의 자손에게 주어 영원한 기업이
되게 하리라 하셨나이다"(출 32:12~13).

1. 하나님의 기적에 동참하는 기도

출애굽기 32~34장은 하나의 묶음으로 이스라엘 백성들이 시내산에서 하나님과 맺은 '제사장 나라' 언약이 파기된 후 다시 하나님과의 관계가 회복될 때까지의 전 과정을 보여주고 있습니다.

인간이 가지고 있는 지혜와 지식과 힘으로 만들어낼 수 있는 소위 '문명'이라고 하는 것은 대단합니다. 그러나 아무리 인간이 힘과 노력을 다해도 할 수 없는 것이 있습니다. 인간의 가능성 밖에서 일어나는 일, 그것을 우리는 '기적'이라고 말합니다. '기적'은 '하나님이 하시는 것'입니다.

홍해를 육지처럼 건너게 하신 것, 그리고 우기 때에 물이 많이 흘러오는 요단 강물을 막으셔서 언약 백성들이 강을 육지처럼 건너게 하신 것도 기적입니다. 출애굽할 때 애굽에서 일어난 열 가지 재앙도 기적입니다. 애굽의 모든 장자를 다 죽이시면서 이스라엘의 장자를 살려주시는 하나님, 이처럼 생명을 구하기도 하시고 죽이기도 하시는 것이 놀라운 하나님의 기적입니다. 그런가 하면 하늘에서 만나를 내려주셔서 매일 아침 공급해주시고 또 안식일에는 내려주시지 않고 안식일 전날에 두 배 몫을 내려주시며 출애굽한 이스라엘 백성들에게 먹을 양식을 공급해주신 것도 하나님의 기적입니다. 또한 메추라기를 보내주신 것도 하나님의 기적입니다.

하나님께서는 사람의 능력과 한계를 뛰어넘는 놀라운 기적을 행하시는 분입니다. 이때 중요한 것은 하나님께서 기적을 베푸실 때 구약 시대나 신약 시대나 마찬가지로 하나님의 세계 경영에 하나님의 백성들을 동참시키신다는 사실입니다. 하나님께서는 하나님의 백성들이 '기도'라는 도구를 통해 동참하도록 이끄십니다. 그래서 성경에 수많은 기도의 사람들이 나타나는 것입니다. 그들의 기도를 보면서 우리는 용기를 얻습니다. 우리는 모두 '나도 어려울 때 이들처럼 기도하면 하나님께서 응답해 주시겠구나.' 하면서 격려를 받을 수 있습니다.

> "엘리야는 우리와 성정이 같은 사람이로되 그가 비가 오지 않기를 간절히 기도한즉 삼 년 육 개월 동안 땅에 비가 오지 아니하고 다시 기도하니 하늘이 비를 주고 땅이 열매를 맺었느니라"(약 5:17~18).

〈야고보서〉를 보면 엘리야가 믿음으로 간절히 기도할 때 하나님께서 비를 멈추는 일도 하셨다고 기록되어 있습니다. 이 본문을 읽으며 기도할 수 있는 용기를 얻게 됩니다. 예수님께서도 기도에 대한 격려를 하시면서 "너희가 내 이름으로 무엇을 구하든지 내가 행하리니 이는 아버지로 하여금 아들로 말미암아 영광을 받으시게 하려 함이라"(요 14:13)라고 말씀해주셨습니다. 예수님께서는 기도의 응답을 통해서 하나님께서 행하시는 기적의 현장들이 우리 눈앞에 보일 수 있도록 해주겠다고 가르쳐주셨습니다.

우리는 성경에서 사람의 지식과 지혜와 힘과 능력으로 행하는 문명을 뛰어넘는 하나님의 기적의 세계가 있음을 깨닫습니다. 그리고 기도라는 도구를 통해 우리를 하나님의 그 기적에 동참하게 하신다는 중요한 가르침을 받습니다. 기도는 허공으로 사라지는 것이 아니고 하늘 보좌에 올려지는 향입니다(계 8:3~4).

2. 모세의 중보기도

〈출애굽기〉를 보면 모세가 40일 동안 기도한 내용이 있습니다. 물론 모세가 첫 번째 중보기도, 두 번째 중보기도, 세 번째 중보기도, 마지막에는 개인적으로 한 기도의 실제적인 횟수가 나옵니다. 모세는 40일 동안 하나님 앞에서 기도하면서, 금송아지를 만들어 하나님으로 섬기려고 했던 이스라엘 백성들에 대한 하나님의 진노를 풀어드리려고 했습니다. 하나님께서는 모세가 기도할 것을 기대하시고, 또 모세가 기도하면 조금씩 조금씩 마음의 문을 열어 응답해주시며 하나님께서 하고 싶으신 일들을 이루어가셨습니다.

> "어찌하여 애굽 사람들이 이르기를 여호와가 자기의 백성을 산에서
> 죽이고 지면에서 진멸하려는 악한 의도로 인도해 내었다고 말하게
> 하시려 하나이까 주의 맹렬한 노를 그치시고 뜻을 돌이키사 주의 백

성에게 이 화를 내리지 마옵소서"(출 32:12).

모세가 이스라엘 백성들을 위해 간절히 기도합니다. 하나님께서 진노하
셔서 이스라엘 백성들에 대한 '진멸'을 말씀하셨기 때문입니다.

"그런즉 내가 하는 대로 두라 내가 그들에게 진노하여 그들을 진멸하
고 너를 큰 나라가 되게 하리라"(출 32:10).

하나님께서는 말씀하신 '진멸'을 못할 것도 없으십니다. 하나님께서 진멸
을 결정하셨다면 그냥, 딱, 진멸하시면 됩니다. 모세에게 "그들에게 진노하
여 그들을 진멸하고 너를 큰 나라가 되게 하리라"(출 32:10)라고 말씀하시지
않고 바로 진멸하시면 됩니다. 그런데 그리하지 않으시고 모세에게 '진멸'
을 말씀하셨습니다. 모세는 '왜 이렇게 나에게 말씀하실까?'를 충분히 생각
한 후 하나님의 마음을 헤아리며 "하나님의 뜻을 돌이켜 주십시오."라고 간
곡하게 기도했습니다.

"여호와께서 뜻을 돌이키사 말씀하신 화를 그 백성에게 내리지 아니
하시니라"(출 32:14).

하나님께서는 모세의 기도를 들으시고 '진멸'의 뜻을 돌이키십니다. 이
것이 기도의 세계입니다. 눈에 보이지 않지만 이처럼 기도는 하나님의 마
음을 바꿀 수 있는 어마어마한 세계입니다.

지금 우리는 지구촌 전체에 일어나고 있는 무서운 코로나 바이러스 감

염증 19로 모두 두려움 속에 있음을 피부로 느낄 수 있습니다. 세계 통치자들이 벌벌 떨고 있을 정도입니다. 코로나가 본격적으로 시작되기 전에는 코로나를 극복하겠다, 어떻게 하겠다, 여러 가지로 큰소리치던 각국의 지도자들이 어찌할 수 없다는 한계를 충분히 깨닫고 걱정하고 있습니다. 코로나 19로 세계 곳곳에 일어나고 있는 아주 비참한 장면들을 뉴스에서 봅니다. 가난한 나라들의 굶주린 노숙자들의 모습, 시체가 버려져 있어도 치워줄 사람이 없어 장례식도 치르지 못하는 모습들까지 보면서 지금이 과연 21세기가 맞나 하는 생각이 들 정도입니다.

하나님께서 이 바이러스를 통해서 어떻게 세계를 경영하실지 하나님께 계속 질문하고 또 하나님의 뜻을 묻기도 하고 우리가 해야 할 일이 무엇인지 새롭게 생각해야 할 것입니다. 어느 교수님과 잠깐 대화하는 중에 지금까지 상상할 수 없는 새로운 세상이 열렸고, 앞으로 신학자들이 이 문제에 대해 심각하게 고민하여 우리의 신앙생활을 어떻게 해나갈 것인지 새로운 대안을 제시하며, 새로운 학문 연구가 필요하다는 생각을 공유하게 되었습니다.

하나님께서 행하시는 놀라운 하나님 나라의 일을 먼저 생각해봅니다. 하나님께서는 하나님 나라의 백성들이 기도하면서 하나님 나라 경영에 동참해주기를 기대하고 계십니다. 이 생각을 하며 기도해야 합니다. 이를 마음속 깊이 간직해야 하겠습니다.

3. 하나님의 진멸 결정 앞에 선 모세

하나님께서는 모세에게 하나님과 맺은 언약을 저버린 이스라엘 백성들을 다 진멸하고 500년 전 아브라함 한 사람과 시작하셨던 그 일을 모세 한 사람과 다시 시작하겠다고 말씀하십니다. 하나님께서 이처럼 마음속 분노를 드러내 보이실 때 모세가 얼마나 당황했을까요. 어떻게 해서 출애굽을 시킨 사람들인데 그들을 진멸하겠다고 말씀하시니 말입니다. 이와 같은 하나님의 분노를 보면서 모세가 당황한 것은 말할 것도 없고, 하나님께서 그런 생각을 가지시게 된 것이 너무나 충격적입니다. 그런데 하나님이시니까 모세에게 이렇게 차근차근 말씀하시지 우리 같으면 심장마비로 벌써 죽었을 것입니다. 한번 생각해보십시오.

"이튿날에 그들이 일찍이 일어나 번제를 드리며 화목제를 드리고 백성이 앉아서 먹고 마시며 일어나서 뛰놀더라"(출 32:6).

이스라엘 백성들은 모세가 산으로 기도하러 올라간 40일의 시간을 못참고 모세를 대신하는 대변인 아론에게 "우리를 위하여 우리를 인도할 신을 만들라"(출 32:1)라고 눈에 보이는 신을 요구했습니다. 하나님께서는 보이지 않는 신이신데, 사람은 보이는 신을 원하는 것입니다. 그래서 금송아지를 만들게 된 것입니다. 금송아지를 만들어놓고 아론이 하는 말이 정말 가관입니다.

"이스라엘아 이는 너희를 애굽 땅에서 인도하여 낸 너희의 신이로
다"(출 32:4).

역사를 바꿔버린 것입니다. 출애굽의 역사는 하나님께서 만드셨는데, 그 공로를 금송아지한테 갖다 바친 것입니다. 예를 들어 자신이 그동안 헌금하며 교회에 헌신한 내용을 만약 다른 사람의 공로로 돌린다면 우리 마음에 어떤 생각이 일어나겠습니까? 이렇게 조그마한 일에도 참을 수 없는데, 금송아지 사건은 그 정도가 아닙니다.

하나님께서는 모세를 중재자로 삼아 출애굽의 역사를 진행하셨습니다. 하나님께서는 모세를 통해 6개월 동안의 협상 과정에 열 가지 기적을 행하시며 이스라엘 백성들을 출애굽시켜주셨고, 홍해를 건너게 하셨습니다. 마라의 쓴물을 달게 해서 마시게 하셨고, 반석에서 물을 내주시며 목마르지 않도록 인도해주셨습니다. 아말렉족이 건드리지 못하도록 지켜주셨고, 하늘에서 만나를 내려 먹여주셨습니다. 그렇게 시내산까지 데려와서 마침내 하나님께서 이스라엘 백성들에게 하나님의 마음을 조심스럽게 열어 보여주셨던 것입니다. 하나님께서 사람에게 관심이 있으시기 때문입니다.

"세계가 다 내게 속하였나니 너희가 내 말을 잘 듣고 내 언약을 지키면 너희는 모든 민족중에서 내 소유가 되겠고, 너희가 내게 대하여 제사장 나라가 되며 거룩한 백성이 되리라 너는 이 말을 이스라엘 자손에게 전할지니라"(출 19:5~6).

하나님께서는 이스라엘 백성들을 제사장 나라의 거룩한 백성, 최고의 백성이 되게 하시고, 이스라엘을 통해 하나님의 이름을 높이고 싶다고 말씀하셨습니다. 마치 청원하는 사람처럼 하나님께서 모세라는 중재자를 통해 청원하신 것입니다. 그리고 이스라엘 백성들이 동의하므로 출애굽기 19장에는 시내산에서 3일 동안 준비해서 하나님과 이스라엘 백성들이 만나는 놀라운 장면들이 등장하고, 마침내 출애굽기 20장에서 십계명이 선포되며, 출애굽기 23장까지 세부적인 법들이 이어서 선포되었습니다. 그리고 출애굽기 24장에 가면 소를 잡아 하나님께 번제, 화목제 제사를 드리고 피를 백성에게 뿌리며 하나님을 상징하는 돌에도 뿌리고 피로 언약을 맺어 언약식을 한 다음에 하나님 앞에서 먹고 마시는 피로연 잔치가 벌어집니다(출 24:9~11). 이 광경은 하나님 앞에서 먹고 마셔도 죽지 않는 그런 영광스러운 장면이었습니다.

이어서 하나님께서는 제사장 나라 백성들과 만나실 공간, 성막을 만들게 하시며 그 설계도를 주시고(출 25~27장), 대제사장 아론과 제사장으로 세울 아들을 구별해 옷을 어떻게 지어 입히고 위임식을 어떻게 하는지 알려주셨습니다(출 28~29장). 이들은 하나님 앞에서 가장 영광스럽고 거룩하고 화려한 옷을 입고 하나님을 섬기는 제사장 직무를 행할 것입니다. 그리고 하나님께서는 드디어 성막을 건축할 두 명의 중요한 기술자 브살렐과 오홀리압을 세워 하나님의 영으로 충만하게 하시고 그들을 통해서 이스라엘 백성들과 함께 성막을 만들게 하십니다(출 30~31장).

그런데 이스라엘 백성들이 하나님과 '제사장 나라 거룩한 백성'으로 언약을 체결한 후, 모세가 시내산에 올라가 하나님과 맺은 언약의 말씀을 돌판에 받는 40일을 기다리다가 그만 산 아래에서 금송아지를 만드는 죄악을 범하고 말았습니다.

불과 얼마 전에 하나님과 이스라엘 백성들이 언약을 체결했습니다. 이스라엘 백성들은 하나님 앞에서 번제와 화목제의 제물인 소를 가지고 그 소의 피를 양푼에 담아 모세가 이스라엘 백성들에게 뿌리며 하나님과 '제사장 나라 거룩한 백성'의 언약 맹세를 했던 것입니다. 하나님께서는 이스라엘 백성들이 이 언약을 지키지 않으면 죽임을 당할 것임을 이미 알려주셨습니다. 그런데 이스라엘 백성들이 그 언약을 파기하고 금송아지 언약으로 변질시켰던 것입니다. 그러므로 하나님의 '진멸' 선언은 결코 과하지 않은 말씀입니다.

> "아론이 보고 그 앞에 제단을 쌓고 이에 아론이 공포하여 이르되 내일
> 은 여호와의 절일이니라 하니"(출 32:5).

아론이 금송아지 우상 앞에서 제단을 쌓고 공포하여 외친 말은 '내일은 여호와의 절일이니'였습니다. 금송아지를 만들어놓고 하나님과 언약을 체결하는 여호와의 절일이라고 말한 것입니다. 그래서 이스라엘 백성들은

그 이튿날 일찍 일어나서 금송아지 우상 앞에서 말도 안 되는 번제를 드리고 화목제를 표방한 엉뚱한 제사를 드리고 언약식이라는 황당한 세리머니(ceremony)를 시행했던 것입니다. 불과 몇 십일 전에 하나님과 언약을 맺은 사람들이 지금 금송아지하고 언약을 맺습니다. 그러고 나서 이스라엘 백성들이 함께 앉아서 먹고 마시는 피로연과 같은 장면까지 연출한 것입니다.

우리 중 그 누구도 결혼식을 한 지 30~40일 후 또 다른 사람과 결혼식을 하는 경우를 본 적이 없을 것입니다. 그런데 하나님과 결혼식을 한 이스라엘 백성들이 하나님을 버리고 다시 금송아지와 결혼식을 했던 것입니다.

이것은 출애굽의 역사, 하나님과의 '제사장 나라' 언약식의 역사를 다 부정하는 행위였습니다. 그래서 하나님께서 금송아지에게 모든 영광을 돌리는 장면을 보시면서 진멸을 말씀하신 것입니다. 만약 모세가 실력이 없었다면 모세도 똑같이 "하나님, 그렇게 하십시오. 이스라엘 백성들은 죽어 마땅합니다. 열두 번도 더 하나님의 말씀이 옳습니다. 저도 저 무지한 이스라엘 백성들을 많이 겪어봐서 압니다."라고 말했을 것입니다.

그러나 모세는 그 누구보다도 가까이에서 하나님의 능력을, 하나님의 마음을 경험한 사람이었습니다. 하나님께서 모세에게 주신 선물은 무엇입니까. 바로 〈창세기〉입니다. 모세가 출애굽할 때 가지고 있던 지식은 적어도 430년 전에 야곱이 애굽에 내려왔던 그 일, 후일에 아브라함의 후손이 애굽을 떠나서 약속의 땅으로 가도록 해주시겠다는 하나님의 약속의 말씀입니다. 그래서 모세가 하나님께서 다 진멸해버리겠다고 말씀하실 때 두 가지를 이야기한 것입니다.

"가나안에 데려갈 능력도 없으면서 출애굽시켜서 광야에서 백성을 죽이는 신이라고 애굽 사람들이 이야기하면 하나님의 체면이 어떻게 되겠습니까?"

"하나님, 아브라함과 야곱, 우리 조상들에게 수백 년 전에 맺으신 언약은 어떻게 합니까? 하늘의 별과 같이 많게 해주신다고 했는데 다 죽이시면 하나님의 약속은 어떻게 됩니까?"

그렇게 뜻을 돌이켜주실 것을 기도하는 모세의 말을 들으시고, 하나님께서 뜻을 돌이키십니다.

> "여호와께서 뜻을 돌이키사 말씀하신 화를 그 백성에게 내리지 아니하시니라"(출 32:14).

그리고 나서 모세가 그 뒷정리를 이스라엘 백성들에게 합니다. 첫째는 산에서부터 들고 내려온 십계명 돌판을 깨뜨리고, 금송아지를 다 부숴 가루로 만들어 물에 뿌려 이스라엘 백성들에게 마시게 합니다. 둘째는 이 사건의 책임자인 아론에게 묻습니다.

> "모세가 아론에게 이르되 이 백성이 당신에게 어떻게 하였기에 당신이 그들을 큰 죄에 빠지게 하였느냐"(출 32:21).

그러자 아론이 대답합니다.

"아론이 이르되 내 주여 노하지 마소서 이 백성의 악함을 당신이 아나이다 그들이 내게 말하기를 우리를 위하여 우리를 인도할 신을 만들라 이 모세 곧 우리를 애굽 땅에서 인도하여 낸 사람은 어찌 되었는지 알 수 없노라 하기에 내가 그들에게 이르기를 금이 있는 자는 빼내라 한즉 그들이 그것을 내게로 가져왔기로 내가 불에 던졌더니 이 송아지가 나왔나이다"(출 32:22~24).

아론은 자신에게 가져온 금붙이들을 불에 던졌더니 이 신이 자기 스스로 금송아지 모습으로 나왔다는 것입니다. 신화 속에서나 나올 수 있는 그럴 듯한 이야기가 아닙니까? 그러나 성경에 그때의 상황이 정확히 기록되어 있습니다.

"아론이 그들의 손에서 금고리를 받아 부어서 조각칼로 새겨 송아지 형상을 만드니 그들이 말하되 이스라엘아 이는 너희를 애굽땅에서 인도하여 낸 너희의 신이로다 하는지라"(출 32:4).

성경에는 아론이 '조각가'(?)로서 실력을 가지고 금송아지를 만든 것이라고 기록되어 있습니다. 그런데 아론이 금붙이들을 불에 던져 넣었더니 금송아지가 나왔다는 신화를 만들어냈던 것입니다. 기도 안 차는 이야기를 아론에게 듣는 모세의 심정을 상상해볼 수 있습니다.

이 문제를 해결하고자 모세가 나섭니다.

"이에 모세가 진 문에 서서 이르되 누구든지 여호와의 편에 있는 자는 내게로 나아오라 하매 레위 자손이 다 모여 그에게로 가는지라"(출 32:26).

모세는 "여호와 편에 선 사람들은 내게로 나아오라." 하여 그들로 하여 금 자기 형제들과 가족들을 죽이게 합니다. 그러자 레위 지파 사람들이 칼을 차고 나와서 모세가 시킨 대로 이스라엘 백성 3천 명을 죽입니다. 그리고 이튿날 모세가 다시 시내산으로 올라가 하나님을 만납니다.

"이튿날 모세가 백성에게 이르되 너희가 큰 죄를 범하였도다 내가 이 제 여호와께로 올라가노니 혹 너희를 위하여 속죄가 될까 하노라 하고 모세가 여호와께로 다시 나아가 여짜오되 슬프도소이다 이 백성이 자기들을 위하여 금 신을 만들었사오니 큰 죄를 범하였나이다"(출 32:30~31).

모세가 하나님께 나아가 "이스라엘 백성들이 하나님 앞에 큰 죄를 범했습니다."라고 회개기도를 하며 하나님께 사죄의 은총을 구하는 기도를 합니다.

"그러나 이제 그들의 죄를 사하시옵소서 그렇지 아니하시오면 원하건대 주께서 기록하신 책에서 내 이름을 지워 버려 주옵소서"(출 32:32).

구원을 알고 천국을 아는 사람이 "하나님의 책에서 내 이름을 지워 주십시오."라고 기도하는 것보다 더 강한 요구는 없습니다. 모세가 생각할 때 가장 큰 것을 걸고 하나님께 죄를 용서해달라고 기도한 것입니다. 성경에서 이러한 기도를 또 누가 했습니까?

> "내가 그리스도 안에서 참말을 하고 거짓말을 아니하노라 나에게 큰 근심이 있는 것과 마음에 그치지 않는 고통이 있는 것을 내 양심이 성령 안에서 나와 더불어 증언하노니 나의 형제 곧 골육의 친척을 위하여 내 자신이 저주를 받아 그리스도에게서 끊어질지라도 원하는 바로라"(롬 9:1~3).

이후에 바울이 자기 동족 유대인들의 구원을 열망하며 〈로마서〉를 통해 이 기도를 합니다. 민족을 위한 이러한 기도는 1,600년 전 모세가 드렸던 기도였습니다. 물론 이 기도는 신학적으로 옳은 기도는 아닙니다. 하지만 자기의 모든 것을 걸고 한번 말씀드려 볼 수 있는 것이 그것밖에 모세에게 없었던 것입니다. 그래서 모세가 자신의 생명과 영혼을 걸고 민족을 위해 하나님께 기도를 드렸던 것입니다.

> "여호와께서 모세에게 이르시되 누구든지 내게 범죄하면 내가 내 책에서 그를 지워 버리리라 이제 가서 내가 네게 말한 곳으로 백성을 인도하라 내 사자가 네 앞서 가리라 그러나 내가 보응할 날에는 그들의 죄를 보응하리라 여호와께서 백성을 치시니 이는 그들이 아론이 만든 바 그 송아지를 만들었음이더라"(출 32:33~35).

하나님께서 모세의 기도를 들으시고 이스라엘 백성들의 죄를 용서해주셨지만, 하나님의 마음만은 쉽게 풀리지 않으셨습니다.

> "내가 사자를 너보다 앞서 보내어 가나안 사람과 아모리 사람과 헷 사람과 브리스 사람과 히위 사람과 여부스 사람을 쫓아내고 너희를 젖과 꿀이 흐르는 땅에 이르게 하려니와 나는 너희와 함께 올라가지 아니하리니 너희는 목이 곧은 백성인즉 내가 길에서 너희를 진멸할까 염려함이니라 하시니"(출 33:2~3).

정말 하나님의 말씀은 끝까지 들어봐야 됩니다. 이스라엘에 대한 '진멸'은 거두시지만, 그들과 함께 가지는 않으시겠다는 말씀입니다. 아직 하나님의 마음이 안 풀리신 것입니다. 그러자 이스라엘 백성들이 슬퍼하며 몸을 단장하지 않습니다.

> "백성이 이 준엄한 말씀을 듣고 슬퍼하여 한 사람도 자기의 몸을 단장하지 아니하니 여호와께서 모세에게 이르시기를 이스라엘 자손에게 이르라 너희는 목이 곧은 백성인즉 내가 한 순간이라도 너희 가운데에 이르면 너희를 진멸하리니 너희는 장신구를 떼어 내라 그리하면 내가 너희에게 어떻게 할 것인지 정하겠노라 하셨음이라"(출 33:4~5).

〈사사기〉에 보면 이스라엘 백성들이 초생달 모양의 장식들을 가지고 있었다고 기록되어 있습니다. 그들이 우상숭배를 하고 있었던 것 같습니다. 하나님께서 장신구를 떼어내라고 하신 것은 우상숭배를 생각나게 하는 물건까지 다 치우고 하나님만을 바라보라는 말씀이었습니다. 마침내 이스라엘 백성들이 하나님의 마음을 헤아리면서 평소에 만들었던 장막 말고 특별한 장막을 만듭니다. 그들이 그곳을 회막이라고 이름하고 그곳에서 특별한 기도회를 갖습니다.

> "모세가 항상 장막을 취하여 진 밖에 쳐서 진과 멀리 떠나게 하고 회막이라 이름하니 여호와를 앙모하는 자는 다 진 바깥 회막으로 나아가며"(출 33:7).

모세가 회막에 들어가자 하나님의 임재를 나타내듯 구름 기둥이 내렸습니다. 그 가운데서 하나님과 모세가 대화하는 특별기도 시간어 주어집니다. 지도자 모세가 상황 전체를 해결할 수 있는 길은 하나님 앞에 특별한 기도의 시간을 가지는 것이었습니다. 모세가 특별기도 시간을 가지는 때에 하나님을 앙망하는 모든 사람 곧 60만 명이 모두 그곳을 바라보았습니다. 모세가 특별기도하는 그 시간을 함께하고자 응원하고 격려하면서 바라본 것입니다.

그때 청년 여호수아는 모세가 특별기도를 모두 끝내고 진으로 돌아온 뒤에도 그곳에 머물러 있었습니다.

4. "뜻을 돌이키소서."

　모세는 기도의 중요성을 누구보다 잘 알고 있었습니다. 모세는 장장 40일 동안이나 기도했습니다.

　"그 때에 여호와께서 너희를 멸하겠다 하셨으므로 내가 여전히 사십 주 사십 야를 여호와 앞에 엎드리고 여호와께 간구하여 이르되 주 여호와여 주께서 큰 위엄으로 속량하시고 강한 손으로 애굽에서 인도하여 내신 주의 백성 곧 주의 기업을 멸하지 마옵소서 주의 종 아브라함과 이삭과 야곱을 생각하사 이 백성의 완악함과 악과 죄를 보지 마옵소서 주께서 우리를 인도하여 내신 그 땅 백성이 말하기를 여호와께서 그들에게 허락하신 땅으로 그들을 인도하여 들일 만한 능력도 없고 그들을 미워하기도 하사 광야에서 죽이려고 인도하여 내셨다 할까 두려워하나이다 그들은 주의 큰 능력과 펴신 팔로 인도하여 내신 주의 백성 곧 주의 기업이로소이다 하였노라"(신 9:25~29).

모세는 사십 주 사십 야를 하나님 앞에 엎드려 기도했습니다.

첫 번째 중보기도는 출애굽기 32장 11절에서 14절까지, 두 번째 중보기도는 출애굽기 32장 30절에서 35절까지, 세 번째 중보기도는 출애굽기 33장 12절에서 16절까지입니다.

모세의 첫 번째 중보기도는 하나님께서 이스라엘 백성들을 진멸하시겠다고 말씀하신 그 분노를 풀어주시라는 기도였습니다. 두 번째 중보기도는 우리의 큰 죄를 용서해달라는 기도였습니다. 세 번째 기도는 하나님께서 이스라엘 백성들과 가나안 땅에 함께 가지 않겠다고 말씀하셨을 때 모세가 특별기도를 위한 공간을 설치해 그 안에 들어가서 다음과 같이 했던 기도입니다.

"모세가 여호와께 아뢰되 보시옵소서 주께서 내게 이 백성을 인도하여 올라가라 하시면서 나와 함께 보낼 자를 내게 지시하지 아니하시나이다 주께서 전에 말씀하시기를 나는 이름으로도 너를 알고 너도 내 앞에 은총을 입었다 하셨사온즉 내가 참으로 주의 목전에 은총을 입었사오면 원하건대 주의 길을 내게 보이사 내게 주를 알리시고 나로 주의 목전에 은총을 입게 하시며 이 족속을 주의 백성으로 여기소서"(출 33:12~13).

모세가 왜 이스라엘 백성들을 하나님의 백성이라고 합니까? 모세의 기도는 그들이 지금은 하나님께 범죄한 상태이지만, 그럼에도 그들은 원래 주의 보배로운 백성이라는 것입니다. 이스라엘 백성들은 하나님께서 그들과 함께 언약을 맺고 구원해주신 주의 백성이라는 것입니다. 모세가 얼마나 간절히 기도했는지, 그리고 몇 번을 기도했는지는 성경에 자세히 나타나 있지 않습니다. 그러나 모세가 40주야를 기도했으니 얼마나 많은 기도의 시간을 가졌는지 상상할 수 있을 것입니다.

> "여호와께서 이르시되 내가 친히 가리라 내가 너를 쉬게 하리라"(출 33:14).

모세가 하나님 앞에서 얼마나 씨름하는 기도를 했는지, 얼마나 간절히 기도했는지 모릅니다. 그 간곡한 모세의 기도를 들으시면서 하나님께서 마침내 "내가 친히 가리라. 내가 너를 쉬게 하리라."라고 응답해주십니다. 그러자 그때 모세가 하나님 앞에 한 걸음 더 욕심을 냅니다.

> "모세가 이르되 원하건대 주의 영광을 내게 보이소서"(출 33:18).

이에 하나님께서 응답하십니다.

> "또 이르시되 네가 내 얼굴을 보지 못하리니 나를 보고 살 자가 없음이니라 여호와께서 또 이르시기를 보라 내 곁에 한 장소가 있으니 너는 그 반석 위에 서라 내 영광이 지나갈 때에 내가 너를 반석 틈에 두고 내가 지나도록 내 손으로 너를 덮었다가 손을 거두리니 네가 내 등

을 볼 것이요 얼굴은 보지 못하리라"(출 33:20~23).

회막기도를 통해 하나님과 관계가 완전히 회복되자 모세는 또다시 시내산으로 올라갑니다.

"여호와께서 모세에게 이르시되 너는 돌판 둘을 처음 것과 같이 다듬어 만들라 네가 깨뜨린 처음 판에 있던 말을 내가 그 판에 쓰리니"
(출 34:1).

"여호와께서 구름 가운데에 강림하사 그와 함께 거기 서서 여호와의 이름을 선포하실새 여호와께서 그의 앞으로 지나시며 선포하시되 여호와라 여호와라 자비롭고 은혜롭고 노하기를 더디하고 인자와 진실이 많은 하나님이라 인자를 천대까지 베풀며 악과 과실과 죄를 용서하리라 그러나 벌을 면제하지는 아니하고 아버지의 악행을 자손 삼사 대까지 보응하리라"(출 34:5~7).

어느 누가 하나님께 기도합니까? 하나님의 자비하심과 인자하심을 믿고 여기에 소망을 둔 사람들이 기도하고 또 기도합니다. 사도 바울도 하나님의 자비하심을 믿고 신뢰하면서 그 하나님의 자비가 우리를 구원하신다는 확신을 갖고 기도했습니다.

드디어 모세가 하나님과 이스라엘 백성들 사이의 언약 관계를 회복시켜 주신다는 응답을 하나님께 받습니다.

"여호와께서 이르시되 보라 내가 언약을 세우나니 곧 내가 아직 온 땅 아무 국민에게도 행하지 아니한 이적을 너희 전체 백성 앞에 행할 것이라 네가 머무는 나라 백성이 다 여호와의 행하심을 보리니 내가 너를 위하여 행할 일이 두려운 것임이니라"(출 34:10).

하나님과의 언약 관계가 다시 회복되자, 하나님께서는 모세를 통해 이스라엘 백성들에게 우상숭배를 하지 말 것과 안식일을 지킬 것, 그리고 절기를 지킬 것을 명하십니다.

5. 하나님의 큰일에 동참하는 길, 기도

우리가 주목해야 할 것은 모세가 기도를 통해 어떤 일을 이루어냈는지입니다. 앞서 엘리에셀의 기도를 통해 우리는 기도가 하나님의 놀라운 세계 경영 역사에 동참하는 길임을 배웠습니다. 우리도 기도하면 하나님의 큰일에 동참할 수 있음을 알고 기도하는 사람이 되어야겠다는 동기를 부여받았습니다.

성경을 아는 것이 정말 중요합니다. 하나님의 계시의 말씀이 무엇인지 아는 것이 중요합니다. 하나님께서 이스라엘 백성 60만 명을 다 죽이시겠다고 말씀하실 때 모세는 '하나님의 말씀'에 대한 카드를 들고 하나님께 기도했습니다.

"하나님께서 아브라함의 후손들인 이스라엘 백성들과 맺으신 언약은 어떻게 됩니까? 주의 백성인 이스라엘 백성들을 광야에서 모두 진멸하시면 하나님의 체면은 어떻게 됩니까? 얼마 전에 애굽에서 바로의 장자와 모든 애굽 사람의 장자와 짐승의 처음 난 것을 다 죽이셨는데 이제 여기서 이스라엘 백성들을 다 죽이시면 애굽 사람들이 하나님에 대해 뭐라 하겠습니까?"라고 말하며 하나님께 기도했던 것입니다. 우리가 말씀에 대한 지식을 계속해서 쌓아가야 할 이유가 여기에 있습니다.

성경을 통한 모세의 기도를 보며, 우리가 현실적인 삶의 문제를 만났을 때 '하나님께 기도를 해야 하는데 … 무슨 기도를 어떻게 해야 하지?'라고 생각하게 됩니다. 성경을 읽고, 성경을 공부하고, 이를 통해 하나님을 아는 것이 결코 헛되지 않음을 모세의 기도를 통해 알 수 있습니다.

기도는 하나님을 아는 것만큼, 그리고 하나님을 믿는 것만큼 할 수 있습니다. 아마 모르긴 해도 모세는 자기가 하나님을 얼마나 많이 믿고 있는지 몰랐을 것입니다. 모세는 쌓아왔던 시간 속에서 하나님을 향한 믿음이 생기고 믿음이 쌓였던 것입니다. 성경을 통해서 하나님을 알고, 하나님을 아는 만큼 믿음이 생깁니다. 하나님의 계시의 말씀을 배운 만큼 기도를 어떻게 해야 할지도 알게 됩니다. 그렇게 기도하면 하나님께 응답을 받습니다.

기도의 응답이 우리가 잘 먹고 잘사는 것인가요? 아닙니다. 기도의 응답은 하나님께 영광을 돌리는 우리가 되는 것입니다. 이렇게 멋진 세상이 우리에게 있습니다. 하나님의 세계 경영에 우리가 아무것도 할 수 없는 것이 아니라, 기도를 통해서 하나님의 놀라운 역사에 동참할 수 있다는 것입니다. 하나님께서 그런 기회를 우리에게 주셨습니다.

우리는 수많은 현실적인 문제 앞에서 여러 기도 제목을 가지고 있습니다. 우리는 어떻게 기도해야 하는지 성경을 통해 알게 됩니다. 그리고 구하면 하나님께서 응답해주심도 알게 됩니다. 이제 우리도 모세처럼 성경대로 기도하고 응답받아 하나님께 영광을 돌려드릴 수 있는 복된 성도의 삶을 살기를 바랍니다.

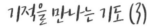

기적을 만나는 기도 (3)

한나의
기도와 말씀 묵상

"한나가 마음이 괴로워서 여호와께 기도하고 통곡하며 서원하여 이르되 만군의 여호와여 만일 주의 여종의 고통을 돌보시고 나를 기억하사 주의 여종을 잊지 아니하시고 주의 여종에게 아들을 주시면 내가 그의 평생에 그를 여호와께 드리고 삭도를 그의 머리에 대지 아니하겠나이다"(삼상 1:10~11).

1. 사사 시대 한복판에서 들려온
한나의 서원기도

여러분 많이 힘드시죠? 그렇다면 하나님도 힘드실까요? 그럼 하나님께서 힘드신 때도 있었을까요?

우리가 알고 있는 역사 가운데 '사사 시대' 350년(300년이라고도 합니다)이라고 하는 시간 내내 하나님께서 힘드셨다는 것을 〈사사기〉를 보면 알 수 있습니다. 왜냐하면 여호수아와 여호수아와 함께했던 장로들이 이 세상을 떠나고 난 뒤에 남겨진 세대가 하나님을 알지 못했기 때문입니다. 그래서 약속의 땅 가나안에 들어간 이스라엘 백성들이 하나님을 제대로 섬기지 않고 가나안 사람들이 섬기는 우상을 숭배함으로 하나님을 근심하시게 했습니다.

그러자 그럴 때마다 하나님께서는 그 백성들이 하나님께 돌아오도록 이방 민족들을 통해 압제를 당하게 하셨습니다. 그들이 고통 가운데 하나님께 부르짖으면 하나님께서는 구원자로 사사를 보내셔서 이스라엘 백성들을 돌보게 하셨습니다. 그러나 다시 태평한 때가 되면 이스라엘 백성들은 또다시 하나님께 등을 돌렸습니다. 사사 시대에 이와 같은 삶이 계속 반복되면서 하나님의 마음이 매우 힘드셨습니다. 그런데 이스라엘 백성들만 그랬던 것이 아니라, 하나님께서 세우신 사사들까지도 하나님의 마음을 힘들게 했습니다. 옷니엘, 에훗, 삼갈, 드보라, 기드온, 입다, 삼손 등이 하나님께서 세우신 사사입니다. 사사 시대를 쭉 살펴보면 처음에는 사사들이 대체로 하나님을 잘 섬겼습니다. 하지만 기드온 때부터 문제가 생기기 시작했습니다.

기드온은 처음에는 겸손히 하나님을 의지함으로 하나님께 쓰임을 받았습니다. 그런데 기드온이 미디안과 싸우고 돌아올 때 미디안 사람이 섬기는 우상의 조각을 가지고 돌아왔습니다. 비록 기드온이 자기는 왕이 되지 않겠다고 했지만 실제로는 모든 이스라엘이 기드온을 높이는 상황 속에서 살았습니다. 기드온은 부와 권력을 가지고 많은 아내를 두었고, 따라서 아들도 수십 명이었습니다. 기드온은 그들 모두를 부유하게 살게 했습니다. 그렇게 하기까지 얼마나 많은 물질이 필요했겠습니까? 그래서 기드온의 말기는 하나님의 마음을 아주 서운하게 했던 시기였습니다.

그 후에 하나님께서 태평 시대에 세우신 사사들을 보면 전쟁을 위해서 세우신 사사도 있었고, 적군으로부터 구원해주고 보호해주기 위해 세우신 사사도 있었습니다. 또한 전쟁과는 상관이 없이 세우셨던 사사들도 있었습니다. 하지만 그들이 부와 권력을 가지고 범죄함으로 하나님의 마음을 아프고 섭섭하게 한 일들이 많았습니다.

하나님께서 쓰셨던 입다라는 사사가 있습니다. 입다는 율법을 잘 몰라 서원기도를 잘못 드렸습니다. 그는 인신 제사를 드리겠다는 엉뚱한 서원기도를 드려 하나님의 마음을 아프게 했습니다. 그 이후에 세워진 삼손은 다른 사사와는 달리, 특별히 이 세상에 태어나기도 전에 하나님께서 그 부모에게 아들을 주겠다고 말씀하심으로 출발한 사사였습니다.

하나님의 약속대로 블레셋에게서 이스라엘을 구원할 사사로 기대를 받은 삼손이 태어났습니다. 삼손은 어릴 때부터 성령의 감동으로 충만한 사람으로 자랐는데, 정작 사사로서 활동해야 할 시기에 이르러서는 하나님과 언약을 깨뜨리고 나실인 법을 지키지 않았습니다. 그래서 블레셋과 싸울 때 어쩌다 이기기도 했지만 이스라엘을 블레셋에게서 항상 구원한 것은 아니었습니다.

블레셋에게서 완전히 이스라엘을 구원한 사사는 이제 우리가 살펴보는 〈사무엘상〉에 나오는 사무엘이라는 사사입니다. 삼손 때까지 하나님께서 참 많은 사람을 사사로 세워보셨습니다. 왼손잡이도 써보고, 오른손잡이도 써보고, 또 기생에게서 낳은 아들도 써보고, 겸손한 사람도 써보고, 출생하기 전에 선택해서 세우기도 하셨습니다. 여덟 개 지파에서 이런 사람, 저런 사람도 써보고 삼손까지 써보셨습니다. 그랬는데도 제대로 하나님을 섬기지 못하는 사사들 때문에 하나님의 시름이 많이 깊어졌음을 우리는 충분히 생각할 수 있습니다.

사사 시대 말기에 하나님께서는 한나라는 여인 한 사람을 또 준비하셨습니다. 한나라는 여인에게는 아들이 없었습니다. 그녀의 경쟁자인 브닌나가 자식 문제로 괴롭히자 한나는 마음에 큰 상처를 받습니다. 그러던 어느 날 한나가 하나님 앞에 나아가 눈물로 통곡하며 아들을 주시면 그 아들을 하나님께 드리겠다는 기도를 하기에 이릅니다.

> "한나가 마음이 괴로워서 여호와께 기도하고 통곡하며 서원하여 이르되 만군의 여호와여 만일 주의 여종의 고통을 돌보시고 나를 기억하사 주의 여종을 잊지 아니하시고 주의 여종에게 아들을 주시면 내가 그의 평생에 그를 여호와께 드리고 삭도를 그의 머리에 대지 아니하겠나이다"(삼상 1:10~11).

한나의 기도는 서원기도였습니다. 한나는 생명의 주인이신 하나님께서 자기에게 아들을 주시면 그 아들을 나실인 법에 따른 일정 기간만이 아닌, 그 아들의 평생을 하나님께 드리겠다는 말 그대로 나실인 법을 능가하는 나실인 법 기도였습니다. 통곡기도는 특별한 상황에서 나오는 기도입니다. 한나는 마음에 사무친 것이 너무 많아서 통곡하면서 기도했습니다. 아들 때문에 마음이 많이 상해 기도하면서 "아들을 주시면 그 아들을 제 아들로 삼지 않고 하나님의 아들로 드리겠습니다."라는 서원기도를 드렸습니다. 한나의 서원기도를 들으시고 아마도 하나님의 귀가 번쩍하셨을 것입니다.

이보다 훨씬 뒤에 나오는 다윗 시대를 한번 생각해봅시다. 다윗이 어느 날 나단 선지자에게 "내가 성전을 지어서 하나님께 바치고 싶습니다."라는 헌신의 말을 했을 때 하나님께서 감동을 받으셨습니다. 그래서 나단 선지자에게 밤에 임하셔서 말씀하셨습니다.

"그 밤에 여호와의 말씀이 나단에게 임하여 이르시되 가서 내 종 다윗에게 말하기를 여호와께서 이와 같이 말씀하시되 네가 나를 위하여 내가 살 집을 건축하겠느냐"(삼하 7:4~5).

"다윗에게 그 성전 짓지 못한다고 얘기하라. 첫째, 지난 수백 년 동안 내가 천막에 머문다고 해서 한 번도 불편하지 않았다. 둘째, 누구에게 반듯한 건물 하나 지어서 그 집에 거하게 해달라고 요청한 적이 없다. 그런데 다윗이 그런 성전을 지어 바치겠다 하니 오히려 내가 다윗을 위해 집을 지어주고, 다윗의 자손이 계속해서 왕이 되어가는 그런 하나님의 나라를 건설하게 하겠다." 이것은 다윗의 헌신에 대해 하나님께서 감동을 받으셨기 때문입니다. 하나님께서는 지난 수백 년 동안 한 번도 누가 내 집을 지어주는가, 하고 생각하신 적이 없었습니다. 그런데 다윗이 자기 궁궐을 보면서 '나는 백향목으로 지은 궁궐에 거하는데, 하나님을 천막에 계시게 해서 되겠는가. 이보다 훨씬 더 좋은 집을 지어드리고 싶다.'라고 생각하자 하나님께서 감동을 받으셨던 것입니다. 그때에도 하나님의 귀가 번쩍하셨을 것입니다.

지난 수백 년간 사사 시대를 내려오면서 하나님께서는 마음에 맞는 사람이 없어서 걱정하고 계셨습니다. 그런데 한나라는 여인이 아들을 주시면 그 아들을 평생 하나님께 바치겠다고 기도한 것입니다. 이스라엘에 수많은 여인이 있었고, 수많은 사람이 가정을 꾸렸습니다. 수백 년 동안 얼마나 많은 사람이 있었겠습니까. 그런데 단 한 사람도 한나처럼 기도하는 사람은 없었던 것입니다.

2. 한나의 괴로운 현실

성경 전체를 통해서 보면 한나의 기도는 너무나 놀라운 기도입니다. 이런 기도는 쉽지 않습니다.

> "한나에게는 갑절을 주니 이는 그를 사랑함이라 그러나 여호와께서
> 그에게 임신하지 못하게 하시니"(삼상 1:5).

한나는 불임이었습니다. 하나님께서 한나의 태를 닫으셔서 아이가 없었습니다. 자녀는 하나님께서 주시지 않으면 불가능한 것입니다. 엘가나가 아무리 위로해줘도 소용이 없었습니다. 하나님께 매년 예배하러 올라갈 때마다 엘가나는 그의 아내 브닌나와 자기의 모든 자녀에게 예물을 주었습니다. 이때 한나에게는 갑절의 예물을 주며 사랑을 표했습니다. "한나에게 갑절을 주니 이는 그를 사랑함이라"(삼상 1:5)라고 성경에 표현되어 있

습니다. 이를 보는 브닌나가 굉장한 시기심과 질투심으로 한나를 괴롭혔던 것입니다.

질투심은 여러 가지가 있습니다. 그중에서도 자식에 대한 질투심은 어떤 질투와도 비교가 불가할 정도로 굉장합니다. 하갈과 사라의 예를 보면 잘 알 수 있습니다. 사라가 아이를 낳지 못하자 남편 아브라함에게 몸종 하갈을 취해서 아들을 낳아달라고 했습니다. 사라는 하나님께서 약속하신 대로 하늘의 별과 같이 자손이 많아지려면 우선은 언약의 자녀가 될 아들이 있어야 가능해진다고 생각했던 것입니다. 그래서 사라는 자기를 포기하고 하갈이라는 여종을 남편에게 맡긴 것입니다.

> "아브람이 하갈과 동침하였더니 하갈이 임신하매 그가 자기의 임신
> 함을 알고 그의 여주인을 멸시한지라"(창 16:4).

그런데 하갈이 아들을 가지자 자기 여주인 사라를 멸시했습니다. 당시 주인의 아이를 가진 여종이 여주인을 멸시할 정도로 아이를 갖는 것은 그만큼 대단했다는 것입니다. 그러니 자식을 많이 낳은 브닌나의 입장에서 남편 엘가나가 아들도 없는 한나를 사랑하자 분노 가운데 한나를 공격했던 것입니다. 당하는 한나의 마음에 얼마나 상처가 되었겠습니까. 한나는 마음이 너무 괴로웠습니다. 남편이 위로를 한들 이 문제가 해결되겠습니까. 근본적인 문제 해결은 누구도 해줄 수가 없는 상황이었습니다. 하나님만이 자신의 문제를 해결해주실 수 있음을 알고 한나가 하나님께 나아가 통곡으로 기도하며 서원기도를 했던 것입니다.

3. 새 시대를 여는 한나의 서원기도

우리가 회복해야 할 중요한 기도 가운데 하나가 서원기도입니다. 구약의 모든 제사가 예수님 안에서 완성되었습니다. 화목제라는 제사 속에는 감사의 제사와 자원하는 제사, 그리고 서원 제사가 있습니다. 이는 구약 시대에서 신약 시대로 넘어오면서도 여전히 유효합니다. 우리는 하나님께 감사의 기도, 자원하는 기도를 드립니다. 그리고 당연히 서원기도도 할 수 있습니다. 그런데 중요한 것은 성경적인 서원기도를 해야 한다는 것입니다.

> "내가 평생토록 여호와께 노래하며 내가 살아 있는 동안 내 하나님을 찬양하리로다"(시 104:33).

시편 기자들의 많은 기도는 하나님께 올려드리는 대단한 서원기도입니다. 이 땅을 살아가는 동안 하나님을 제대로 경배하며 섬기는 것도 서원이 됩니다. 그 서원을 지키는 것이 얼마나 어려운지 아십니까.

한나는 하나님께서 자신에게 아들을 주시면 하나님께 헌신된 사람으로 아들을 쓰실 수 있도록 하나님께 드리겠다고 서원하는 기도를 했습니다. 아마도 이것은 한나가 평소 늘 생각하고 있던 기도였던 것 같습니다.

한나는 사사 시대를 겪으면서 누군가 하나님 나라 경영에 적극 참여하여 하나님 편에 서는 사람, 하나님의 마음에 합당한 사람이 있으면 좋겠다고 생각했을 것입니다. 그러던 어느 날 브닌나의 괴롭힘으로 고통에 못 이겨 통곡하며 기도하는 일이 생겼을 때 한나는 '내게 아들이 있었다면 이런 일이 없을텐데…'라고 생각하기보다는, "하나님 정말 사람이 없으면요, 제게 아들을 하나 주세요. 제가 이 아들을 하나님께 바치겠습니다."라고 기도했습니다. 한나의 기도는 충동적인 기도가 아니라, 많은 생각 끝에 올린 기도라고 생각합니다. 그 시대를 가슴에 안고 고심한 여인의 기도입니다.

한나의 기도는 〈창세기〉에서 〈신명기〉까지 그 속에 나타난 제사장 나라가 무엇인지 알고, 하나님의 세계 경영이 어떤 것인지도 알고, 이스라엘이란 자기 민족을 통해 하나님께서 하고 싶으신 것이 있음을 아는 여인의 기도였습니다. 한나의 기도는 역사 가운데 하나님의 뜻이 제대로 이루어지지 않는 것에 대한 탄식함이 있는 성도의 기도였습니다. 그래서 한나의 기도가 너무나 중요한 것입니다.

한나의 기도를 하나님께서 들어주십니다. 결국 사무엘이라는 아들이 세상에 태어나게 되었고, 사무엘은 모든 사사가 이루지 못한 제사장 나라의 영광을 드러내는 시대를 이끄는 사사가 되었습니다. 사무엘은 자라서 모세 이후 준비된 이스라엘의 지도자로, 미스바에 이스라엘 백성들을 모두 불러 모아 회개 운동을 이끌고, 여러 지역을 순회하며 말씀을 가르쳤습니다. 하나님께서는 사무엘에게 말씀을 주셨고, 말씀의 권위가 하나님의 권위로 백성들 가운데 나타나 놀라운 열매들을 맺게 하셨습니다.

> "사무엘이 자라매 여호와께서 그와 함께 계셔서 그의 말이 하나도 땅에 떨어지지 않게 하시니 단에서부터 브엘세바까지의 온 이스라엘이 사무엘은 여호와의 선지자로 세우심을 입은 줄을 알았더라"(삼상 3:19~20).

> "사무엘의 말이 온 이스라엘에 전파되니라"(삼상 4:1).

사무엘이 전하는 하나님 말씀이 땅에 하나도 떨어지지 않고 모두 열매를 맺습니다. 그 결과가 사무엘상 7장에 나옵니다.

> "사무엘이 돌을 취하여 미스바와 센 사이에 세워 이르되 여호와께서 여기까지 우리를 도우셨다 하고 그 이름을 에벤에셀이라 하니라 이에 블레셋 사람들이 굴복하여 다시는 이스라엘 지역 안에 들어오지 못하였으며 여호와의 손이 사무엘이 사는 날 동안에 블레셋 사람을 막으시매 블레셋 사람들이 이스라엘에게서 빼앗았던 성읍이 에그론부터 가드까지 이스라엘에게 회복되니 이스라엘이 그 사방 지역을 블레셋 사람들의 손에서 도로 찾았고 또 이스라엘과 아모리 사람 사

이에 평화가 있었더라"(삼상 7:12~14).

　모세를 통해 하나님께서 말씀해주신 제사장 나라 이스라엘은 모든 민족 가운데에 뛰어난 민족이 되고 하나님의 영광과 찬송이 되는 나라였습니다. 하나님께서 말씀하신 대로 사무엘 시대에 이스라엘은 하나님의 말씀을 잘 듣고 순종하는 제사장 나라가 되어 제사장 나라에게 주시는 복, 즉 적군들이 경계를 넘어오지 못하고 이웃과 평화를 누리는 복을 받았던 것입니다.

> "내가 그 땅에 평화를 줄 것인즉 너희가 누울 때 너희를 두렵게 할 자
> 가 없을 것이며 내가 사나운 짐승을 그 땅에서 제할 것이요 칼이 너희
> 의 땅에 두루 행하지 아니할 것이며 너희의 원수들을 쫓으리니 그들
> 이 너희 앞에서 칼에 엎드러질 것이라 또 너희 다섯이 백을 쫓고 너희
> 백이 만을 쫓으리니 너희 대적들이 너희 앞에서 칼에 엎드러질 것이
> 며 내가 너희를 돌보아 너희를 번성하게 하고 너희를 창대하게 할 것
> 이며 내가 너희와 함께 한 내 언약을 이행하리라"(레 26:6~9).

　그러니 사무엘 시대가 얼마나 중요합니까. 그 시대를 열게 된 결정적인 역할을 한 사람이 바로 한나였습니다. 한나의 기도에서 그 놀라운 시대가 시작된 것입니다. 그래서 한나의 기도는 중요합니다.

4. 천 년 전 사라와 400년 전 나실인 법

350년의 어두운 사사 시대의 고리를 끊게 한, 그리고 마침내 새 시대를 열게 한 하나의 기도를 자세히 살펴봅시다. 한나는 어떻게 이런 놀라운 기도를 할 수 있었을까요?

"이 사람이 매년 자기 성읍에서 나와서 실로에 올라가서 만군의 여호와께 예배하며 제사를 드렸는데 엘리의 두 아들 홉니와 비느하스가 여호와의 제사장으로 거기에 있었더라"(삼상 1:3).

"이스라엘 자손 중에서 사람이나 짐승을 막론하고 태에서 처음 난 모든 것은 다 거룩히 구별하여 내게 돌리라 이는 내 것이니라 하시니라"(출 13:2).

한나는 '처음 난 것을 하나님께 드릴 수 있다고 하는 지식'과 하나님과 '제사장 나라' 언약을 맺은 이스라엘 백성들이 매년 세 차례 하나님께 나아가서 예배해야 한다는 사실을 알고 있었습니다. 1년 세 차례, 곧 유월절(무교절), 그 다음에 칠칠절(오순절), 그리고 초막절입니다. 한나는 이 지식을 충분히 활용해 자신의 문제를 해결해갔습니다. 한나는 사사 시대의 문제를 안고 아파하며 고민했던, 즉 충분히 성경을 가지고 예배하는 가문의 사람이었습니다.

한나는 문제의 해답이 하나님께 있다는 것을 알고 하나님의 말씀 속에서 하나님의 뜻을 찾습니다. 해답은 그 시대를 구원할 수 있는 사람을 하나님께서 찾고 계신다는 데 있습니다. 이 사실을 한나가 알고 그 특별한 한 사람을 헌신자로 만드는 데 자신이 통로가 되게 해달라고 기도했습니다.

한나의 기도에는 세 가지 중요한 점이 있습니다. 첫째로 1000년 전의 사라의 이야기를 알고 있었고, 둘째로 400년 전의 나실인 법을 알고 있었고, 셋째로 한나의 가문이 하나님의 집에서 봉사할 수 있는 가문이라는 사실을 알고 있었다는 것입니다.

또한 한나는 태를 여시는 분이 하나님임을 알고 있었습니다. 한나의 믿음은 자신의 시대로부터 천 년 전의 사라 이야기, 그리고 라헬 이야기를 통해 알게 된 지식에서 시작되었다고 봐도 지나치지 않습니다.

> "사라가 속으로 웃고 이르되 내가 노쇠하였고 내 주인도 늙었으니 내게 무슨 즐거움이 있으리요 여호와께서 아브라함에게 이르시되 사라가 왜 웃으며 이르기를 내가 늙었거늘 어떻게 아들을 낳으리요 하느

냐 여호와께 능하지 못한 일이 있겠느냐 기한이 이를 때에 내가 네게
로 돌아오리니 사라에게 아들이 있으리라"(창 18:12~14).

하나님께서 아브라함의 집에 세 천사의 모습으로 찾아오셨습니다. 천사
가 아브라함에게 내년 이맘때가 되면 너희 집에 아들이 태어날 것이라고 이
야기할 때 그 이야기를 듣고 있던 사라가 속으로 비웃었습니다. 그때 하나
님께서 아브라함에게 사라가 왜 웃느냐고 하시자 사라가 깜짝 놀라서, "아
닙니다. 안 웃었습니다." 그러자 하나님께서 "아니, 네가 웃었잖아!" 그런
아주 인간적인 대화가 이루어지는 것을 볼 수 있습니다. 이때 하나님께서
하신 중요한 말씀은 "여호와께 능하지 못한 일이 있겠느냐!"입니다.

한나가 이 중요한 말씀을 놓치지 않았던 것입니다. 한나가 "여호와께 능
하지 못한 일이 있겠느냐!"라는 말씀을 생각하면서 무릎을 쳤을 것입니다.
한나는 '그래, 나를 계속해서 괴롭히고 있는 불임의 근본적인 문제를 능하
지 못한 일이 없으신 하나님께서 해결해주시면 가능하다.'라고 생각하며 하
나님께 나아가 기도했습니다.

"사라가 임신하고 하나님이 말씀하신 시기가 되어 노년의 아브라함
에게 아들을 낳으니 아브라함이 그에게 태어난 아들 곧 사라가 자기
에게 낳은 아들을 이름하여 이삭이라 하였고 그 아들 이삭이 난 지 팔
일 만에 그가 하나님이 명령하신 대로 할례를 행하였더라"(창 21:2~4).

사라가 89세 때 "여호와께 능하지 못한 일이 있겠느냐"(창 18:14)라고 말

씀하신 하나님께서 사라의 나이 90세에 이삭을 선물로 주셨다는 이야기를 가지고 한나가 현실 문제를 해결할 수 있는 실마리를 풀게 된 것입니다. '하나님께 능하지 못한 일이 없지. 하나님께 기도해야지.' 그것이 한나가 하나님께 나아가 믿음으로 기도한 이유입니다.

우리는 사무엘의 출생을 보통 B.C.1050년경으로 봅니다. 그러므로 한나는 천 년 전 〈창세기〉의 사라와 라헬 이야기와 B.C.1445년에서 1405년에 일어난 것으로 보는 400여 년 전의 〈민수기〉 이야기를 알고 있었습니다. 또한 한나는 자신의 가문이 하나님의 집에서 봉사할 수 있는지 없는지도 알았습니다. 아무나 봉사할 수 있는 것이 아닙니다. 집안의 족보 이야기를 알아야 하는 것입니다. 한나에게 정말 중요한 것은 나실인으로 아들을 바친다고 해도, 우리 아들이 정말 하나님 가까이에서 섬길 수 있는지, 제사장 가까이에서 섬길 수 있는지 생각했을 것입니다. 그래서 한나는 집안의 족보를 거슬러 올라가 보았습니다.

> "에브라임 산지 라마다임소빔에 에브라임 사람 엘가나라 하는 사람
> 이 있었으니 그는 여로함의 아들이요 엘리후의 손자요 도후의 증손
> 이요 숩의 현손이더라"(삼상 1:1).

엘가나 위에 누가 있고 누가 있고 하면서 고핫이 있는 것을 알게 됩니다(대상 6:22~28). 성막과 성전에서 제사장 가까이 봉사하는 사람은 레위 지파의 고핫 자손들입니다. 바로 한나가 자기 집안의 역사를 알고 있다는 것입니다.

"직무를 행하는 자와 그의 아들들은 이러하니 그핫의 자손 중에 헤만은 찬송하는 자라 그는 요엘의 아들이요 요엘은 사무엘의 아들이요 사무엘은 엘가나의 아들이요 엘가나는 여로함의 아들이요 여로함은 엘리엘의 아들이요 엘리엘은 도아의 아들이요"(대상 6:33~34).

이 말씀과 사무엘상 1장 1절을 연결해보면, 고핫 자손으로 엘가나가 나오고, 엘가나가 낳은 아들은 하나님을 가까이에서 섬길 수 있는 그런 아들이 되는 것입니다. 그래서 한나가 담대함을 가지고 간절히 기도했던 것입니다. 그 이야기까지 담겨 있는 기도가 한나의 기도입니다.

"레위 자손 중에서 고핫 자손을 그들의 종족과 조상의 가문에 따라 집계할지니 곧 삼십 세 이상으로 오십 세까지 회막의 일을 하기 위하여 그 역사에 참가할 만한 모든 자를 계수하라 고핫 자손이 회막 안의 지성물에 대하여 할 일은 이러하니라"(민 4:2~4).

"내가 이스라엘 자손 중에서 레위인을 취하여 그들을 아론과 그의 아들들에게 주어 그들로 회막에서 이스라엘 자손을 대신하여 봉사하게 하며 또 이스라엘 자손을 위하여 속죄하게 하였나니 이는 이스라엘 자손이 성소에 가까이 할 때에 그들 중에 재앙이 없게 하려 하였음이니라"(민 8:19).

성막을 지키고 보호하는 사람들이 레위의 아들들입니다. 이 내용을 모두 담아서 한나가 하나님께 기도한 것입니다.

"서원하여 이르되 만군의 여호와여 만일 주의 여종의 고통을 돌보시고 나를 기억하사 주의 여종을 잊지 아니하시고 주의 여종에게 아들을 주시면 내가 그의 평생에 그를 여호와께 드리고 삭도를 그의 머리에 대지 아니하겠나이다"(삼상 1:11).

한나의 기도는 나실인 법을 기반으로 드린 기도였습니다. 특별히 구별된 기간 동안에 하나님을 섬기는 나실인에 대한 예법이 민수기 6장에 있습니다.

"이스라엘 자손에게 전하여 그들에게 이르라 남자나 여자가 특별한 서원 곧 나실인의 서원을 하고 자기 몸을 구별하여 여호와께 드리려고 하면 포도주와 독주를 멀리하며 포도주로 된 초나 독주로 된 초를 마시지 말며 포도즙도 마시지 말며 생포도나 건포도도 먹지 말지니 자기 몸을 구별하는 모든 날 동안에는 포도나무 소산은 씨나 껍질이라도 먹지 말지며 그 서원을 하고 구별하는 모든 날 동안은 삭도를 절대로 그의 머리에 대지 말 것이라 자기 몸을 구별하여 여호와께 드리는 날이 차기까지 그는 거룩한즉 그의 머리털을 길게 자라게 할 것이며 자기의 몸을 구별하여 여호와께 드리는 모든 날 동안은 시체를 가까이 하지 말 것이요"(민 6:2~6).

나실인은 첫째, 포도나무의 소산을 어떤 것도 먹지 말 것, 둘째, 삭도를 그 머리에 대지 말 것, 셋째, 부모가 죽는다 해도 시체를 가까이 하지 말 것, 이것이 바로 나실인법입니다. 한나가 레위 지파의 이야기와 나실인에 대한 하나님의 말씀을 알고, 그리고 하나님께서 문제를 해결하실 수 있다고 믿고 기도했던 것입니다.

한나는 수백 년의 사사 시대를 지나오면서, 정말 제사장 나라를 세우기 위해서 하나님께 특별히 헌신된 사람이 필요한데 그런 사람이 없음을 안타까워했습니다. 한나는 그 마음을 가지고 자신에게 아들을 주시면 평생 하나님이 쓰시고 싶은 대로 아들을 드리겠다고 기도했습니다. 그 기도가 한나의 기도였습니다.

성경을 통해 기도하는 것은 다음의 내용에 기반을 두어야 합니다. 첫째 기도하는 사람은 먼저 성경을 알아야 합니다. 둘째, 자신이 처한 현실 문제가 정확하게 무엇인지 알고 이를 성경과 연결해 묵상해야 합니다. 한나의 경우는 자신의 불임 문제를 가지고 태를 여시는 분이 하나님임을 성경에서 찾아서 기도했습니다. 모세도 하나님께서 언약을 맺은 이스라엘 백성들을 모두 진멸하시려는 현실 문제에 맞닥뜨렸을 때 〈창세기〉의 아브라함과 이삭과 야곱과 맺으신 언약을 가지고 기도했습니다.

우리도 현실 문제를 만났을 때 성경과 연결하여 해답을 구해야 합니다. 하나님의 말씀 가운데 해답이 있음을 확신하면 그때부터 정말 간절히 기도해야 합니다. 한나는 엘리가 술 취한 여자로 오해할 정도로 오랫동안 읊조리며 간절히 기도했습니다.

"내가 또 너희에게 이르노니 구하라 그러면 너희에게 주실 것이요 찾
으라 그러면 찾아낼 것이요 문을 두드리라 그러면 너희에게 열릴 것
이니 구하는 이마다 받을 것이요 찾는 이는 찾아낼 것이요 두드리는

이에게는 열릴 것이니라"(눅 11:9~10).

그래서 예수님께서 "구하라. 찾으라. 문을 두드리라."라고 기도하고 또 기도할 것을 계속 강조하셨습니다. 그러면 하나님께서 기도에 응답해주시고, 우리는 응답을 받고 하나님께 영광을 돌려드릴 수 있습니다.

사실 한나의 기도는 보통 사람들에게는 말이 안 되는 기도였습니다. 만약 브닌나가 아들을 달라는 한나의 기도를 들었다면, 브닌나는 아무리 노력해도 안 되는 기도라고 한나를 비웃었을 것입니다. 그러나 한나는 개의치 않았습니다. 브닌나가 비웃든, 엘가나가 딱하다고 안쓰러워하든 한나는 근본적인 문제를 해결해주시는 분이 하나님임을 믿고 오직 하나님께 집중했습니다. 한나의 기도는 자신에게 아들을 주셔서 자기의 한을 풀어주시라는 기도가 아니라, 아들을 주시면 하나님께서 쓰시는 나실인으로 아들의 평생을 드리겠다는 소망을 담은 기도였습니다. 하나님께서는 그런 한나의 기도에 응답해주십니다.

> "엘리가 대답하여 이르되 평안히 가라 이스라엘의 하나님이 네가 기도하여 구한 것을 허락하시기를 원하노라 하니"(삼상 1:17).

> "그들이 아침에 일찍이 일어나 여호와 앞에 경배하고 돌아가 라마의 자기 집에 이르니라 엘가나가 그의 아내 한나와 동침하매 여호와께서 그를 생각하신지라 한나가 임신하고 때가 이르매 아들을 낳아 사무엘이라 이름하였으니 이는 내가 여호와께 그를 구하였다 함이더라"(삼상 1:19~20).

5. 큰 메아리로 울려 퍼진 하나의 찬송

"하나님께 구하면 응답해주십니다." 성경에 있는 수많은 사람의 기도를 통해서 오늘 우리가 기도하는 사람으로 살기를 격려해주시는 하나님의 말씀입니다.

> "내가 또 너희에게 이르노니 구하라 그러면 너희에게 주실 것이요 찾
> 으라 그러면 찾아낼 것이요 문을 두드리라 그러면 너희에게 열릴 것
> 이니"(눅 11:9).

우리 예수님도 우리가 하나님께 구하면 하나님께서는 우리의 기도를 들으시고 응답해주신다고 가르쳐주셨습니다. 예수님께서는 밤중에 떡을 얻기 위해 친구 집에 찾아온 〈누가복음〉의 비유를 통해 우리에게 기도에 대해 알려주셨습니다. 친구라는 이유만으로는 떡을 달라는 요청을 들어주지

않을 수 있지만, 그의 간청과 체면 때문에는 일어나서 떡을 줄 수밖에 없다는 말씀입니다(눅 11:5~8). 우리가 하나님께 기도하면 하나님 아버지의 체면 때문에 기도에 응답해주신다고 가르쳐주십니다. 기도하면 응답받는다고 성경이 우리에게 가르쳐주고 있는 매우 중요한 교훈입니다.

한나가 아들이 태어난 후 제대로 하나님께 영광을 돌리기 위해 한 일은 우선 엄마로서 젖을 떼기까지 아이를 자기 품에서 양육하는 것이었습니다.

> "오직 한나는 올라가지 아니하고 그의 남편에게 이르되 아이를 젖 떼거든 내가 그를 데리고 가서 여호와 앞에 뵙게 하고 거기에 영원히 있게 하리이다 하니 그의 남편 엘가나가 그에게 이르되 그대의 소견에 좋은 대로 하여 그를 젖 떼기까지 기다리라 오직 여호와께서 그의 말씀대로 이루시기를 원하노라 하니라 이에 그 여자가 그의 아들을 양육하며 그가 젖 떼기까지 기다리다가 젖을 뗀 후에 그를 데리고 올라갈새 수소 세 마리와 밀가루 한 에바와 포도주 한 가죽부대를 가지고 실로 여호와의 집에 나아갔는데 아이가 어리더라 그들이 수소를 잡고 아이를 데리고 엘리에게 가서 한나가 이르되 내 주여 당신의 사심으로 맹세하나이다 나는 여기서 내 주 당신 곁에 서서 여호와께 기도하던 여자라 이 아이를 위하여 내가 기도하였더니 내가 구하여 기도한 바를 여호와께서 내게 허락하신지라 그러므로 나도 그를 여호와께 드리되 그의 평생을 여호와께 드리나이다 하고 그가 거기서 여호와께 경배하니라"(삼상 1:22~28).

젖을 뗀 사무엘은 이제 세마포 에봇을 입고 하나님 앞에서 자랍니다.

"사무엘은 어렸을 때에 세마포 에봇을 입고 여호와 앞에서 섬겼더라 그의 어머니가 매년 드리는 제사를 드리러 그의 남편과 함께 올라갈 때마다 작은 겉옷을 지어다가 그에게 주었더니 엘리가 엘가나와 그의 아내에게 축복하여 이르되 여호와께서 이 여인으로 말미암아 네게 다른 후사를 주사 이가 여호와께 간구하여 얻어 바친 아들을 대신하게 하시기를 원하노라 하였더니 그들이 자기 집으로 돌아가매 여호와께서 한나를 돌보시사 그로 하여금 임신하여 세 아들과 두 딸을 낳게 하셨고 아이 사무엘은 여호와 앞에서 자라니라"(삼상 2:18~21).

젖을 뗀 사무엘은 어렸을 때에 엘리 슬하에서 자라게 되는데, 이때 사무엘이 세마포 에봇을 입었다고 기록되어 있습니다. 세마포 에봇은 아무나 입는 옷이 아닙니다. 바로 제사장이 입는 옷입니다. 사무엘은 어렸을 때부터 이 옷을 입고 엘리에게 모세오경을 배우며 자랐던 것입니다. 사무엘은 아직 제사장도, 사사도 아닌 교육 중인 아이인데도 제대로 된 옷까지 입고 교육을 받았습니다. 그리고 사무엘의 어머니 한나는 매년 제사를 드리기 위해 남편과 함께 실로에 올라갈 때마다 작은 겉옷을 지어주었다고 기록되어 있습니다. 매년 자라는 아이를 위해 옷을 만들고, 그 아들에게 새 옷을 입히는 장면을 상상해보십시오. 젖 뗀 어린아이가 얼마나 어머니가 보고 싶었겠습니까.

"엄마, 언제 와! 또 올 거지!"
"그래 다음 절기 때 또 올 거야. 엘리 제사장님 말씀 잘 들어야 해! 엄마가 기도할께."

어린 아들이 엄마를 붙드는 눈물의 소리를 들으며 한나는 또다시 아들을 격려하면서 엘리에게 교육을 잘 받으라고 말합니다. 이들 모자의 대화 장면을 누가 지켜보고 있습니까? 엘리 대제사장이 보고 있습니다.

엘리는 사무엘을 키우게 하신 하나님의 은혜를 두 아들 교육에 실패한 자신에게 주신 마지막 기회로 생각했을 것입니다. 제사장 나라의 일꾼이 되기 위한 어린 아들과 어머니의 눈물 … 상상만 해도 눈물이 납니다. 엘리 제사장도 많은 눈물 속에서 사무엘을 키웠을 것입니다. 비록 자신의 두 아들 교육에는 실패했지만 사무엘을 자신의 아들과 다름없이 "내 아들아."라고 부르며 제사장 나라의 모든 것을 잘 가르쳤을 것입니다. 이후에 사울이 제사를 임의로 드렸을 때 사무엘이 매우 화를 내며 사울의 잘못된 제사를 지적하며 하나님의 마음을 전합니다. 이는 사무엘이 엘리 대제사장에게 율법을 잘 배웠기 때문입니다.

사무엘의 눈물, 한나의 눈물, 엘리 제사장의 눈물 그리고 위에서 지켜보시는 하늘 아버지의 마음이 함께 있습니다. 이렇게 사무엘이 시대를 여는 한 사람으로 준비되었고, 하나님께서 그를 통해 큰 영광을 받으셨습니다. 한나가 기도하고, 응답받고, 하나님께 영광을 돌려드립니다. 사무엘상 2장 1절에서 10절까지 나와 있는 한나의 찬송은 성경에 있는 그 어떤 사람의 찬송보다 작지 않고 큰 메아리로 울려 퍼질 수 있는 찬송입니다.

"한나가 기도하여 이르되 내 마음이 여호와로 말미암아 즐거워하며
내 뿔이 여호와로 말미암아 높아졌으며 내 입이 내 원수들을 향하여

크게 열렸으니 이는 내가 주의 구원으로 말미암아 기뻐함이니이다 여호와와 같이 거룩하신 이가 없으시니 이는 주 밖에 다른 이가 없고 우리 하나님 같은 반석도 없으심이니이다 심히 교만한 말을 다시 하지 말 것이며 오만한 말을 너희의 입에서 내지 말지어다 여호와는 지식의 하나님이시라 행동을 달아 보시느니라 용사의 활은 꺾이고 넘어진 자는 힘으로 띠를 띠도다 풍족하던 자들은 양식을 위하여 품을 팔고 주리던 자들은 다시 주리지 아니하도다 전에 임신하지 못하던 자는 일곱을 낳았고 많은 자녀를 둔 자는 쇠약하도다 여호와는 죽이기도 하시고 살리기도 하시며 스올에 내리게도 하시고 거기에서 올리기도 하시는도다 여호와는 가난하게도 하시고 부하게도 하시며 낮추기도 하시고 높이기도 하시는도다 가난한 자를 진토에서 일으키시며 빈궁한 자를 거름더미에서 올리사 귀족들과 함께 앉게 하시며 영광의 자리를 차지하게 하시는도다 땅의 기둥들은 여호와의 것이라 여호와께서 세계를 그것들 위에 세우셨도다 그가 그의 거룩한 자들의 발을 지키실 것이요 악인들을 흑암 중에서 잠잠하게 하시리니 힘으로는 이길 사람이 없음이로다 여호와를 대적하는 자는 산산이 깨어질 것이라 하늘에서 우레로 그들을 치시리로다 여호와께서 땅 끝까지 심판을 내리시고 자기 왕에게 힘을 주시며 자기의 기름 부음을 받은 자의 뿔을 높이시리로다 하니라"(삼상 2:1~10).

한나는 발람의 예언의 일부를 인용해서(삼상 2:10) 찬송으로 부릅니다.

"그 물통에서는 물이 넘치겠고 그 씨는 많은 물 가에 있으리로다 그의 왕이 아각보다 높으니 그의 나라가 흥왕하리로다"(민 24:7).

다시 정리해봅니다. 한나는 누구도 해결해줄 수 없는 현실 문제를 가지고 있었습니다. 한나는 성경을 가지고 묵상하면서 자기가 아는 성경 지식 속에 해답이 있다는 것을 확신하게 되었습니다. 한나가 지식만이 아니라 믿음으로 하나님께 나아간 것입니다. 한나는 믿음의 기도에 하나님께서 응답해주시는 것을 알고, 하나님께 기도했고, 하나님께 응답을 받았고, 하나님께 영광을 돌려드렸습니다. 한나는 아들을 낳고 난 후에도 하나님께 드렸던 기도를 잊지 않고 젖 뗄 때까지 아들을 잘 양육하고 키워서 서원대로 하나님께 드렸습니다. 그리고 한나는 아픔의 세월을 삼키면서 하나님께 영광을 돌리는 삶을 살았습니다.

한나는 자기의 현실 문제인 불임의 문제를 하나님께서 해결해주실 수 있다고 믿고 기도했습니다. 우리 또한 성경을 아는 데서 끝나지 않고, 한나처럼 가슴으로 받아들이고, 믿음으로 나아가 실제 행동으로 옮겨야 합니다. 그래서 하나님의 보좌 앞에 기도하는 것입니다.

우리 한국 교회도 많은 현실 문제에 직면해 있습니다. 사람들의 영혼을 파괴하는 사회 현상, 생명을 위협하는 법 제정 등 그 어떤 시대보다 교회가 싸워야 할 어젠다(agenda)들이 많습니다. 사회의 현실 문제를 하나님의 말씀에 비춰보고 말씀을 붙들고 하나님께 기도해야 합니다. 우리가 단지 엘리에셀의 기도, 모세의 기도, 한나의 기도에 대한 지식을 쌓으려고 지금 공부하는 것이 아닙니다. 개인이 가지고 있는 문제, 한국 교회가 가지고 있는 문제, 세계 교회가 가지고 있는 문제들을 가지고 제대로 기도하는 삶으로 나아가기 위해 기도를 배우는 것입니다.

여러분은 어떤 현실 문제 때문에 신음하고 계십니까. 그 문제의 해답을 주실 수 있는 분이 하나님이심을 믿으십니까.

성경 어느 곳에 그 문제를 해결하는 답이 담겨 있는지 말씀을 붙드십시오. 그리고 그 누구도 생각하지 말고 하나님만 대면하십시오. 하나님만이 내 문제를 해결하실 수 있고, 하나님만이 내 가정 문제를 해결하실 수 있고, 하나님만이 우리 교회 문제를 해결하실 수 있고, 하나님만이 한국 교회의 문제와 세계 교회의 문제를 해결하실 수 있습니다.

세계를 경영하시는 이가 기도하는 일을 통해 하나님의 세계 경영에 동참해주기를 초청하고 계십니다. 우리가 이 초청에 응답해서 하나님께 영광을 돌려드릴 수 있는 성도의 복된 삶을 살아갈 수 있기를 바랍니다. 아멘!

기적을 만나는 기도 (4)

다윗의
기도와 말씀 묵상

"여호와의 율법은 완전하여 영혼을 소성시키며 여호와의 증거는 확실하여 우둔한 자를 지혜롭게 하며 여호와의 교훈은 정직하여 마음을 기쁘게 하고 여호와의 계명은 순결하여 눈을 밝게 하시도다 여호와를 경외하는 도는 정결하여 영원까지 이르고 여호와의 법도 진실하여 다 의로우니 금 곧 많은 순금보다 더 사모할 것이며 꿀과 송이꿀보다 더 달도다"(시 19:7~10).

1. 치열한 삶 속에서 쓰인
다윗의 시편

시를 한 편 쓴다는 것은 쉽지 않은 일입니다. 그럼에도 많은 사람이 이 세상에 시를 남겼습니다. 아마 세상에 있는 시집들을 모으면 넓은 교회당 안을 가득 채우고도 남을 것입니다. 시들을 한 편 한 편 읽어보면, 정말 다들 어떻게 그렇게 아름다운 말로 시를 쓸 수 있는지 참 감동입니다. 세상에 그렇게 많은 시 가운데 성경에 기록될 만큼 가치 있는 시가 있을까요?

성경에는 많은 시가 기록되어 있습니다. 세상의 시들과 〈시편〉의 내용을 비교해보면 가치에 있어서 차이가 날 것입니다. 하나님께서 성경에 시를 기록으로 남기신 가장 큰 가치 기준은 무엇입니까? 그 시가 하나님을 찬양하는지, 그리고 하나님을 높여 경배하는지에 바로 그 가치가 있습니다.

하나님께서 세우시려는 하나님의 나라와는 어떤 관계가 있는지, 하나님의 하나님 되심을 어떻게 담고 있는지, 하나님의 보배로운 백성으로서 어떻게 하나님의 이름을 높이며 경배하는지, 어떻게 하나님께 기도하는지, 하나님의 구원에 대해 어떻게 감사하고 찬양하는지 성경에 기록된 시를 통해 알 수 있습니다. 성경의 여러 시를 읽어보면 세상에 있는 시하고는 다르다는 느낌을 가질 수 있을 것입니다.

많은 시로 이루어져 있는 〈시편〉이 성경에 있습니다. 시편 150편 가운데 다윗이 쓴 시는 무려 75편이나 됩니다. 〈시편〉을 보면 73개의 시편이 다윗의 시라고 되어 있습니다. 그리고 누가 지었는지 모르는 작자 미상의 시편이 몇 편이 있습니다. 신약성경은 그 가운데 두 편, 시편 2편과 시편 95편을 다윗의 시라고 가리킵니다.

"여호와께 피하는 모든 사람은 다 복이 있도다"(시 2:12)라고 끝나는 시편 2편이 '다윗의 시'라고 사도행전 4장 25~26절에 기록되어 있습니다.

또 다른 시편은 시편 95편입니다.

> "오라 우리가 여호와께 노래하며 우리의 구원의 반석을 향하여 즐거이 외치자 우리가 감사함으로 그 앞에 나아가며 시를 지어 즐거이 그를 노래하자 여호와는 크신 하나님이시요 모든 신들보다 크신 왕이시기 때문이로다"(시 95:1~3).

이렇게 시작하는 시편 95편은 히브리서 4장 7절에 '다윗의 시'라고 기록되어 있습니다. 그래서 우리가 가지고 있는 편집된 〈시편〉에는 비록 시편 2편과 95편이 누구 작품인지 알려져 있지 않지만, 신약성경의 기록을 통해 이를 '다윗의 시'로 생각할 수 있습니다.

다윗의 75편의 시편은 시편 150편의 딱 절반입니다. 깜짝 놀랄 숫자입니다. 150편 가운데 한 사람이 쓴 시가 절반이나 성경에 기록되어 있다는 것은 정말 대단한 일입니다. 물론 다윗은 75편보다 훨씬 더 많은 시를 지었을 것입니다. 그 가운데 성령 하나님께서 다윗의 시편 75편을 〈시편〉 속에 묶어서 보존하도록 인도하시며 이를 우리가 읽으며 교훈받기를 원하신 것입니다.

물론 〈시편〉에는 다윗의 시편 외에도 고라 자손의 시가 11편, 또 아삽 자손의 시와 솔로몬은 2편씩, 그리고 모세 시편도 한 편 있습니다. 또한 누가 지었는지 모르는 시편이 몇 편 담겨 있습니다.

많은 사람의 시 가운데 다윗의 시편이 단연 압권입니다. 어떻게 다윗이 그렇게 많은 시를 많이 쓸 수 있었을까요? 다윗이 시 쓰기를 좋아해서 조용한 곳에서 묵상하면서 시를 쓴 것일까요? 아닙니다. 그의 시는 삶의 치열한 현장에서 고난과 고통과 괴로움 속에서 쏟아낸 시였습니다. 마치 아픈 상처를 무릅쓰고 영롱한 진주를 만들어내는 조개처럼 다윗의 시들은 숱한 고난 속에서 쓰인 시입니다.

2. 시련의 삶, 다윗의 삶

다윗은 평범한 사람이 아니었습니다. 그는 왕이었습니다. 그러나 왕의 자리에 앉아 있음에도 다윗을 흔드는 사람들이 많았습니다. 다윗은 그들을 "뱀 같이 그 혀를 날카롭게 하니 그 입술 아래에는 독사의 독이 있나이다"(시 140:3)라고 하나님께 부르짖으며 그들의 공격에서 자신을 구원해주시기를 간구했습니다. 그들은 다윗이 꿈꾸는 제사장 나라를 건설하지 못하도록 다윗을 끌어내리며 공격했습니다. 그래서 다윗은 때로는 하나님께서 왜 이 같은 재앙을 만나게 하시는지 탄식하고 부르짖었고, 때로는 재앙이 지나기까지 하나님의 날개 그늘 아래 피할 것이라고 기도했습니다.

우리는 다윗의 삶이 순탄하지 않았음을 성경을 통해서 알고 있습니다. 아마도 다윗이 행복했던 시간은 베들레헴에서 아버지의 양을 치면서 열대여섯 살까지 자랄 때 그때뿐이었던 것 같습니다. 물론 한 번씩 양을 훔쳐가

기 위해 찾아온 무서운 사자나 곰과 맞서 싸워 양을 되찾아오는 위험한 순간이 있었지만, 그래도 자신의 생명을 해치려는 사람들이 없었던 그때가 가장 행복했을 것입니다.

하나님께서 사무엘 선지자를 보내셔서 왕의 재목으로 다윗에게 기름을 부은 그 순간부터 다윗의 삶은 '행복 끝, 고생 시작'이었습니다. 다윗이 첫 번째로 만난 시련은 골리앗이었습니다. 블레셋 가드 사람 골리앗, 곧 할례 받지 않은 그가 하나님과 할례를 받은 이스라엘 사람들을 폄하하며 모욕하자 다윗의 마음에 참을 수 없는 분노가 일어났습니다. '감히 보배로운 하나님의 백성들을, 하나님의 군대를 모욕하다니.' 하며 마음의 분노를 가지고 골리앗을 죽여야겠다고 결심했습니다.

당시 다윗은 열일곱, 열여덟 정도였습니다. 사실 골리앗이라는 장수와 소년이 백 번 싸우면 백 번 다 소년이 질 것입니다. 그러나 다윗은 승리가 하나님께 있음을 믿고 나아갔습니다.

장수 골리앗이 얼마나 키가 큰지 그가 들고 있는 창 자루는 베틀 채 같다고 기록되어 있습니다(삼상 17:7). 그런 골리앗과 싸우겠다고 다윗이 나서자 사울 왕은 "네가 가서 저 블레셋 사람과 싸울 수 없으리니 너는 소년이요 그는 어려서부터 용사임이니라"(삼상 17:33)라고 말할 정도였습니다. 그러니 다윗은 물러서지 않고 이렇게 말하고 나아갔습니다.

"주의 종이 아버지의 양을 지킬 때에 사자나 곰이 와서 양 떼에서 새끼를 물어가면 내가 따라가서 그것을 치고 그 입에서 새끼를 건져내었고 그것이 일어나 나를 해하고자 하면 내가 그 수염을 잡고 그것을 쳐죽였나이다 주의 종이 사자와 곰도 쳤은즉 살아 계시는 하나님의 군대를 모욕한 이 할례 받지 않은 블레셋 사람이리이까 그가 그 짐승의 하나와 같이 되리이다 또 다윗이 이르되 여호와께서 나를 사자의 발톱과 곰의 발톱에서 건져내셨은즉 나를 이 블레셋 사람의 손에서도 건져내시리이다"(삼상 17:34~37).

결국 다윗은 골리앗을 죽이고 승리했습니다. 그러자 이스라엘의 모든 여인들이 이때의 승리를 향해 "사울이 죽인 자는 천천이요 다윗은 만만이로다"(삼상 18:7)라고 노래를 불렀습니다. 그런데 사울이 이 노래에 불쾌하여 심히 노하여 결국 다윗을 죽이려 합니다.

다윗을 없애려는 사울의 첫 번째 작전은 다윗을 자기 사위로 삼겠다는 명분을 내세워 다윗을 전쟁터로 보내는 것입니다. 그리고 블레셋과 싸워 자신이 원하는 조건을 갖추라고 부추기는 것입니다. 물론 다윗은 결혼할 욕심보다는 하나님의 군대를 모욕하는 블레셋과의 싸움 때문에 전쟁터로 나갔을 것입니다.

다윗이 블레셋과 싸워 이기고 사울 왕이 원하는 조건을 넘치도록 충족해 돌아오자 사울 왕은 할 수 없이 딸 미갈과 다윗을 결혼시켰습니다. 하지만 사울 왕은 어느 날 전령들을 보내 집에 있던 다윗을 습격해 죽이려 했습니다. 이를 안 미갈이 다윗을 창에 내달아 탈출시킨 그때로부터 다윗은 10여 년을 도망자로 살았습니다.

얼마나 어렵고 힘들었는지 모릅니다. 이스라엘의 왕 사울이 3,000명의 수색 부대를 전국으로 내보내 이 잡듯이 다윗을 수색하자 다윗은 여기로, 저기로 도망가다가 나중에는 자기가 죽인 골리앗의 고향 가드까지 갔습니다. 이때 다윗은 아기스 왕에게 발각되어 죽을 뻔한 위기를 맞을 때 침을 흘리면서 미친 체하여 겨우 생명을 건집니다. 성경은 이때 다윗의 모습을 "그의 행동을 변하여 미친 체하고 대문짝에 그적거리며 침을 수염에 흘리매"(삼상 21:13)라고 기록하고 있습니다.

다윗은 미친 체 행동하면서 속으로는 하나님께 자신의 생명을 구원해주시기를 간절히 기도했습니다. 다윗에게는 두 모습이 분리되지 않았습니다. 위기에서 벗어나기 위해 사람 앞에서는 미친 체까지 하며 최선을 다해 노력했고, 하나님을 향해서는 그 틈에도 하나님께 매달리며 구원해주시기를 기도했습니다. 다윗은 너무나 아름다운 조화를 이루는 신앙을 가진, 실로 대단한 실력을 가진 사람이었습니다.

10여 년을 도망 다니던 중 다윗이 딱 붙잡혀 죽을 뻔한 위기도 있었습니다. 다윗이 한 발짝만 더 움직이면 잡힐 만한 위기에 처했을 때 하나님께서는 블레셋 군대를 동원해주셨습니다. 다윗이 사울 왕에게 딱 잡히려는 순간 블레셋 군대가 올라왔다는 전령들의 소식이 도착했고, 사울은 바로 눈 앞에서 다윗 잡기를 포기히고 돌아갔습니다(삼상 23:25~28).

그런가 하면 다윗이 사울을 죽일 수 있는 기회도 두 번이나 있었습니다. 한 번은 엔게디굴에서, 또 한 번은 빈들에서 하나님께서 사울 왕과 그 장수들까지 모두 깊이 잠들게 하신 시간에 사울을 죽일 수 있었습니다(삼상 24장, 26장). 그때마다 다윗은 하나님께서 기름 부으신 자를 자신의 손으로 해하는 것을 하나님께서 원하시지 않음을 알고 사울 왕을 죽이지 않았습니다. 모세오경을 익숙하게 알고 있던 다윗은 하나님의 기름 부으심이 어떤 의미인지, 기름 부으신 자가 어떤 사람인지를 잘 알고 있었기 때문입니다.

3. 제사장 나라를 향한 삶으로

　　다윗은 모세오경 속의 전쟁 이야기들을 모두 알고 있었습니다. 출애굽한 이스라엘은 60만 장정이었지만 애굽의 노예로 일만 해왔던 탓에 한 번도 제대로 된 싸움을 치러본 적이 없었을 것입니다. 그렇게 출애굽한 지 얼마 되지 않았던 시점에 이스라엘이 아말렉과 싸우게 된 것입니다. 그런데 그 싸움은 모세가 손을 들면 여호수아가 이끄는 이스라엘 군이 이기고, 손을 내리면 지는 기적 같은 싸움이었습니다. 그때 아론과 훌이 모세의 손을 받들며 싸움에 함께했습니다.

　　그렇게 하나님께서 여호수아가 이끄는 이스라엘을 이기게 해주신 '여호와의 깃발' 전쟁 이야기가 〈출애굽기〉에 있습니다. 〈민수기〉에는 이스라엘 백성들이 가나안을 향해 행군할 때 이스라엘을 방해하던 민족들과의 전쟁 이야기가 기록되어 있습니다. 그리고 이스라엘이 마침내 요단강을 건너 약속한 가나안에 도착해 가나안 족속들을 정복해나가면서는 치른 더 많은 전쟁 이야기가 성경에 기록되어 있습니다.

다윗은 500년 전 성경 속 전쟁 이야기를 통해 전쟁은 군사력이나 전술로 이기는 것이 아니라 하나님을 신뢰하는 믿음으로 이긴다는 사실을 알았습니다. 이처럼 다윗의 실력은 모두 성경에서 나왔습니다.

다윗은 할례도, 전쟁도 성경에서 배웠고 하나님께서 정해주신 이스라엘 나라의 경계가 얼마만큼인지도 성경을 통해 배웠습니다. 다윗은 모세오경을 통해 하나님께서 정해주신 이스라엘의 경계를 알았고, 적군들이 경계를 넘어오지 못하도록 그들과 싸워 이스라엘을 지켰습니다. 다윗에게는 130만의 군대 병력이 있었습니다. 이후 역사를 보면 앗수르의 산헤립이 18만 5천 명의 군인들을 가지고 제국주의를 꿈꾸며 예루살렘을 침략하러 온 이야기가 성경에 기록되어 있습니다. 그런데 다윗은 그 앗수르 제국의 군대보다 몇 배나 많은 군사력을 가지고 있었지만 결코 하나님께서 정해주신 나라의 경계를 넘어서지 않았습니다.

왜입니까? 하나님께서 다윗에게 주신 사명은 제국 건설이 아니라 이 땅에 제사장 나라를 건설하는 것이기 때문입니다. 즉 이스라엘은 '제사장 나라 거룩한 백성'으로 하나님을 예배하는 민족이었습니다. 이스라엘은 왕 되신 하나님을 모시고, 하나님께서 정하신 지역에서 모든 백성들이 모여 매주 안식일을 잘 지키고 아침저녁으로 하나님께 예배하고, 1년에 세 차례 절기를 지키며 하나님께서 주신 율법을 따라 사는 나라여야 합니다. 그렇게 살면 하나님께서 세상 모두가 부러워하는 복을 주실 것입니다. 세계 민족이 이를 보고 하나님께 돌아오게 될 것입니다. 이것이 다윗이 꿈꾼 제사장 나라입니다.

그래서 다윗이 통일 왕국을 이루자마자 첫 번째 한 일이 수십 년 동안 방치된 언약궤를 예루살렘으로 모셔온 일이었습니다. 다윗은 언약궤 속에 들어 있는 하나님 말씀으로 이스라엘을 통치하려고 했습니다. 그러다 다윗이 언약궤를 옮겨 다니지 않고 영구히 머물 수 있는 성전을 건축하자고 생각했던 것입니다. 다윗이 얼마나 율법을 사랑했는지 알 수 있는 내용입니다.

다윗은 하나님의 존귀함을 드러내고자 하는 믿음의 열망이 머리끝부터 발끝까지 가득한 사람이었습니다. 하나님의 율법을 마음속 깊은 곳에서 암송할 수 있는 사람, 몸에 배어 있는 사람, 하나님의 말씀을 삶의 잣대로 삼아 살려고 노력한 사람, 어려울 때 말씀을 붙들고 기도한 사람, 그리고 하나님의 영광을 드러내는 삶을 산 사람이 바로 다윗이었습니다.

4. 여호와의 계명을 향한 다윗의 사랑

시편 19편은 다윗의 시 가운데 손꼽히는 정말 아름다운 시이며, 시편 전체에서 다이아몬드 같은 시라고 주저 없이 말할 수 있는 시편입니다. 다윗은 시편 19편 1절에서 6절까지 창조주 하나님의 영광을 찬양합니다. 우주를 지으신 하나님의 하나님 되심을 경배했습니다. 특히 하나님께서 지으신 해를 바라보며 "그의 열기에서 피할 자가 없도다"(6절)라고 말하며 모든 만물이 태양 빛 아래에 드러남을 말하며 하나님의 영광을 찬양했습니다.

7절에서 9절까지는 여호와의 율법이 하나님의 하나님 되심이 드러나는 완전한 말씀임을 찬양하며, 10절을 통해 그 말씀을 순금보다 더 사모할 것이며, 말씀은 꿀과 송이꿀보다 더 달다고 자신의 경험을 말했습니다. "또 주의 종이 이것으로 경고를 받고 이것을 지킴으로 상이 크니이다"(11절)라고 자신의 경험을 말했습니다.

이어서 다윗은 인간이 스스로 자신의 허물조차 깨닫지 못함을 고백하며 인간의 절망을 토로합니다. 하나님의 말씀의 빛 안에서 허물을 깨달을 수 있기를 기도합니다. 그리고 고의로 죄를 짓지 말게 하셔서 그 죄가 자신을 주장하지 못하도록 이끄시기를 기도합니다. 그러면서 "나의 반석이시요 나의 구속자이신 여호와여 내 입의 말과 마음의 묵상이 주님 앞에 열납되기를 원하나이다"(14절)라고 간구합니다.

'열납'이라는 표현은 국어사전에는 없는 성경에만 나오는 단어로 교회가 만든 단어입니다. 기쁠 열(悅), 받아들일 납(納), '기쁘게 받아들임'이라는 뜻입니다. 즉 내 입의 말과 마음의 묵상이 주님 앞에 기쁘게 받아들여지기를 원한다는 기도입니다.

다윗이 하는 마음의 묵상이 무엇입니까? 다윗은 여호와의 말씀을 가지고 자기 삶을 비추어봅니다. 다윗은 말씀의 거울 앞에 자신을 노출시켜 연약함과 부족함, 허물과 죄를 깨닫고 벗어나기를 바라지만 그리하지 못하고 살아가는 자신을 탄식합니다. 그렇게 하나님 앞에 엎드려서 절규하는 다윗의 묵상입니다.

> "여호와의 율법은 완전하여 영혼을 소성시키며 여호와의 증거는 확실하여 우둔한 자를 지혜롭게 하며 여호와의 교훈은 정직하여 마음을 기쁘게 하고 여호와의 계명은 순결하여 눈을 밝게 하시도다 여호와를 경외하는 도는 정결하여 영원까지 이르고 여호와의 법도 진실하여 다 의로우니"(시 19:7~9).

여호와의 율법, 여호와의 증거, 여호와의 교훈, 여호와의 계명, 여호와를 경외하는 도, 여호와의 법, 이 여섯 가지는 모두 하나입니다. 하나님의 말씀, 토라를 이렇게도 표현하고 저렇게도 표현한 것입니다. 여러분은 성경을 무엇이라고 생각합니까? 이 말씀들을 모두 모으면 성경입니다.

성경 박사인 바울이 디모데에게 이렇게 말했습니다.

> "그러나 너는 배우고 확신한 일에 거하라 너는 네가 누구에게서 배운 것을 알며 또 어려서부터 성경을 알았나니 성경은 능히 너로 하여금 그리스도 예수 안에 있는 믿음으로 말미암아 구원에 이르는 지혜가 있게 하느니라 모든 성경은 하나님의 감동으로 된 것으로 교훈과 책망과 바르게 함과 의로 교육하기에 유익하니 이는 하나님의 사람으로 온전하게 하며 모든 선한 일을 행할 능력을 갖추게 하려 함이라"
> (딤후 3:14~17).

성경은 교훈과 책망과 바르게 함과 의로 교육하기에 유익한 말씀으로, 우리가 하나님의 사람이 되게 하는 말씀이고, 하나님의 사람으로서 어떻게 살아야 하는지 완전한 교훈을 주는 말씀입니다.

수많은 사람이 모세오경을 읽고 공부하고 암송했다고 구약성경에 기록되어 있습니다. 그렇게 수많은 제사장, 레위인, 선지자가 구약성경에 등장했지만 다윗처럼 성경을 완전하게 표현한 사람은 드뭅니다. 다윗은 여호와의 율법이 완전하여 영혼이 살아나는 경험을 했고, 여호와의 증거가 확실하여 하나님의 말씀을 가까이하면서 지혜롭게 됨을 경험했습니다. 다윗은 여호와의 교훈이 정직하여 마음을 기쁘게 하고, 여호와의 계명이 순결하여 눈을 밝게 하고, 여호와를 경외하는 도가 정결하여 영원까지 이르고, 여호와의 법이 진실하여 모두 의롭다고 이야기합니다. 자신이 알고 있는 모세오경의 말씀에 대해 아낌없는 찬사를 보내는 다윗의 고백이 정말 놀랍습니다.

성경에 금박을 하고 보석 같은 표지로 겉포장을 해서 보배롭다고 표현하는 것일까요? 성경 기념관에 전시된 아주 귀한 성경이 있어서 보배롭다고 표현하는 것일까요? 누군가는 그렇게 이야기합니다. 설교, 성경공부, 큐티, 묵상, 소그룹 공부 등등 그렇게 많이 교인들에게 성경을 가르쳐서 무엇을 하는가, 라고 말입니다. 왜 성경을 배우고 알아야 하는 것입니까? 그것은 우리가 아는 것만큼 믿을 수 있기 때문입니다. 아는 것만큼 느낄 수 있기 때문입니다. 그리고 아는 것만큼 기도할 수 있기 때문입니다.

다윗이 쓴 모든 시편은 모세오경과 연결되어 있습니다. 창조를 모르면서 어떻게 하나님을 찬양할 수 있습니까? 출애굽의 역사를 모르면서 어떻게 구원이라는 단어를 이해할 수 있습니까? 홍해와 요단강을 육지처럼 건너게 하시는 하나님의 기적을 경험하지 않은 사람이 하나님께서 세상의 우상들과 다르시다는 사실을 어떻게 알 수 있습니까?

하늘에서 내리는 만나를 40년 동안 먹은 사람들이 자신들의 경험을 증언하지 않았다면 어떻게 후손들이 하나님을 알 수 있겠습니까? 모세오경에는 이 모든 이야기들이 보물처럼 들어 있습니다.

모세오경을 통해 하나님을 알고 믿었던 다윗은 어려운 문제를 만날 때마다 하나님께 은혜를 베풀어 구원해주시기를 부르짖으며 기도했습니다. 다윗의 시편 19편도 놀랍지만 "여호와는 나의 목자시니"로 시작하는 시편 23편, 놀라운 시편 25편, 회개의 시편들에 다윗의 기도가 기록되어 있습니다. 다윗이 모세오경을 통해서 하나님의 하나님 되심과 하나님의 용서를 몰랐다면 자신이 죄를 지었을 때 용서해주시는 하나님에 대한 소망을 가질수 없었을 것입니다. 하나님의 용서를 알았기에 다윗은 침상을 적시며 하나님의 긍휼과 자비를 간구하여 회복되어 살 수 있었던 것입니다. 그 간절한 기도가 다윗의 시편 51편에 있습니다.

> "나의 힘이신 여호와여 내가 주를 사랑하나이다 여호와는 나의 반석이시요 나의 요새시요 나를 건지시는 이시요 나의 하나님이시요 내가 그 안에 피할 나의 바위시요 나의 방패시요 나의 구원의 뿔이시요 나의 산성이시로다"(시 18:1~2).

다윗은 자신을 구원하시고, 이김을 주시는 하나님을 경험하고 시편 18편을 통해 하나님께 사랑의 고백을 올려드렸습니다. 이렇게 다윗은 성경을 통해 하나님을 알고, 믿었습니다. 그리고 어려움을 만났을 때 하나님께 기도하고 응답받는 경험을 한 후 하나님께 영광을 돌려드리며 하나님을 찬양했습니다.

정리해봅시다. 기도에 대한 공식 첫 번째는 기록된 성경을 공부하는 것입니다. 다윗이 성경을 공부했기에 골리앗과의 전쟁이나 수많은 전쟁을 만

낮을 때 하나님을 믿고 기도할 수 있었습니다. 다윗이 '전쟁은 하나님께 달려 있음'을 성경을 통해 공부했기 때문입니다. 다윗은 출애굽한 이스라엘이 아말렉과 전쟁할 때 모세가 손을 들면 이스라엘이 이겼던 출애굽기 17장의 이야기, 언약 백성이 되면 다섯이 백을 이기고, 백이 만을 이기도록 승리를 주실 것이라는 레위기 26장의 약속 이야기를 알았습니다. 또한 가나안 땅에 들어가기 전 모압 평지에서 주신 신명기 4장의 하나님의 구원 역사 이야기도 알았습니다.

> "어떤 신이 와서 시험과 이적과 기사와 전쟁과 강한 손과 편 팔과 크게 두려운 일로 한 민족을 다른 민족에게서 인도하여 낸 일이 있느냐 이는 다 너희의 하나님 여호와께서 애굽에서 너희를 위하여 너희의 목전에서 행하신 일이라"(신 4:34).

그래서 다윗이 전쟁을 두려워하지 않았던 것입니다. 이 모든 교육은 이새의 가정에서 시작되었습니다. 사무엘이 하나님의 보내심을 받고 이새의 집에 갔을 때 장남 엘리압을 보는 순간 '이 사람 때문에 보내셨구나!' 하고 생각했습니다. 말씀과 묵상과 기도와 하나님의 계시를 가지고 백성을 계속 가르칠 수 있는 대단한 실력을 갖춘 선지자 사무엘이 당연히 사람을 볼 줄 알지 않았겠습니까. 그런 그의 눈에 이새의 맏아들 엘리압부터 다른 아들까지 모두 왕감이었던 것입니다. 물론 하나님께서 합당하다고 여긴 사람은 막내 다윗이었지만 말입니다.

이새가 자녀들에게 신앙교육을 정말 잘해놓았던 것입니다. 이새 가정의 신앙교육은 다윗의 입에서 율법이, 할례 이야기가, 전쟁 기적 이야기가, 언약 백성 이야기가 줄줄 나올 수 있을 정도였습니다. 그런 다윗을 길러낸 사람이 이새이고, 그 조상을 거슬러 올라가면 보아스와 룻이 나옵니다. 그렇게 신앙의 가문에서 다윗이 제대로 배운 것입니다. 철저한 신앙교육이 없이는 훌륭한 하나님의 사람이 나오지 않습니다.

5. 주의 영광이 온 세계 위에
높아지기를 원합니다

　다윗의 찬송시를 보노라면, 다윗의 기도를 보노라면 우리의 기도는 너무 빈곤하지 않는가 하고 생각을 해봅니다. 다윗의 시편 57편을 한번 보겠습니다. 시편 57편의 배경은 다윗이 굴에 숨어 있을 때입니다. 사무엘상 24장에 그 이야기가 있습니다. 사울 왕이 굴 안으로 발을 가리러 들어왔습니다. 굴 안에 숨어 있던 다윗의 군대가 기침 한 번 하면 죽을 수 있는 위기를 만난 것입니다. 이때 다윗이 "하나님이여 내게 은혜를 베푸소서 내게 은혜를 베푸소서 내 영혼이 주께로 피하되 주의 날개 그늘 아래에서 이 재앙들이 지나기까지 피하리이다"(시 57:1)라고 하나님께 간절히 부르짖습니다. 그 순간 다윗이 얼마나 다급하고 간절했는지 모릅니다. 다윗은 그동안 수없이 사울을 피해 도망 다녔습니다.

　　"그가 하늘에서 보내사 나를 삼키려는 자의 비방에서 나를 구원하실지라 (셀라) 하나님이 그의 인자와 진리를 보내시리로다 내 영혼이 사자들 가운데에서 살며 내가 불사르는 자들 중에 누웠으니 곧 사람의 아들들 중에라 그들의 이는 창과 화살이요 그들의 혀는 날카로운 칼 같도다"(시 57:3~4).

사울의 입에서 나오는 말, 또 다윗에게 은혜를 입었던 사람들이 행한 밀고들, 그것 때문에 다윗과 함께한 수백 명의 사람들의 목숨이 죽을 위기에 처하게 된 것입니다.

"하나님이여 주는 하늘 위에 높이 들리시며 주의 영광이 온 세계 위에 높아지기를 원하나이다 그들이 내 걸음을 막으려고 그물을 준비하였으니 내 영혼이 억울하도다 그들이 내 앞에 웅덩이를 팠으나 자기들이 그 중에 빠졌도다 (셀라) 하나님이여 내 마음이 확정되었고 내 마음이 확정되었사오니 내가 노래하고 내가 찬송하리이다 내 영광아 깰지어다 비파야, 수금아, 깰지어다 내가 새벽을 깨우리로다 주여 내가 만민 중에서 주께 감사하오며 뭇 나라 중에서 주를 찬송하리이다 무릇 주의 인자는 커서 하늘에 미치고 주의 진리는 궁창에 이르나이다 하나님이여 주는 하늘 위에 높이 들리시며 주의 영광이 온 세계 위에 높아지기를 원하나이다"(시 57:5~11).

지금 생사가 위태로운데 다윗은 "하나님의 제사장 나라가 온 땅에 충만하기를 바라며 주가 하늘 위에 높이 들리시기를, 주의 영광이 온 세계 위에 높아지기를 원합니다."라고 기도합니다.

다윗의 이 기도를 우리도 할 수 있어야 하겠습니다. 어떠한 어려움이 닥쳐도, 모두가 하나님을 외면하고 혼자 남는다 하여도 다윗처럼 주의 영광이 하늘 위에 높이 들리고 온 세계 위에 주의 영광이 가득하기를 소망하며 기도를 할 수 있어야겠습니다.

> "여호와께서도 네게 말씀하신 대로 오늘 너를 그의 보배로운 백성이 되게 하시고 그의 모든 명령을 지키라 확언하셨느니라 그런즉 여호와께서 너를 그 지으신 모든 민족 위에 뛰어나게 하사 찬송과 명예와 영광을 삼으시고 그가 말씀하신 대로 너를 네 하나님 여호와의 성민이 되게 하시리라"(신 26:18~19).

다윗이 모세오경을 붙들고 있었기에 이러한 기도가 가능했습니다. 모세오경을 통해 알려주신 하나님의 꿈, 즉 보배로운 백성이 되어 하나님을 찬송하고, 열방이 주께로 돌아오는 그날을 다윗이 품고 있었기에 위험한 환경에서도 이 같은 찬송과 기도가 그의 입에서 나올 수 있었던 것입니다. 우리의 자녀들이 다윗 같은 신앙인이 되기를 소망합니다. 다윗 같은 청소년, 청년, 장년으로 그들을 키워야 합니다. 그들이 성경을 알고 믿음으로 살아간다면 비록 어려운 현실을 만난다 해도 말씀을 붙들고 기도하며 문제를 해결해 나갈 것입니다.

다윗은 자기의 전부를 내어놓고 말씀을 붙들고 기도하며 응답을 받았습니다. 이스라엘을 괴롭히던 블레셋이 다윗 시대에 와서 끝장이 납니다. 다윗이 하나님께서 정해주신 제사장 나라 이스라엘 땅의 경계를 지키기 위해 싸워 적들을 모두 몰아냈기 때문입니다. 이것이 다윗의 믿음이었고 용기였습니다.

다윗은 청년 시절 20세에서 30세 즈음 10여 년을 사울로부터 도망 다녔습니다. 이때를 다윗을 위한 하나님의 훈련 학교였다고 거룩하게 말하지만, 정말 평탄하지 않은 죽음의 위협이 언제나 도사리고 있던 곤고한 날들이 가득한 시기였습니다. 시편 57편과 118편을 통해 이때를 잘 알 수 있습니다. 그 이후로 다윗의 삶은 힘들었습니다. 다윗은 평생 수없이 일어난 어려운 일들과 원수들, 수많은 공격을 이겨내야 했습니다. 이는 모두 제사장 나라를 세우기 위해 하나님께서 다윗에게 맡겨주신 사명이었고, 필요한 시련들이었습니다. 그 시련 속에서 다윗은 하나님의 말씀을 붙들고 기도함으로 응답받고 하나님께 영광을 돌려드리는 삶을 살았습니다. 성경을 아는 일, 결코 헛되지 않습니다.

성경 박사들이 됩시다. 우리도 다윗처럼, 바울처럼, 디모데처럼, 험난한 시대를 이겨냈던 하나님의 사람들처럼 성경 한 권 제대로 읽고 공부하고 기도하고 찬송해서 하나님께 영광을 돌려드리는 복된 삶을 살아가기를 바랍니다.

기적을 만나는 기도 (5)
솔로몬의 기도와 말씀 묵상

"주 여호와여 주께서 우리 조상을 애굽에서 인도하여 내실 때에 주의 종 모세를 통하여 말씀하심 같이 주께서 세상 만민 가운데에서 그들을 구별하여 주의 기업으로 삼으셨나이다 솔로몬이 무릎을 꿇고 손을 펴서 하늘을 향하여 이 기도와 간구로 여호와께 아뢰기를 마치고 여호와의 제단 앞에서 일어나"(왕상 8:53~54).

1. 솔로몬의 위기 상황

요즘 '금 수저, 흙 수저'라는 말을 들어보셨을 것입니다. 왕들 가운데 솔로몬은 금 수저를 입에 물고 태어난 행운아로, 정말 훌륭한 아버지를 만난 왕입니다. 왕의 자리를 물려받은 것도 대단하지만 아버지 다윗이 솔로몬에게 하나님께 받은 복과 어마어마한 물질적인 유산까지 남겨주었습니다. 이런 솔로몬의 영광을 가리켜서 예수님께서는 구약 시대 모든 왕의 영광을 생각할 때 솔로몬의 영화가 가장 뛰어남을 예로 들어 설명하셨습니다.

"또 너희가 어찌 의복을 위하여 염려하느냐 들의 백합화가 어떻게 자라는가 생각하여 보라 수고도 아니하고 길쌈도 아니하느니라 그러나 내가 너희에게 말하노니 솔로몬의 모든 영광으로도 입은 것이 이 꽃 하나만 같지 못하였느니라"(마 6:28~29).

이때 예수님께서 사용하신 비유에 등장하는 영광이 솔로몬의 영광입니다. 솔로몬은 정말 대단한 사람입니다. 이 세상에 태어난 사람들 가운데 솔로몬만큼 누려보고 싶은 것을 모두 누려본 사람은 없을 것입니다. 자기가 하고 싶은 모든 것을 다 손에 쥐어보도록 하나님께서 솔로몬에게 허락해주셨기 때문입니다.

하지만 솔로몬은 이를 지키지 못하고 타락의 길로 걸어갔다가 하나님의 은혜로 말년에서야 돌아와 〈전도서〉라는 책을 남겼습니다. 솔로몬은 〈전도서〉를 통해 모든 것이 헛되나 여호와를 경외하는 것만이 가장 가치 있는 일임을, 하나님을 경외하는 것이 사람의 본분이라는 글귀 하나를 제대로 남겨주었습니다.

솔로몬의 영광은 아버지 다윗에게서 물려받은 것입니다. 솔로몬은 약 20살 때 왕이 되었습니다. 당시 다윗은 몸이 찬지 뜨거운지를 느낄 수 없을 정도로 쇠약한 몸 상태로 죽음이 임박해 있을 때였습니다. 이때 아도니야가 반역을 합니다. 솔로몬의 이복형 아도니야가 아버지의 허락도 없이 요압 장군과 대제사장 아비아달과 호위병들을 데리고 즉위식을 거행하며 반역을 일으켰던 것입니다. 아도니야가 스스로 자신이 왕이라고 선포한 것입니다. 무서운 위기 상황입니다. 압살롬의 반역 때처럼 다윗이 힘이 있을 때였다면 싸워 볼 수 있겠지만 곧 죽음이 임박한 다윗 앞에 일어난 아도니야의 반역은 매우 위험했습니다.

우리는 아도니야에 대한 평가를 열왕기상 1장을 통해 알 수 있습니다. 아도니야는 잘 생겼고 성품이 좋았습니다. 아주 착한 모범생으로 아버지 다윗에게 꾸지람 한 번 듣지 않은 아들이었습니다.

> "그는 압살롬 다음에 태어난 자요 용모가 심히 준수한 자라 그의 아버
> 지가 네가 어찌하여 그리 하였느냐고 하는 말로 한 번도 그를 섭섭하
> 게 한 일이 없었더라"(왕상 1:6).

그러니 아도니야는 다윗의 뒤를 이어 왕이 되는 데 하자가 없다고 할 수 있는 왕의 재목이었습니다. 그런데 그런 아도니야에게 딱 한 사람 걱정되는 이가 솔로몬이었습니다. 아버지 다윗이 솔로몬을 다음 왕으로 세우려고 하는 것을 아도니야가 알고 있었기 때문입니다. 그래서 아도니야가 스스로 즉위식 잔치를 벌이면서 왕자들을 모두 초청했지만, 솔로몬은 초대하지 않았던 것입니다. 아도니야는 이제 갖출 것을 다 갖춘 상태입니다. 장군 중의 장군 요압, 대제사장 아비아달이 아도니야 편에 있습니다. 솔로몬에게 얼마나 큰 위기가 닥쳤는지 상상을 초월할 정도입니다. 그런데 다행히 솔로몬 편에 서 있는 사람이 있었습니다.

먼저 대제사장 사독입니다. 다윗 시대에는 두 사람의 대제사장이 있었습니다. 사독은 기브온 산당 성막이 있는 곳에서 하나님을 섬기는 사람이고, 아비아달은 예루살렘 언약궤 옆에서 하나님을 섬기는 사람입니다. 두 제사장이 서로 다른 길을 선택한 것입니다. 사독은 다윗 편 곧 솔로몬 편에 섰으며 아비아달은 유력한 아도니야 편에 섰습니다. 또한 요압 장군과는 비교할 수 없지만 브나야라는 장수가 솔로몬 편에 있었습니다.

여기까지는 아도니야 세력이 영향력에 있어서 비교할 수 없을 만큼 월

등합니다. 그러나 솔로몬에게는 나단 선지자가 있었습니다. 나단 선지자는 하나님의 말씀대로 행하지 않을 때 다윗 왕에게도 직언을 할 수 있는 선지자였습니다. 그런 나단이 솔로몬 편에 있는 것입니다.

다윗이 낳은 다섯 명의 아들 가운데 막내가 솔로몬입니다. 솔로몬이 이 위기를 만났을 때 약 20살밖에 안 되었을 때입니다. 나이도 어리고, 자신의 편에 선 사람도 많지 않은 상황이었습니다. 그러나 솔로몬은 밧세바와 나단 선지자의 도움과 다윗 왕의 결정으로 큰 위기의 순간을 넘어 이스라엘의 세 번째 왕이 됩니다.

2. 아버지 다윗의 유언을 품고

열왕기상 2장에는 아들 솔로몬을 위한 다윗 왕의 두 가지 유언이 기록되어 있습니다. 하나는 신앙적인 유언으로 법률과 계명과 율례와 증거를 모세의 율법에 기록된 대로 지키라는 유언이었고, 또 하나는 앞으로 정적이 될 사람들인 요압, 그리고 늘 반역을 꿈꾸는 베냐민 지파 시므이를 처치하라는 등의 조언이 담긴 정치적인 유언입니다.

솔로몬은 왕이 되자 곧바로 아버지의 유언을 시행했습니다. 솔로몬은 다윗의 아들로서 아버지가 무슨 생각을 하고 있는지, 무슨 꿈을 꾸는지, 하나님의 말씀을 어떻게 가까이하고 있는지, 어떤 기도를 하고 있는지 늘 곁에서 배우면서 자란 사람입니다. 그래서 솔로몬은 모세의 율법에 기록된 대로 지켜 행하라는 유언을 가슴에 간직하며 살 수 있었습니다.

이번 과에서 살펴볼 솔로몬의 기도는 열왕기상 8장에 나온 기도입니다.

이스라엘 장로들과 제사장들이 모두 모여 언약궤를 성전에 안치한 후 성전 건축 낙성식을 거행했습니다. 이때 솔로몬이 봉헌사를 시작합니다. 열왕기상 8장 12절에서 21절까지가 봉헌사입니다. 솔로몬이 봉헌사를 통해 성전 건축을 하고 언약궤를 성전 지성소에 두게 된 배경에 대해서 이야기합니다. 여기에서 솔로몬이 한 중요한 말은, 아버지 다윗이 하나님의 이름을 위해 성전 건축을 하고자 하는 마음이 있었는데 하나님께서 그 마음만 좋게 받으시고 성전 건축의 사명은 솔로몬 자신에게 맡기셨다는 내용입니다. 이를 기억하고 살았던 솔로몬이 하나님께서 아버지 다윗에게 말씀하신 대로, 아버지의 유언과 아버지가 준비해주신 모든 것을 가지고 자신이 성전을 건축하게 되었다고 이야기했습니다.

> "또 내 아들 솔로몬에게 정성된 마음을 주사 주의 계명과 권면과 율례를 지켜 이 모든 일을 행하게 하시고 내가 위하여 준비한 것으로 성전을 건축하게 하옵소서 하였더라"(대상 29:19).

여기에서 다시 한번 생각해봅시다. 아도니야는 반역을 일으켰습니다. 그런데 성전을 건축할 사명은 솔로몬에게 있었습니다. 당연히 솔로몬이 이 일을 두고 하나님께 기도하고, 또 다윗도 하나님께서 자신에게 하신 말씀을 솔로몬을 통해 이루도록 집중하며 반역의 위기를 벗어났을 것입니다. 왕이 되느냐 마느냐 하는 가장 큰 위기 앞에서 솔로몬은 하나님께서 아버지 다윗에게 약속하신 말씀을 붙들며 왕이 되었고, 왕이 된 후 아버지의 유언대로 힘을 다한 결과 마침내 성전을 건축한 것입니다. 솔로몬은 그렇게 세운 성전을 봉헌하면서 성전 건축에 대한 배경과 모든 과정을 이스라엘 백성들에게 보고했습니다.

솔로몬이 물려받은 유산은 엄청난 부와 권력, 그리고 왕의 자리였습니다. 그러나 정말 중요하게 유산으로 받은 것은 아버지의 신앙이었습니다. 아버지 다윗이 하나님의 말씀을 얼마나 사랑하고 사모하는지 솔로몬은 20년 동안 지켜보았습니다. 수많은 시편에 나와 있는 다윗의 기도 내용을 보면, 어떤 위기의 순간에도 다윗이 하나님을 바라보며 살았다는 것을 알 수 있습니다.

다윗은 제사장 나라를 위해 찬송하고 기도하며 살았습니다. 주의 이름이 높임을 받으시고, 주의 영광이 온 땅에 충만하기를 항상 기도했습니다. 물론 다윗이 이렇게 성장할 수 있었던 것은 아버지 이새에게 신앙적 유산을 물려받았기 때문입니다. 얼마나 철저하게 이새가 아들을 말씀으로 양육했는지 다윗은 아버지의 품을 떠나 20~30세까지 장인 사울 왕의 칼날을 피해 도망 다니면서도 끝내 하나님을 찬양하는 삶을 살았습니다.

20대에 다윗이 지은 여러 시편을 보면 다윗은 자기 신상 문제를 떠나 하나님의 영광을 위해서, 하나님의 이름을 위해서, 하나님의 나라를 위해서 기도했음을 알 수 있습니다. 그렇게 다윗이 하나님의 이름을 평생 찬양하고 싶은 거룩한 열망에 가득 찬 사람으로 사는 모습을 지켜본 사람이 바로 솔로몬입니다.

성전 봉헌사에 이어 솔로몬의 기도를 보겠습니다. 당시 솔로몬의 나이는 31살 정도 되었을 것입니다. 20세 즈음에 왕이 되어 4년 동안 성전 건축

준비를 했습니다. 물론 아버지 다윗이 10년 이상 준비해둔 기반 위에 자신도 설계도를 보면서 준비를 더한 것입니다. 그리고 7년 동안 성전을 건축했습니다. 그렇게 성전 건축을 마치고 거행한 봉헌식 때 솔로몬이 놀라운 기도를 합니다.

3. 솔로몬의 일곱 가지 기도

열왕기상 8장 22절부터 53절까지 솔로몬의 일곱 가지 기도가 기록되어 있습니다.

첫 번째 기도는 성전에서 기도하는 것과 관련된 기도입니다(왕상 8:22~32). 두 번째 기도는 적국에 사로잡혔을 때 구원을 비는 기도입니다(왕상 8:33~34). 세 번째 기도는 백성들이 죄를 범함으로 가뭄이라는 재앙이 닥쳤을 때 하나님께 용서를 비는 기도입니다(왕상 8:35~36). 네 번째 기도는 여러 재앙 때 구원을 비는 기도입니다(왕상 8:37~40).

솔로몬의 기도는 그냥 나온 기도가 아니고 성경을 통한 기도입니다. 솔로몬이 모세오경을 얼마나 가까이했는지 기도 내용을 통해 알 수 있습니다. 특히 레위기 26장을 통해 보다 잘 알 수 있습니다. 먼저 레위기 26장

3절에서 13절까지는 하나님의 말씀을 따라 살면 복을 받는다는 내용이 나옵니다. 이어서 14절부터 45절까지는 하나님의 말씀에 불순종하면 언약적 저주 가운데 하나님의 징계가 있을 것이라는 내용이 나옵니다.

"그러나 너희가 내게 청종하지 아니하여 이 모든 명령을 준행하지 아니하며 내 규례를 멸시하며 마음에 내 법도를 싫어하여 내 모든 계명을 준행하지 아니하며 내 언약을 배반할진대 내가 이같이 너희에게 행하리니 곧 내가 너희에게 놀라운 재앙을 내려 폐병과 열병으로 눈이 어둡고 생명이 쇠약하게 할 것이요 너희가 파종한 것은 헛되리니 너희의 대적이 그것을 먹을 것임이며"(레 26:14~16).

신명기 28장에도 똑같은 말씀이 있습니다. 신명기 28장부터 30장까지 하나님의 징벌에 대한 말씀과 회복에 대한 말씀이 있습니다. 어려운 징벌을 받아서 벌을 받을 때 하나님께 회개하면 용서해주신다는 말씀을 붙들고 솔로몬이 하나님께 기도했습니다. 이스라엘 백성이 성전을 향하여 기도할 때 하나님께서 들으시고 용서해주시고 회복시켜주시고 구원해주시기를 기도했습니다. 솔로몬이 이 모든 말씀을 가슴에 간직했기에 이러한 기도를 할 수 있는 것입니다.

다섯 번째 기도는 너무나 중요한 이방인을 위한 기도입니다(왕상 8:41~43).

"또 주의 백성 이스라엘에 속하지 아니한 자 곧 주의 이름을 위하여 먼 지방에서 온 이방인이라도 그들이 주의 크신 이름과 주의 능한 손

과 주의 펴신 팔의 소문을 듣고 와서 이 성전을 향하여 기도하거든 주
는 계신 곳 하늘에서 들으시고 이방인이 주께 부르짖는 대로 이루사
땅의 만민이 주의 이름을 알고 주의 백성 이스라엘처럼 경외하게 하
시오며 또 내가 건축한 이 성전을 주의 이름으로 일컫는 줄을 알게 하
옵소서"(왕상 8:41~43).

이스라엘 어디에서 이방인이 기도할 수 있다는 희망을 가지겠습니까?
이스라엘 백성들은 모세오경이 주어진 이후로 3,500년이 지난 지금까지도
이방인은 자기들과 같은 격의 사람이 아니라고 생각하며 살고 있습니다.
당연히 솔로몬 시대에 이스라엘 백성들 외에 이방인이라고 불리는 사람이
하나님께 나아와서 기도할 수 있다는 마음을 품은 것은 참으로 쉬운 마음이
아닙니다.
    일찍이 하나님께서 아브라함을 부르실 때 아브라함으로 한 민족을 이루
게 하시고 그 자손들을 통해서 모든 민족이 복을 받게 하겠다는 말씀을 주
셨습니다.

"여호와께서 아브람에게 이르시되 너는 너의 고향과 친척과 아버지
의 집을 떠나 내가 네게 보여 줄 땅으로 가라 내가 너로 큰 민족을 이
루고 네게 복을 주어 네 이름을 창대하게 하리니 너는 복이 될지라 너
를 축복하는 자에게는 내가 복을 내리고 너를 저주하는 자에게는 내
가 저주하리니 땅의 모든 족속이 너로 말미암아 복을 얻을 것이라 하
신지라"(창 12:1~3).

아브라함 이후 모세를 통해 500년 전에 하나님께서 율법을 통해서 이방인들을 품으시는 하나님의 꿈을 알게 해주셨습니다. 솔로몬이 이를 알고 이방인을 위해 기도한 것입니다. 물론 예수님께서 이 땅에 오셔서 이방인을 품어주십니다. 이에 앞서 예수님께서 오시기 800년 전에 솔로몬이 이방인을 위해서 기도한 것입니다.

우리는 성경을 읽으면서 '와, 이런 기도를 하는구나!' 하고 감동해야 합니다. 아마 다윗이 아들 솔로몬의 이 기도를 들었다면 무척 행복했을 것입니다.

여섯 번째 기도는 전쟁에 나가는 주의 백성이 예루살렘과 성전을 향해 기도할 때 들어주시기를 간구하는 기도입니다(왕상 8:44~45). 일곱 번째 기도는 포로로 끌려간 백성이 회개하면 용서해주시기를 간구하는 기도입니다(왕상 8:46~53).

> "세계가 다 내게 속하였나니 너희가 내 말을 잘 듣고 내 언약을 지키면 너희는 모든 민족 중에서 내 소유가 되겠고 너희가 내게 대하여 제사장 나라가 되며 거룩한 백성이 되리라 너는 이 말을 이스라엘 자손에게 전할지니라"(출 19:5~6).

출애굽기 19장 말씀을 통해 하나님께서 이스라엘을 택하신 목적을 알수 있습니다. 이후에 포로로 잡혀간 적국의 땅에서 솔로몬 성전을 생각하며 이때의 말씀을 붙들고 제대로 기도한 대표적인 사람이 다니엘입니다. 그는 바벨론 포로로 끌려가 있던 70년 동안 하루 세 번씩 기도하는 삶을 살 있습니다. 다니엘은 B.C.605년에 잡혀 가서 B.C.539년 바벨론 멸망 그 이후에도 계속해서 간절하게 예레미야가 예언한 70년과 레위기 26장, 신명기 28장 말씀, 즉 하나님께서 회복하여 고향으로 돌려보내 주신다는 말씀을 붙들고 기도했습니다. 이 지식을 제공한 사람이 바로 솔로몬입니다.

솔로몬이 아버지 다윗이 짓고자 원했던 성전을 하나님께서 자신에게 지으라고 하심으로 이제 자신이 성전을 지어서 바친다고 봉헌사를 할 때 굉장히 행복했을 것입니다. 그리고 후손들을 위해 기도할 때 혹시나 주의 백성들이 하나님께 반역하여 범죄함으로 나라가 망할지도 모르는 미래를 생각하며 울었을 것입니다. 그렇지만 아버지 다윗에게 물려받은 신앙을 가지고 있었던 솔로몬은 울음과 동시에 하나님의 긍휼과 자비를 믿고 희망을 가졌을 것입니다.

솔로몬의 신앙은 아버지 다윗에게 물려받은 신앙입니다. 다윗은 그의 아버지 이새에게서 신앙을 물려받았고, 이새는 그의 아버지 오벳에게서 신앙을 물려받았습니다. 그 조상을 거슬러 올라가면 신앙의 사람 보아스와 룻이 나옵니다. 하나님의 은혜가 이 가문에 부어진 것입니다. 하루아침에 이루어진 일이 아닙니다.

하나님의 계획도 있었지만 다윗이 최선을 다하고 솔로몬이 최선을 다했기에 성전 건축을 이룰 수 있었습니다. 솔로몬이 모세오경의 말씀과 아버지의 유언을 가지고 기도하며 최선을 다한 결과, 성전을 건축하고 이 놀라운 기도를 할 수 있었습니다. 솔로몬의 놀라운 기도는 수백 년 동안 후손들에게 영향을 미쳐 비록 남유다 백성들이 포로가 되어 적국 바벨론에 끌려갔지만 그들이 솔로몬의 기도와 말씀을 붙들고 살아간 결과 다시 약속의 땅으로 돌아올 수 있었습니다.

솔로몬이 드린 기도가 응답이 되어서 하나님의 기적이 나타난 것입니다. 어떻게 바벨론 포로로 잡혀간 사람들이 돌아올 수 있겠습니까. 사실 불가능한 일입니다. 이처럼 기도는 하나님의 기적을 이 세상에 나타나게 하는 하나님의 도구입니다. 그러므로 우리의 기도도 하나님의 영광을 드러내는 귀한 통로로 쓰임 받을 수 있습니다.

4. 솔로몬의 기도 공식 다섯 가지

'기도 공식' 다섯 가지를 살펴봅니다.

첫째, 기록된 하나님의 말씀 성경을 알아야 합니다. 왜냐하면 아는 것만큼 믿을 수 있고 아는 것만큼 기도할 수 있기 때문입니다. 솔로몬도 성경을 알았기에 기도할 수 있었습니다.

둘째, 현실 문제가 아무리 어려워도 포기하지 않아야 합니다. 형 아도니야가 왕이 되었다는 소식을 들었을 때 솔로몬은 아버지 다윗이 가지고 있었던 그 꿈이 자기를 통해 성취되어야 함을 믿고 있었습니다. 다윗의 꿈은 성전 건축으로, 자신이 준비한 기반 위에 아들 솔로몬이 성전을 건축하는 것입니다. 그러므로 솔로몬이 당연히 이를 이루기 위해 하나님의 약속을 붙들었던 것입니다.

셋째, 내가 가지고 있는 현실 문제가 무엇인지 정확히 알고 아무리 어렵고 인간적으로 낙심될 만한 일이 있더라도 포기하지 않아야 합니다. 나의 현실 문제를 하나님의 말씀에 비추어보면서 말씀 속에서 해답을 찾고, 말씀을 붙들고 기도해야 합니다.

넷째, 하나님께 응답을 받고, 다섯째, 하나님께 영광을 돌려드리는 것입니다. 솔로몬은 정확하게 이와 같이 기도하며 자기 삶을 살았습니다. 실제로 솔로몬의 기도 가운데 열왕기상 8장 41절에서 43절에 나온 이방인의 기도가 성취되는 과정을 보면, 가깝게는 솔로몬의 기도 후 바로 그 시대에 이루어집니다. 2,000km쯤 떨어져 있는 스바 여왕의 방문을 통해 알 수 있습니다.

> "왕께 말하되 내가 내 나라에서 당신의 행위와 당신의 지혜에 대하여
> 들은 소문이 사실이로다 내가 그 말들을 믿지 아니하였더니 이제 와
> 서 친히 본즉 내게 말한 것은 절반도 못되니 당신의 지혜와 복이 내가
> 들은 소문보다 더하도다"(왕상 10:6~7).

스바 여왕이 솔로몬이 지은 성전, 왕궁을 둘러보고 나서 솔로몬의 지혜와 복은 자기가 들은 것에 절반도 미치지 못할 만큼 대단하다고 고백했습니다. 성전에 올라가는 층계를 보고 크게 감동할 정도였습니다. 그리고 이어서 하나님을 찬양했습니다.

> "복되도다 당신의 사람들이여 복되도다 당신의 이 신하들이여 항상

당신 앞에 서서 당신의 지혜를 들음이로다 당신의 하나님 여호와를 송축할지로다 여호와께서 당신을 기뻐하사 이스라엘 왕위에 올리셨고 여호와께서 영원히 이스라엘을 사랑하시므로 당신을 세워 왕으로 삼아 정의와 공의를 행하게 하셨도다 하고 이에 그가 금 일백이십 달란트와 심히 많은 향품과 보석을 왕에게 드렸으니 스바의 여왕이 솔로몬 왕에게 드린 것처럼 많은 향품이 다시 오지 아니하였더라"(왕상 10:8~10).

솔로몬의 꿈과 기도대로 성전을 건축하여 봉헌하고 기도함으로 하나님의 성전 건축 역사가 성취되었습니다. 이때 드린 이방인들을 위한 기도는 솔로몬 전체 기도 가운데 가장 정점이라고 말할 수 있겠습니다. 이후 이사야 선지자를 통해 솔로몬의 기도가 성취될 것이 예언됩니다.

"내가 곧 그들을 나의 성산으로 인도하여 기도하는 내 집에서 그들을 기쁘게 할 것이며 그들의 번제와 희생을 나의 제단에서 기꺼이 받게 되리니 이는 내 집은 만민이 기도하는 집이라 일컬음이 될 것임이라" (사 56:7).

'내 집은 만민이 기도하는 집'은 800년 후 예수님께서 다시 말씀하십니다.

"이에 가르쳐 이르시되 기록된 바 내 집은 만민이 기도하는 집이라 칭함을 받으리라고 하지 아니하였느냐 너희는 강도의 소굴을 만들었도다 하시매"(막 11:17).

예루살렘 성전의 구조를 보면 지성소, 성소, 그 앞에 이스라엘 남자들을 위한 공간이 있고, 그 다음에는 여자들이 들어갈 수 있는 공간이 있습니다. 그리고 성전 바깥에 있는 큰 뜰은 이방인의 뜰입니다.

여기에는 경계를 넘어가면 안 된다는 경고문이 쓰여 있습니다. 그런데 예수님께서 오셨을 때 당시의 대제사장 가야바가 성전 앞에 있는 감람산(올리브산)에 있던 시장터 4개를 폐쇄하고 이방인의 뜰을 시장터로 만들었습니다. 절기를 지키려고 온 많은 사람이 그곳에서 필요한 제물도 사고, 환전도 했습니다. 그렇게 대제사장은 성전에 상권을 만들어 많은 이익을 남겼습니다.

상권을 누구에게 줄 것인가? 대제사장직을 누구에게 줄 것인가? 등의 권한은 당시 총독에게 있었습니다. 그러니 당연히 이들이 총독에게 뇌물을 상납했을 것입니다. 이처럼 타락의 사슬이 만들어지는 것을 예수님께서 아시고 상을 뒤집어엎고 사람들을 내쫓으시면서 예루살렘 성전이 성전으로서 가치가 없다고 말씀하셨던 것입니다.

예수님께서는 이 성전이 돌 위에 돌 하나도 남지 않게 될 것이라고 선언하기까지 하셨습니다(막 13:2). 하나님의 아들 예수님께서 하신 말씀은 몇십 년 뒤 A.D.70년 로마의 티투스 장군에게 예루살렘이 파괴되고 성전이 흔적도 없이 사라짐으로 이루어집니다. 그때부터 지금까지 예루살렘 성전은 여전히 없습니다.

솔로몬은 아버지를 통해 배웠던 하나님의 말씀을 자신도 사랑하고, 아버지가 기도하던 대로 자신도 기도하는 삶을 살았습니다. 그래서 위기를 만났을 때에도 아버지처럼 포기하지 않고 하나님 앞에 나아가 기도하며 응답을 받고, 하나님께 영광을 돌렸습니다.

5. 모든 민족을 향한 사명을 기억하며

성경은 오래된 책, 고전으로 읽히는 책이 아니라 우리의 삶에 지금도 살아 계신 하나님 말씀의 권위를 그대로 가진 책으로 우리에게 있습니다. 우리는 말씀을 대면하면서 하나님을 대면합니다. 그리고 말씀 속에서 희망을 가집니다.

하나님께서는 하나님 나라를 분명히 완성하셨습니다. 구약 시대에 시작된 제사장 나라가 예수님께서 오심으로 하나님 나라 안에 담긴 것입니다. 그래서 한 민족을 통해서 세계 모든 민족을 복 주려 하시는 하나님의 꿈이 이루어진 것입니다.

> "그러므로 너희는 가서 모든 민족을 제자로 삼아 아버지와 아들과 성
> 령의 이름으로 세례를 베풀고 내가 너희에게 분부한 모든 것을 가르
> 쳐 지키게 하라 볼지어다 내가 세상 끝날까지 너희와 항상 함께 있으

리라 하시니라"(마 28:19~20).

솔로몬의 기도 가운데 이방인을 위한 기도가 있었던 것처럼 예수님께서 승천하시기 전에 제자들에게 이처럼 말씀하셨습니다. 예수님께서 말씀하신 모든 민족은 이미 하나님께서 아브라함을 부를 때 말씀하신 '모든 민족'입니다. 즉 모든 민족은 모세오경 속에 담겨 있는 하나님 나라의 내용물입니다.

우리가 세계 선교를 위해 기도하는 것도 하나님의 약속의 말씀이 있기 때문에 기도하는 것입니다. 말씀으로 알려주신 하나님의 약속이 없다면 우리가 무엇 때문에 기도하겠습니까? 솔로몬의 기도 가운데 계속 언급되는 중요한 어구가 있습니다.

"내가 내 백성 이스라엘을 애굽에서 인도하여 낸 날부터"(왕상 8:16).

"그들은 주께서 철 풀무 같은 애굽에서 인도하여 내신 주의 백성, 주의 소유가 됨이니이다"(왕상 8:51).

"주께서 우리 조상을 애굽에서 인도하여 내실 때에"(왕상 8:53).

전에 애굽 땅에서 종으로 살았던 우리를 하나님께서 인도해주셨다는 말씀, 그리고 우리를 출애굽하게 하셔서 주의 기업이 되게 하셨다는 말씀입니다. 솔로몬이 좋은 잔칫날에 종이었던 과거 시절의 이야기를 상기시킨 것입니다. 예전 신분이 노예, 종이었다는 것은 사실 자랑스러운 과거는 아닙니다. 그러나 솔로몬이 이를 잊지 않고 계속 반복하는 이유는 노예였던 우리 조상들을 하나님께서 부르셔서 주의 기업으로 삼으시고 제사장 나라 사명을 주셨음을 기억하고, 앞으로 그 사명을 감당하는 민족이 되겠다고 하나님께 다시 약속하는 것입니다. 이것은 지난날의 반성과 함께 앞으로는 하나님과의 언약을 지키며 살겠다는 다짐이었습니다.

우리도 모든 민족을 제자 삼고 온 천하를 다니며 복음을 전하라고 하신 예수님의 말씀을 붙잡고 아직 다하지 못한 사명을 감당하며 하나님의 꿈을 완성하는 믿음의 사람이 되어야 합니다. 이를 위해 당연히 기도해야 합니다. 그러므로 앞서간 신앙의 선배들이 했던 기도, 곧 아브라함의 기도, 모세의 기도, 다윗의 기도, 솔로몬의 기도, 제자들의 기도를 비롯해 한국 교회를 세우기 위해 목숨 걸고 애를 쓴 신앙 선배들의 기도를 우리 또한 해야 합니다.

신앙 역사를 이어가는 우리가 되어야 합니다. 낙심하지 맙시다. 어떤 경우라도 포기하지 않고 하나님 나라를 위해서 희망을 가지고 꿈을 꾸며 기도합시다. 솔로몬이 지은 성전은 흔적도 없이 사라졌습니다. 그러나 솔로몬의 기도는 남아 있습니다. 우리 모두 무너지지 않는 성전, 기도의 성전을 건축합시다. 하나님께 응답받고 영광을 돌려드릴 수 있는 우리의 삶이 되기를 바랍니다.

기적을 만나는 기도 (6)
예레미야의
기도와 말씀 묵상

"슬프다 이 성이여 전에는 사람들이 많더니 이제는 어찌 그리 적막하게 앉았는고 전에는 열국 중에 크던 자가 이제는 과부 같이 되었고 전에는 열방 중에 공주였던 자가 이제는 강제 노동을 하는 자가 되었도다"(애 1:1).

"내 고초와 재난 곧 쑥과 담즙을 기억하소서 내 마음이 그것을 기억하고 내가 낙심이 되오나 이것을 내가 내 마음에 담아 두었더니 그것이 오히려 나의 소망이 되었사옴은 여호와의 인자와 긍휼이 무궁하시므로 우리가 진멸되지 아니함이니이다 이것들이 아침마다 새로우니 주의 성실하심이 크시도소이다"(애 3:19~13).

1. 무엇을 위해 기도할 것인가?

지금 제일 큰 어려움은 무엇입니까? 개인적인 어려움도 있을 것이고 가정적인 어려움도 있을 것이며, 우리나라의 상황 아래서 벌어지고 있는 여러 어려움도 있을 것입니다. 그래서 각자 기도하는 기도 제목도 다르고 또 기도하는 태도도 다를 수 있다고 생각합니다. 그렇다면 무엇이 가장 중요합니까? 우리는 지금 어떻게 기도하고 있습니까?

기도, 중요한 것입니다. 〈예레미야애가〉를 보면, 그 시작이 "슬프다"(애 1:1)입니다. 찬송가 가운데 "내 기도하는 그 시간 그때가 가장 즐겁다"라는 가사가 있습니다. 그러나 예레미야는 기쁨과 즐거움이 아니라 아픔과 눈물 속에서 기도하고 있습니다. 예레미야는 '예루살렘의 멸망'이라는 상상할 수 없는 일이 벌어져 파괴된 예루살렘을 바라보며 눈물이 범벅이 되어 통곡하고 창자가 끊어질 듯한 아픔으로 기도했습니다.

그렇게 시작한 눈물의 기도가 예레미야애가 3장에 오면 "이것을 내가 내 마음에 담아 두었더니 그것이 오히려 나의 소망이 되었사옴은"(애 3:21)이라고 소망의 기도로 바뀝니다. 처음에는 현실을 바라보며 낙심하고 좌절하고 슬퍼하고 아파하다가 마침내 소망을 발견한 것입니다. 예레미야는 이 상황을 바라보며 하나님의 계획하심을 생각했고, 세계를 경영하시는 하나님께서 우리 민족을 다스리고 계심을 깨달으며 소망 가운데 기도했던 것입니다. 그래서 예레미야가 "여호와여 우리를 주께로 돌이키소서 그리하시면 우리가 주께로 돌아가겠사오니 우리의 날들을 다시 새롭게 하사 옛적 같게 하옵소서"(애 5:21)라고 기도한 것입니다.

바벨론 군인들에게 완전히, 그리고 철저하게 파괴된 예루살렘이었습니다. 예레미야가 얼마나 울었는지 모릅니다. 너무나 아픈 장면들을 마음에 모두 품고 울던 예레미야가 마지막에는 하나님께 돌아갈 소망, 우리를 새롭게 해주실 소망을 가지고 "옛적 같게 하옵소서."라고 기도했습니다. 예레미야의 기도에서 우리가 하나님 앞에 어떻게 기도하는 사람으로 살아야 하는지를 배우게 됩니다.

예레미야는 40년 동안 하나님의 선지자로 활동했습니다. 40년을 설교하고, 기도한 사람이 예레미야입니다. 예레미야는 처음에 선지자로 부름을 받아서 요시야 시대에 하나님의 말씀을 전했습니다. 요시야 왕이 개혁 운동을 일으키는 데에 큰 도움을 준 사람이 예레미야 선지자입니다. 예레미야는 요시야가 갑자기 전사하고, 그의 뒤를 이어 왕위에 오른 여호아하스, 여호야김, 여호야긴, 시드기야 시대까지 함께했습니다. 그래서 〈예레미야〉 앞부분을 보면, 20장까지는 여호야김 시대, 그 이후부터 38장까지는 시드기야 시대로 이어집니다.

> "여호와께로부터 예레미야에게 말씀이 임하니라 시드기야 왕이 말
> 기야의 아들 바스훌과 제사장 마아세야의 아들 스바냐를 예레미야에
> 게 보내니라 바벨론의 느부갓네살 왕이 우리를 치니 청컨대 너는 우
> 리를 위하여 여호와께 간구하라 여호와께서 혹시 그의 모든 기적으
> 로 우리를 도와 행하시면 그가 우리를 떠나리라 하니"(렘 21:1~2).

마침내 예루살렘을 포위한 바벨론 느부갓네살 왕의 군대로 인해 예루
살렘이 함락 직전입니다. 그때 시드기야 왕이 옛날 역사 한 장면을 떠올립
니다. 150년 전 히스기야 왕 때 앗수르가 군사 185,000명을 거느리고 와서
예루살렘을 포위했던 그 순간입니다. 그때 히스기야 왕이 선지자 이사야에
게 기도 부탁을 했고, 왕과 선지자가 하나님의 도우심을 기도했습니다. 결
국 하나님의 도우심으로 화살 하나 쏘지 않고 예루살렘이 앗수르의 손에서
구원되었습니다. 하나님의 '기적'이었습니다.

150년 전 앗수르가 남유다를 침략했던 그때를 떠올리며 시드기야가 "여
호와께서 혹시 모든 기적으로 우리를 도와 행하시면"(렘 21:2)라고 말하며
'기적'이라는 단어를 씁니다. 그런데 그 기도 부탁을 받고 예레미야가 "예,
제가 기도하겠습니다."라고 말하지 않고 오히려 바벨론에게 항복하라고 설
득합니다. 그것 때문에 예레미야가 뺨을 맞고, 핍박을 받고, 시위대 뜰에
갇히게 됩니다. 이 이야기는 나중에 예레미야 38장에 자세하게 나옵니다.

"여호와께서 이와 같이 말씀하시되 이 성에 머무는 자는 칼과 기근과 전염병에 죽으리라 그러나 갈대아인에게 항복하는 자는 살리니 그는 노략물을 얻음 같이 자기의 목숨을 건지리라 여호와께서 이와 같이 말씀하시니라 이 성이 반드시 바벨론의 왕의 군대의 손에 넘어가리니 그가 차지하리라 하셨다 하는지라 이에 그 고관들이 왕께 아뢰되 이 사람이 백성의 평안을 구하지 아니하고 재난을 구하오니 청하건대 이 사람을 죽이소서 그가 이같이 말하여 이 성에 남은 군사의 손과 모든 백성의 손을 약하게 하나이다 시드기야 왕이 이르되 보라 그가 너희 손 안에 있느니라 왕은 조금도 너희를 거스를 수 없느니라 하는지라 그들이 예레미야를 끌어다가 감옥 뜰에 있는 왕의 아들 말기야의 구덩이에 던져 넣을 때에 예레미야를 줄로 달아내렸는데 그 구덩이에는 물이 없고 진창뿐이므로 예레미야가 진창 속에 빠졌더라"
(렘 38:2~6).

아니, 기도해주는 것이 뭐가 어렵습니까? 예루살렘이 포위된 상태에서, 함락되기 직전에 시드기야 왕이 와서 기도 부탁을 하는데 예레미야가 기도는 해주지 않고, 오히려 만약에 지금 항복을 하지 않으면, 칼과 기근과 전염병으로 죽게 될 것이고, 항복을 하면 포로로 잡혀갈 것이니 항복해서 살아남으라고 말한 것입니다. 바벨론에 항복해 살아남아서 희망을 가지라는 것입니다.

이런 예레미야의 기도에 대한 태도와 예레미야의 권면은 어디에서 왔을까요? 바로 성경에서 온 것입니다. 칼과 기근과 전염병은 하나님의 징계입니다. 포로도 하나님의 징계입니다. 하나님의 계명대로 살지 않을 때 하나님께서는 처음에는 경고하시고, 그 다음에는 징계하시고, 그 다음 마지막 단계의 징계 때에는 포로로 끌려가게 하십니다. 이제 남유다는 포로로 끌려가야 하는 시간에 와 있는 것입니다. 이를 막기 위해 예레미야가 40년 동안 하나님의 말씀을 전하고 기도했던 것입니다.

그런데 남유다 백성들이 하나님께 돌아오지 않았습니다. 역사적인 상황과 하나님의 말씀을 비추어보니 이제는 때가 늦었습니다. 지금은 기도할 때가 아니고 하나님의 다른 뜻을 받아들일 때가 된 것입니다. 그래서 예레미야가 이제는 하나님의 마지막 징계 곧 바벨론에 항복하고 포로로 끌려가라는 하나님의 뜻을 전한 것입니다. 그것 때문에 예레미야가 뺨을 맞고, 감옥에 갇히고, 죽음 직전까지 가는 위기의 시간을 겪게 된 것입니다.

우리가 예레미야의 기도에 대해서 공부할 때 먼저 예레미야가 성경에 나타난 하나님의 뜻이 무엇인지를 명확하게 알고 있다는 것을 생각해야 합니다. 예레미야는 하나님의 뜻이 무엇이며, 백성들의 상태가 어떠한지, 하나님께서 어떤 계획을 가지고 계시는지 깨달았습니다. 그래서 기도할 때에는 기도하고, 권면할 때에는 권면했던 것입니다.

실제로 예레미야 17장을 보면 예레미야가 여러 번 기도한 것을 알 수 있습니다. 예레미야가 하나님의 백성들이 하나님께 돌아갈 수 있도록 회복을 위해 기도하자 하나님께서는 "그런즉 너는 이 백성을 위하여 기도하지 말라 그들을 위하여 부르짖어 구하지 말라 내게 간구하지 말라 내가 네게서 듣지 아니하리라"(렘 7:16)라고 기도하지 말라고까지 말씀하셨습니다. 그런데도 예레미야는 기도했습니다. 그렇게 기도하던 예레미야가 나중에는 남유다 백성들을 위해 기도하지 않습니다. 그리고 그들에게 포로로 끌려가라는 하나님의 뜻을 전합니다.

왜 그렇습니까? 기록된 하나님의 말씀, 성경 때문입니다. 그래서 기록된 말씀의 지식이 필요하다는 것입니다. 그냥 기도하는 것이 아니라, 어떻게 기도하는지가 중요합니다.

예레미야가 남유다 백성들을 구원해달라고 그렇게 기도해왔지만, 바벨론을 통해 앗수르를 멸망시키시는 하나님의 세계 경영을 바라보면서 이제는 하나님의 다른 뜻을 깨닫습니다. 그렇습니다. 예레미야는 지금 무엇을 가지고 어떻게 기도해야 하는지 판단하고 분별해서 기도했던 것입니다. 이러한 예레미야가 정말 부럽습니다. 우리도 이렇게 실력을 쌓아가야겠습니다. 살아가는 날들 동안 하나님께서 우리에게 주신 기도 제목이 있을 것입니다. 지금은 무엇을 위해서 기도해야 하는지 그것을 중요하게 생각해야 합니다.

2. 하나님의 시간, 하나님의 방법

예레미야의 기도에는 어떤 특징이 있을까요? 엘리에셀은 기도하자마자 리브가가 물을 길으러 왔습니다. 사실 엘리에셀은 하란까지 오면서 계속 기도하고 있었을 것입니다. 엘리에셀이 우물가에 도착하는 그 시간에 하나님께서는 리브가를 집에서 출발시키시며 그때를 맞춰주셨을 것입니다. 그것이 하나님의 경영입니다. 즉시 응답해주시는 하나님입니다. 출애굽기 32장 금송아지 숭배 때와 출애굽기 33장, 34장에서 알 수 있듯이 모세도 기도하니 하나님께서 바로 뜻을 돌이켜 응답해주셨습니다. 금송아지 사건 때문에 하나님께서 진노하셔서 다 진멸해버리겠다고 하실 때 모세의 기도를 듣자마자 뜻을 돌이키겠다고, 용서해주겠다고 하셨습니다.

그런데 예레미야의 기도에는 하나님께서 응답을 해주시지 않습니다. 회복을 위한 예레미야의 기도는 70년 후에 1차로 응답받습니다. 하나님께서는 예레미야를 통해 지금 당장 응답하시지는 않지만 너무 중요하기 때문에 기도해야 함을 우리에게 가르쳐주시고 있습니다. 우리가 살아 있는 동안 응답이 안 되도 괜찮습니다. 그러나 하나님께서는 변함없이 세계를 경영하시고, 우리 교회들을 다스려가십니다. 하나님의 시간에 하나님의 방법으로 하나님의 뜻이 이루어지면 되는 것입니다. 하나님의 뜻이 이루어지는 데에 10년이 걸리든, 20년이 걸리든, 30년이 걸리든, 더 나아가 100년이 걸린다 해도 기도해야 할 제목이 우리에게 있어야 합니다.

당장 눈앞에 있는 기도 제목 말고 하나님께서 큰 기도의 제목을 우리의 마음 가운데 주시면 그것 또한 성경에 있는 대로 기도하면 됩니다. 어떤 것은 주님 오시는 그날까지 기도해야 할 제목들일 것입니다. 이를 당황스럽게 생각하지 마십시오. '나는 내 앞에 있는 일들만을 위해서 기도하겠다.'라고 생각하십니까. 그것만 있는 것이 아닙니다. 주님이 오시는 날까지 완성될 나라를 위해서도 기도해야 합니다. 예레미야처럼 10년 뒤, 20년 뒤에 이루어져야 할 일, 100년 뒤에 200년 뒤에 이루어져야 할 일들을 위해서도 우리가 기도해야 한다는 중요한 사실을 성경을 통해서 다시 한번 확인하고 깨닫습니다.

예레미야가 이렇게 기도 생활을 할 수 있었던 것은 당연히 성경을 알았기 때문입니다. 예레미야가 성경을 가지고 자기 현실 문제를 대면했기 때문에 어떻게 기도해야 할지 정할 수 있었던 것입니다.

"너희가 내게 부르짖으며 내게 와서 기도하면 내가 너희들의 기도를

들을 것이요 너희가 온 마음으로 나를 구하면 나를 찾을 것이요 나를
만나리라"(렘 29:12~13).

예레미야는 부르짖으며 기도하면 들을 것이요, 찾으면 만나주신다는 하나님의 약속의 말씀을 생각하면서 간절히 기도했습니다. 앞서 살펴본 대로 성경에 나오는 거룩한 하나님의 백성들의 기도를 보면, 즉시 응답되는 기도도 있는 반면 어떤 기도는 수십 년 뒤에 응답되는 기도도 있습니다. 그러나 반드시 응답됩니다. 그 속에 하나님께서 살아 계셔서 역사하십니다.

성경의 사람들처럼 기도하고, 기도 응답을 가지고 하나님께 영광을 돌리는 것이 우리 삶의 중요한 목표이고, 목적이 되어야 합니다. "그런즉 너희가 먹든지 마시든지 무엇을 하든지 다 하나님의 영광을 위하여 하라"(고전 10:31)라고 하셨는데, 하물며 하나님께서 세계를 경영하시는 이 일에 우리가 어찌 동참하지 않을 수 있겠습니까. 우리가 동참할 수 있는 중요한 방법은 기도함으로 하나님의 경영에 동참하는 것입니다. 이 시대에도 하나님께서 온 세계를 경영하십니다. 하나님의 교회 경영, 하나님의 국가 경영, 하나님의 세계 경영, 모두 하나님께서 경영하십니다. 성경은 우리에게 기도함으로 하나님의 경영에 동참할 수 있다는 사실을 가르쳐주고 있습니다.

3. 예레미야의 레위기 이야기

예레미야의 기도를 조금 더 자세하게 들여다보겠습니다. 시드기야 왕이 사람들을 보내서 예레미야에게 기도해달라고 할 때, 예레미야 선지자가 이를 거절하는 데는 그만한 이유가 있었습니다. 예레미야는 지난 40년 동안 남유다가 처해 있는 현실 문제를 지켜보면서 그동안 어떤 하나님의 말씀이 성취되었는지 지금은 어떤 말씀이 성취되어야 하는지를 생각하며 기도해왔습니다.

특별히 하나님께서는 레위기 26장과 신명기 28장을 통해 하나님의 계명과 규례를 준행하면 평화를 주시고, 양식도 풍족히 주겠다고 말씀해주셨습니다. 그리고 계명에 순종하지 않으면 여러 단계의 징벌을 내리겠다고 말씀해주셨습니다. 또한 징계를 잘 받고 돌아오면 어떻게 해주시겠다는 말씀까지 있습니다. 자세히 살펴보겠습니다. 먼저 "너희가 내 규례와 계명을 준행하면"(레 26:3)이라고 말씀하시며 복의 내용을 주셨습니다.

> "내가 그 땅에 평화를 줄 것인즉 너희가 누울 때 너희를 두렵게 할 자
> 가 없을 것이며 내가 사나운 짐승을 그 땅에서 제할 것이요 칼이 너희
> 의 땅에 두루 행하지 아니할 것이며"(레 26:6).

> "내가 너희를 돌보아 너희를 번성하게 하고 너희를 창대하게 할 것이
> 며 내가 너희와 함께 한 내 언약을 이행하리라 너희는 오래 두었던 묵
> 은 곡식을 먹다가 새 곡식으로 말미암아 묵은 곡식을 치우게 될 것이
> 며 내가 내 성막을 너희 중에 세우리니 내 마음이 너희를 싫어하지 아
> 니할 것이며 나는 너희 중에 행하여 너희의 하나님이 되고 너희는 내
> 백성이 될 것이니라"(레 26:9~12).

하나님께서는 백성들이 하나님의 규례를 준행하면 비를 내려 곡식의 열
매를 거두어 새 곡식을 먹게 하심으로 묵은 곡식을 먹을 필요가 없도록 하
겠다고 말씀해주셨습니다. 이스라엘은 맥추절이 먼저 옵니다. 보리를 먼저
추수하고 그 다음에 밀을 추수합니다. 하나님의 계명을 잘 준행하면 묵은
곡식을 먹다가 새 곡식이 나면 그 묵은 것은 치워도 되는 그런 복을 주시겠
다는 것입니다. 또한 적군이 쳐들어와도 해하지 못하도록 평화를 주겠다는
말씀도 주셨습니다.

이보다 더 좋은 것이 없습니다. 나라가 평화롭고 하루 세 끼 든든하게
먹고 걱정할 것이 없는 그런 세상을 하나님께서 주시겠다는 뜻입니다. 그
런데 두 번째는 계명을 준행하지 않으면 질병으로 징계하며, 다른 나라가

침략해서 곡식을 빼앗아가는 일이 일어난다고 경고하셨습니다.

"그러나 너희가 내게 청종하지 아니하여 이 모든 명령을 준행하지 아니하며 내 규례를 멸시하며 마음에 내 법도를 싫어하여 내 모든 계명을 준행하지 아니하며 내 언약을 배반할진대 내가 이같이 너희에게 행하리니 곧 내가 너희에게 놀라운 재앙을 내려 폐병과 열병으로 눈이 어둡고 생명이 쇠약하게 할 것이요 너희가 파종한 것은 헛되리니 너희의 대적이 그것을 먹을 것임이며"(레 26:14~16).

"또 만일 너희가 그렇게까지 되어도 내게 청종하지 아니하면 너희의 죄로 말미암아 내가 너희를 일곱 배나 더 징벌하리라 내가 너희의 세력으로 말미암은 교만을 꺾고 너희의 하늘을 철과 같게 하며 너희 땅을 놋과 같게 하리니"(레 26:18~19).

더 나아가 '하늘을 철과 같게 하며 땅을 놋과 같게' 하는, 즉 비가 오지 않아 기근으로 말미암아 흉년이 들어 모든 수고가 다 헛되게 될 것임을 말씀하십니다.

"이런 일을 당하여도 너희가 내게로 돌아오지 아니하고 내게 대항할진대 나 곧 나도 너희에게 대항하여 너희 죄로 말미암아 너희를 칠 배나 더 치리라"(레 26:23~26).

이런 일을 겪고서도 하나님께 돌아오지 않으면 더 심한 징계를 내릴 것이라고 말씀하십니다.

> "내가 칼을 너희에게로 가져다가 언약을 어긴 원수를 갚을 것이며 너
> 희가 성읍에 모일지라도 너희 중에 염병을 보내고 너희를 대적의 손
> 에 넘길 것이며 내가 너희가 의뢰하는 양식을 끊을 때에 열 여인이 한
> 화덕에서 너희 떡을 구워 저울에 달아 주리니 너희가 먹어도 배부르
> 지 아니하리라"(레 26:25~26).

그 다음 징계는 무섭습니다. 바벨론 제국이 예루살렘을 포위했을 때 이
일이 발생하고 말았습니다.

> "너희가 이같이 될지라도 내게 청종하지 아니하고 내게 대항할진대
> 내가 진노로 너희에게 대항하되 너희의 죄로 말미암아 칠 배나 더 징
> 벌하리니 너희가 아들의 살을 먹을 것이요 딸의 살을 먹을 것이며"(레
> 26:27~29).

그럼에도 회개하지 않는 백성들을 향한 징계는 더욱 무섭습니다.

> "내가 너희를 여러 민족 중에 흩을 것이요 내가 칼을 빼어 너희를 따
> 르게 하리니 너희의 땅이 황무하며 너희의 성읍이 황폐하리라 너희
> 가 원수의 땅에 살 동안에 너희의 본토가 황무할 것이므로 땅이 안식
> 을 누릴 것이라 그 때에 땅이 안식을 누리리니"(레 26:33~34).

남유다 백성들은 바벨론에 포로로 잡혀가게 되고 약속의 땅 가나안은 비어서 황무하게 된다는 말씀입니다. 이를 다르게 표현하면 약속의 땅이 강제적으로 안식년을 지키게 된다는 뜻입니다. 마치 국립공원 같은 장소를 보호하려고 일정 기간 출입을 금지시켜 생태계를 보호하듯이 남유다를 그같이 만드시겠다는 말씀입니다.

예레미야는 지난 40년 동안 사역하면서 이 모든 말씀이 실현되는 것을 지켜보았습니다. 이스라엘이 그동안 하나님께서 추수할 수 있도록 해주셨던 때와 질병과 기근으로 징계를 받았던 때를 모두 경험했습니다. 예레미야는 이제는 포로로 잡혀가야 하는 때라고, 포로로 잡혀가는 것이 하나님의 뜻임을 시드기야와 백성들에게 말하며 바벨론에 항복할 것을 외쳤습니다. 그러나 시드기야 왕은 끝내 항복하지 않았고, 결국 자신이 보는 앞에서 두 아들이 죽임을 당하고 자신은 두 눈이 뽑혀서 포로로 끌려가고 말았습니다.

〈레위기〉는 예레미야 시대로부터 거슬러 올라가 주신 900년 전의 이야기입니다. 900년 전에 하나님께서 말씀하신 것이 지금 예레미야 시대에 성취되고 있습니다. 하나님께서는 그때 주신 말씀을 가지고 지금 남유다를 다스리시고 세계를 경영하십니다. 이를 예레미야가 아는 것입니다.

4. 바벨론 성읍이 평안하기를 기도할 때

〈레위기〉와 〈신명기〉를 공부해보면, 이스라엘 역사 가운데 들어가도 복을 받고 나가도 복을 받는 그런 시간도 있었습니다. 예레미야 이전인 350년 전에 있었던 솔로몬 왕 때는 정말 대단했습니다. 그때는 열왕들이 솔로몬에게 잘 보여 이스라엘과 거래하기 위해서 어마어마한 선물을 들고 오는 시대였습니다.

> "갈릴리 땅의 성읍 스무 곳을 히람에게 주었으니 이는 두로 왕 히람이 솔로몬에게 그 온갖 소원대로 백향목과 잣나무와 금을 제공하였음이라"(왕상 9:11).

> "히람이 금 일백이십 달란트를 왕에게 보내었더라"(왕상 9:14).

"이에 그가 금 백이십 달란트와 매우 많은 향품과 보석을 왕께 드렸으니 스바 여왕이 솔로몬 왕께 드린 향품 같은 것이 전에는 없었더라"(대하 9:9).

"천하의 열왕이 하나님께서 솔로몬의 마음에 주신 지혜를 들으며 그의 얼굴을 보기 원하여 각기 예물을 가지고 왔으니 곧 은 그릇과 금 그릇과 의복과 갑옷과 향품과 말과 노새라 해마다 정한 수가 있었더라"(대하 9:23~24).

솔로몬의 부가 얼마나 넘쳐 났던지 당시에는 이스라엘에 은이 너무 많아서 은을 돌과 같이 여길 정도였습니다.

"왕이 예루살렘에서 은을 돌 같이 흔하게 하고 백향목을 평지의 뽕나무 같이 많게 하였더라"(왕상 10:27).

"솔로몬이 그 강에서부터 블레셋 사람의 땅에 이르기까지와 애굽 지경에 미치기까지의 모든 나라를 다스리므로 솔로몬이 사는 동안에 그 나라들이 조공을 바쳐 섬겼더라"(왕상 4:21).

"솔로몬이 그 강 건너편을 딥사에서부터 가사까지 모두, 그 강 건너편의 왕을 모두 다스리므로 그가 사방에 둘린 민족과 평화를 누렸으니 솔로몬이 사는 동안에 유다와 이스라엘이 단에서부터 브엘세바에 이르기까지 각기 포도나무 아래와 무화과나무 아래에서 평안히 살았더라"(왕상 4:24~25).

솔로몬 때에는 온 백성들이 무화과나무 아래에서 아주 평화롭게 살았다고 성경에 기록되어 있습니다. 성경은 이때를 가장 평화로운 시대의 상징으로 무화과나무 열매를 먹으며 평안을 유지했다고 표현하고 있습니다. 예수님께서 나다나엘을 만나시는 장면이 있습니다.

"나다나엘이 이르되 어떻게 나를 아시나이까 예수께서 대답하여 이르시되 빌립이 너를 부르기 전에 네가 무화과나무 아래에 있을 때에 보았노라"(요 1:48).

나다나엘이 실제 무화과나무 아래에 있었는지, 그의 생각인지는 모르겠습니다. 나다나엘은 빌립과 함께 율법의 말씀을 생각하면서 하나님의 나라, 메시아의 왕국을 기다리던 사람이었습니다. 예수님께서 그 말씀을 하시자 나다나엘이 깜짝 놀라서 "당신은 하나님의 아들이시요"(요 1:49)라고 고백했습니다.

이후 나다나엘은 예수님과 같이 꿈을 꾸고, 하나님의 나라를 위해서 예수님의 제자로 부름을 받아서 주를 섬기게 되었습니다. 로마 제국 안에서 지배를 받으면서도 성경을 읽고 품고 있는 나다나엘과 같은 경건한 사람들이 계속해서 솔로몬 왕국의 부유했던 그 영광스러운 시대를 동경하며 그 나라가 임하도록 기도하고 있었던 것입니다. 마찬가지로 예레미야도 모세오경을 품고 기도하며 살아가고 있었던 것입니다.

그동안 신앙의 선배들이 믿음 생활을 말씀대로 잘함으로 복을 받았던 시간이 있었습니다. 하지만 이제는 전염병의 징계, 적국의 침략, 농사를 지으면 모두 빼앗기던 시대를 다 보내고 포로로 잡혀가는 한 가지만 남아 있는 때가 되었습니다.

이제사 시드기야 왕이 예레미야에게 기도 부탁을 합니다(렘 37:3). 그러니 성경과 시대를 아는 예레미야가 시드기야가 요청한 기도를 해주지 않았던 것입니다. 뺨을 맞아도, 옥에 갇혀도 시드기야가 원하는 기도를 해줄 수 없었던 것입니다. 지금은 항복하고 포로로 잡혀가는 것이 하나님의 뜻인 시대입니다. 이것이 예레미야의 실력입니다. 예레미야는 기록된 하나님의 말씀을 정확히 알고 있었습니다. 그동안 예레미야가 말씀을 가지고 시대를 비추어보며 수십 년 동안 당면한 현실 문제를 붙들고 시름을 해왔기 때문입니다.

당시 예레미야가 만난 마지막 현실 문제는 시드기야의 기도 부탁이었습니다. 하지만 당시는 시드기야가 원하는 기도를 해줄 때가 아니고, 하나님의 징계를 받아들일 때였습니다. 성경에 그 내용이 다 있습니다. 성경에는 1단계, 2단계, 3단계 징계만 있는 것이 아니라 포로로 잡혀간 그곳에서 하나님의 말씀을 지켜 행하고 돌아오면 하나님께서 어떻게 하실 것이라는 이야기까지 모두 기록되어 있습니다.

> "그들이 나를 거스른 잘못으로 자기의 죄악과 그들의 조상의 죄악을 자복하고 또 그들이 내게 대항하므로 나도 그들에게 대항하여 내가 그들을 그들의 원수들의 땅으로 끌어 갔음을 깨닫고 그 할례 받지 아

니한 그들의 마음이 낮아져서 그들의 죄악의 형벌을 기쁘게 받으면 내가 야곱과 맺은 내 언약과 이삭과 맺은 내 언약을 기억하며 아브라함과 맺은 내 언약을 기억하고 그 땅을 기억하리라"(레 26:40~42).

예레미야는 바벨론 포로로 잡혀가 그곳에서 자신들의 죄를 깨닫고 하나님의 징계를 기쁘게 받아들이면 하나님께서 다시 회복시켜주신다는 말씀까지 알고 있었습니다. 예레미야의 실력은 첫 단계부터 마지막 단계까지 다 알고 있는 최고의 실력입니다. 복에 대한 하나님의 말씀을 들을 때에도 부분적으로 아는 것이 아니라 예레미야처럼 성경 전체를 통으로 알아야 합니다. 평화를 주실 때, 곡식을 풍성하게 허락하실 때, 질병의 재앙을 보내실 때, 적군이 쳐들어와 곡식을 빼앗아갈 때, 하나님께서 비를 내려주시지 않으실 때 … 하나님의 징계를 기쁘게 받아들이면 하나님께서 다시 회복시켜주신다는 사실까지 우리는 알고 있어야 합니다.

당시 남유다의 상황은 이미 바벨론에 1, 2차 포로들이 잡혀가 있는 형편이었습니다. 이를 두고 하나냐가 2년 뒤에 모든 회복된다고 말하자, 예레미야는 빨리 회복되지 않고 70년 후에 회복될 것이라고 말했습니다. 그러면서 바벨론이 포위하고 있는 예루살렘을 위해 기도하라는 말 대신에 남유다 백성들을 포로로 잡아간 바벨론의 평화를 위해서 기도하라고 말합니다. 사람들은 이러한 예레미야의 행동을 진짜 이해할 수 없었습니다.

"유다의 왕 시드기야가 바벨론으로 보내어 바벨론의 왕 느부갓네살에게로 가게 한 사반의 아들 엘라사와 힐기야의 아들 그마랴 편으로 말하되 만군의 여호와 이스라엘의 하나님께서 예루살렘에서 바벨론으로 사로잡혀 가게 한 모든 포로에게 이와 같이 말씀하시니라"(렘 29:3~4).

시드기야가 바벨론으로 사절단을 보낼 때 예레미야가 사절단 가운데 어떤 이에게 하나님의 뜻을 전달합니다.

"너희는 집을 짓고 거기에 살며 텃밭을 만들고 그 열매를 먹으라 아내를 맞이하여 자녀를 낳으며 너희 아들이 아내를 맞이하며 너희 딸이 남편을 맞아 그들로 자녀를 낳게 하여 너희가 거기에서 번성하고 줄어들지 아니하게 하라 너희는 내가 사로잡혀 가게 한 그 성읍의 평안을 구하고 그를 위하여 여호와께 기도하라 이는 그 성읍이 평안함으로 너희도 평안할 것임이라"(렘 29:5~7).

"바벨론 성읍을 위해 평안을 기도하라!" 바벨론 제국이 평화로워야 하며 전쟁이 일어나서는 안 된다는 말입니다. 왜 그렇습니까? 전쟁이 일어나면 바벨론 제국이 포로들을 화살받이로 먼저 내보낼 것이기 때문입니다. 그래서 예레미야가 비록 남유다 백성들은 포로로 잡혀갔지만 하나님의 징계를 잘 받아들이고, 바벨론 제국이 평안하도록 기도를 하라고 당부하는 것입니다. 예레미야가 바벨론 포로로 끌려가 있던 남유다 백성들에게 하나님께서 정하신 70년의 시간이 찰 때까지 바벨론에서 집을 짓고 가정을 이루며 그 시간을 기다려야 된다고 이야기하는 것입니다. 이것이 예레미야가 가지고 있는 실력입니다.

예레미야 21장, 38장에 나와 있듯이 예레미야는 현실 문제를 하나님의 말씀에 비추어보고 지금은 하나님의 징계를 받아들이고 항복해야 할 때라는 것을 알고 이를 해결해가고 있었습니다. 이를 알 길 없는 시드기야 왕은 예레미야에게 하나님의 구원을 기도해달라고 부탁합니다.

하나님을 믿지도 않는 시드기야 왕이 바벨론 제국의 위세가 얼마나 당당하고 대단했는지 하나님의 기적만이 살길이라 생각하고 예레미야에게 왔던 것입니다. 당시는 바벨론 군대가 1년 6개월 동안 예루살렘성을 에워싸고 있던 상황이었습니다. 이제 멸망밖에는 길이 없었습니다. 남유다 백성들은 성안에서 말도 다 할 수 없는 고통 속에 있었습니다. 시드기야 왕은 하나님께서 150년 전 앗수르 왕 산헤립이 18만 5천 명을 거느리고 예루살렘을 포위했을 때, 히스기야 왕이 기도한 역사를 떠올리며 구원받을 길은 하나님의 기적밖에 없다고 생각하고 예레미야에게 기도 부탁을 했던 것입니다.

시드기야의 아버지는 요시야입니다. 요사야의 아버지는 아몬, 아몬의 아버지는 므낫세, 므낫세의 아버지는 히스기야였습니다. 히스기야의 4대 후손인 시드기야는 조상 히스기야의 역사를 당연히 알고 있었습니다. 그래서 하나님께 기도하면 혹 그때의 기적을 베푸실까 했지만 하나님께서는 시드기야 때에는 기적을 베풀지 않으셨습니다.

그때는 승리의 희망도 없고, 기도해도 소용없는 때입니다. 하나님의 징계를 받아들이고, 항복해서 포로로 잡혀가 징계를 받으며 기다려야 하는 때입니다. 그것이 예레미야가 시드기야 왕에게 일러준 이야기입니다.

5. 절망 속에 소망 찾기

예레미야는 먼 훗날, 수십 년 뒤에 일어날 일을 바라보며 기도했습니다. 하나님께서 정해놓으신 70년이 지나 기도의 1차 응답 곧 바벨론 제국 멸망과 포로 귀환이 이루어집니다. 처음 1차로 귀환하는 사람들이 성전을 재건하고, 2차로 귀환했던 에스라가 말씀 운동을 하고, 3차로 귀환했던 느헤미야가 성벽을 재건한 후 집회를 인도할 때 부흥이 일어났습니다. 그때까지, 즉 예레미야가 기도할 때부터 느헤미야를 통한 예루살렘 성벽 낙성식까지는 무려 142년이 걸렸습니다. 예레미야의 기도는 약 150년 만에 예루살렘 성이 제대로 회복되면서 기도 응답이 이루어진 것입니다.

예레미야의 기도 가운데 눈여겨봐야 하는 부분은 바로 '소망'입니다. 이미 1, 2차 포로들은 바벨론에 끌려가 있었고, 당시에는 바벨론 군인들에 의해 예루살렘이 완전히 파괴되고, 저항하던 힘 있는 자들은 다 죽고, 대부분의 사람들은 바벨론 3차 포로로 끌려가 힘없는 사람들만 예루살렘에 남아 있었습니다. 이때 하나님께서 예레미야에게 무화과 광주리 예언을 보여주십니다. 한 광주리는 썩어서 먹을 수 없는 무화과 열매가, 나머지 한 광주리에는 잘 익은 무화과 열매 곧 극상품 무화과 열매가 들어 있었습니다.

이를 통해 보여주시는 하나님의 뜻은 남유다에 남아 있는 사람들은 썩은 무화과가 되고, 바벨론에 포로로 잡혀간 사람들은 극상품 무화과 열매처럼 된다는 것이었습니다. 이것은 이성적으로 받아드릴 수 없는 이야기였습니다. 어떻게 예루살렘에 남아 있는 사람들이 썩은 무화과처럼 된다는 것입니까? 예루살렘에 남아 있는 사람들에게는 희망이 없고, 바벨론 포로로 잡혀 간 사람들이 극상품 무화과 열매가 된다니 말입니다.

그러나 결국 바벨론 포로들은 바벨론에서 하나님만이 참 신이라는 사실을 깨닫게 됩니다. 바벨론 제국의 사람들이 받들어 섬기던 마르둑이라는 신, 이스타르 신전의 그 신들을 섬겨봤자 소용없습니다. 살아 있는 왕을 금신상으로 만들어 숭배해봤자 소용없습니다. 우상은 아무것도 아닙니다. 실력 있는 다니엘과 세 친구들을 통해 하나님만이 참된 하나님, 유일한 하나님이심을 충분히 깨닫게 됩니다. 그래서 남유다 백성들은 이후에 포로에서 돌아와서는 더 이상 우상숭배를 하지 않습니다. 지금까지도 하지 않습니다. 이스라엘의 역시 이래 우상은 이제 없습니다. 그때 바벨론에서 배운 것입니다.

하나님께서는 처음부터 바벨론 포로 기간을 70년으로 딱 정해놓으셨습니다. 하지만 바벨론 포로 70년은 포로로 잡혀간 사람이나 남아 있는 사람들 모두가 받아들이기 어려웠습니다. 그러나 하나님께서 그 시간을 정해놓으셨고, 그 시간 동안 남유다의 땅은 황무하게 되고 안식년을 갖게 됩니다. 바벨론 포로 70년 동안 남유다 백성들은 바벨론에서 하나님께서 내리신 징계를 받고, 제사장 나라 교육을 다시 잘 받아 재건 공동체를 이룰 실력 있는 사람들과 지도자로 준비될 것입니다.

스룹바벨, 대제사장 여호수아, 수많은 제사장, 그리고 레위인들이 다시 제사장 나라 교육을 받고 돌아와서 성전을 재건하고 공동체를 세웁니다. 하나님을 경외하며 신앙 교육을 잘 받았기에 에스라와 느헤미야 같이 대단한 실력자들이 나와 다시 예루살렘으로 귀환할 수 있었습니다. 그들이 돌아와 재건 공동체를 만들어 제사장 나라를 다시 새롭게 세운 것입니다.

다니엘을 보십시오. 다니엘은 포로로 잡혀가서 하루 세 번씩 창문을 열어놓고 기도해오다가 바벨론 포로 70년이 다 되었을 때에는 금식하면서 간절히 기도했습니다.

> "곧 그 통치 원년에 나 다니엘이 책을 통해 여호와께서 말씀으로 선지자 예레미야에게 알려 주신 그 연수를 깨달았나니 곧 예루살렘의 황폐함이 칠십 년만에 그치리라 하신 것이니라 내가 금식하며 베옷을 입고 재를 덮어쓰고 주 하나님께 기도하며 간구하기를 결심하고 내 하나님 여호와께 기도하며 자복하여 이르기를 크시고 두려워할 주 하나님, 주를 사랑하고 주의 계명을 지키는 자를 위하여 언약을 지키시고 그에게 인자를 베푸시는 이시여"(단 9:2~4).

다니엘은 "하나님, 드디어 바벨론에서 70년이 다 되어갑니다. 우리 조상들의 죄를 용서해주시고, 우리의 죄를 용서해주시고, 하나님께 돌아갈 수 있게 해주소서."라고 기도했습니다. 예레미야가 뿌린 씨앗이 싹이 나고 자라서 열매를 맺어 놀라운 극상품 무화과가 된 것입니다.

총독 스룹바벨, 대제사장 여호수아, 학사 겸 제사장 에스라, 총독 느헤미야 등 수십 년 동안 하나님의 징계를 받아들인 수많은 하나님의 사람들이 재건 공동체를 이루어 소망했던 하나님의 일을 진행시키며 아름다운 역사를 이룬 것입니다.

성경은 우리에게 이들처럼 성경을 부지런히 읽고, 공부하고, 묵상해서 성경 실력을 갖추라고 가르쳐줍니다. 현실의 어려운 문제들은 개인적으로, 가족적으로, 교회적으로, 국가적으로, 세계적으로 수없이 생길 수 있습니다. 우리는 문제들을 만날 때 이를 성경에 비추어보며 하나님의 뜻이 무엇인지 깨닫고 어떻게 기도해야 할지 결정해야 합니다. 그리고 나서 기도하면 반드시 응답을 받고, 하나님께 영광을 돌려드릴 수 있습니다.

예레미야는 자신의 기도의 열매를 보지 못하고 죽었습니다. 그러나 수십 년 후 그의 기도는 열매를 맺어 하나님께 영광을 돌려드렸습니다. 다니엘이 하나님께 영광을 돌려드리고, 스룹바벨이 하나님께 영광을 돌려드리고, 에스라와 느헤미야가 하나님께 영광을 돌려드리는 역사가 이루어졌습니다.

우리는 반드시 말씀을 아는 것, 현실 문제를 가지고 기도하는 것, 기도하면 응답해주시는 것, 그 결과는 하나님께 영광으로 돌아간다는 이 사실을 확신하면서 기도해야 합니다.

거룩한 기도 공동체가 우리 한국 교회, 세계 교회 안에 일어나면 좋겠습니다. 거룩한 영적 전쟁에 용사로 맞설 수 있는 하나님의 군병이 필요합니다. 우리가 수십 년의 역사를 붙잡고 기도하며 말씀을 선포했던 예레미야처럼 기도하며 수십 년 뒤에, 혹은 백 년 뒤에 응답이 되어도 하나님께 영광을 돌릴 수 있는 복된 삶을 살아가기를 바랍니다.

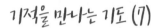
기적을 만나는 기도 (7)

느헤미야의
기도와 말씀 묵상

"옛적에 주께서 주의 종 모세에게 명령하여 이르시되 만일 너희가 범죄하면 내가 너희를 여러 나라 가운데에 흩을 것이요 만일 내게로 돌아와 내 계명을 지켜 행하면 너희 쫓긴 자가 하늘 끝에 있을지라도 내가 거기서부터 그들을 모아 내 이름을 두려고 택한 곳에 돌아오게 하리라 하신 말씀을 이제 청하건 대 기억하옵소서"(느 1:8~9).

1. 느헤미야 이야기 스케치

B.C.444년 황폐했던 예루살렘 성벽이 다시 완성되고 성벽 낙성식을 하면서 예루살렘 성안에 큰 기쁨이 있었습니다. 말할 수 없는 즐거움, 하나님께서 주신 즐거움이 있었다고 느헤미야 12장에 기록되어 있습니다.

> "이 날에 무리가 큰 제사를 드리고 심히 즐거워하였으니 이는 하나님이 크게 즐거워하게 하셨음이라 부녀와 어린 아이도 즐거워하였으므로 예루살렘이 즐거워하는 소리가 멀리 들렸느니라"(느 12:43).

정확한 연대로는 B.C.586년 예루살렘이 바벨론 제국에 의해 멸망할 때에 큰 슬픔이 있었는데, B.C.144~142년 경, 곧 약 150년 만에 슬픔이 변하여 기쁨이 되는 기적이 일어난 것입니다. '하나님의 기적'이 일어났다고 표현할 수 있습니다. 하나님의 기적이 일어나기까지 어떤 일이 느헤미야에게 있었을까요? 페르시아 제국에서 살고 있었던 어느 날, 느헤미야는 예루살렘에 다녀온 사절단에게 예루살렘성의 형편을 물었습니다.

> "내 형제들 가운데 하나인 하나니가 두어 사람과 함께 유다에서 내게
> 이르렀기로 내가 그 사로잡힘을 면하고 남아 있는 유다와 예루살렘
> 사람들의 형편을 물은즉 그들이 내게 이르되 사로잡힘을 면하고 남
> 아 있는 자들이 그 지방 거기에서 큰 환난을 당하고 능욕을 받으며 예
> 루살렘 성은 허물어지고 성문들은 불탔다 하는지라"(느 1:2~3).

1차 귀환자들은 예루살렘으로 돌아가 성전 건축을 시작해 16년 동안 건축을 중단했던 시간까지 포함해 20년 만에 성전을 재건했습니다. 1차 귀환이 있은 지 80년이 지나고 B.C.458년에 2차 귀환자로 에스라가 예루살렘에 도착해 재건 공동체를 훈련시키고 레위인을 준비시켜 말씀 개혁 운동을 진행했지만 여러 어려움으로 인해 벽에 부딪히게 되었습니다. 에스라는 당시 재건 공동체가 이방인들과 결혼한 문제를 지적하며 그들에게 강제 정리를 명했습니다. 그런데 이방인 여자들이 자기 친정으로 돌아가게 되자 거기서 큰 혼란이 오고, 그들의 부모형제들이 가만히 있지 않고 예루살렘으로 몰려와서 성벽을 무너뜨리고 성문을 불태우고 사람들의 생존을 위협하는 일까지 생기게 됩니다. 그러자 에스라가 어떻게 할 수 없는 상황에 처한 것이었습니다.

이런 어려움 가운데 있던 에스라가 페르시아의 아닥사스다 왕 밑에서 술 맡은 관원으로 있는 느헤미야를 생각하고, 느헤미야의 형제를 사절단

단장으로 하여 세 사람을 페르시아의 수산궁으로 찾아가도록 했던 것입니다.

에스라가 보낸 사절단으로부터 예루살렘의 형편에 대해 듣게 된 느헤미야가 큰 충격을 받고, 하나님 앞에 나아가 기도한 이야기가 성경에 기록된 것입니다. 느헤미야의 기도는 가깝게는 150년 전에 예레미야가 황폐한 예루살렘을 바라보면서 했던 소망의 기도였고, 멀리는 천 년 전 모세 때에 기록된 〈레위기〉의 말씀을 생각하면서 하나님께 올려드린 기도였습니다.

느헤미야의 이 기도는 하나님께 응답되어 2차 귀환이 있은 지 14년 만에 느헤미야가 총독의 자격으로 군대까지 동원하여 3차 귀환자들과 함께 예루살렘으로 귀환하게 됩니다. 느헤미야는 3차 귀환의 지도자로 예루살렘에 도착한 지 52일 만에 예루살렘 성벽을 재건하여 귀환 공동체에게 삶의 안전지대를 마련해줍니다. 그리고 느헤미야는 귀환 공동체 가운데 예루살렘에 살고자 하는 사람들을 자원받았습니다. 자원한 사람들은 예루살렘 성 안에 살겠다고 서명하고 도장을 찍고 결단했으며, 주변 사람들은 예루살렘에 살기로 결단한 사람들을 축복해주었습니다.

1, 2차에 걸쳐 페르시아에서 예루살렘으로 돌아온 귀환 공동체는 느헤미야가 성벽을 완공한 후 에스라를 모시고 말씀 중심의 초막절 부흥 사경회를 엽니다. 느헤미야 8장, 9장을 보면 그때 에스라가 하나님 말씀을 강론하고 레위인들이 백성들을 가르쳤다고 기록되어 있습니다.

여호수아 때부터 지금까지 이 정도로 초막절을 제대로 지킨 적이 없었다고 평가할 정도로 이때의 초막절은 완전한 회복이 일어난 일대 사건이 되었습니다. 이는 느헤미야의 성벽 재건과 함께 일어난 놀라운 사건입니다. 그래서 느헤미야가 성벽 낙성식을 할 때 하나님께서 그 공동체 가운데 큰 기쁨을 주셔서 부녀자들과 아이들의 즐거워하는 소리가 널리 퍼져나갔다고 이야기하는 것입니다.

여기에는 그동안 예루살렘에서 귀환 공동체가 당했던 환난과 능욕을 자신의 아픔으로 가슴에 안고 기도했던 느헤미야가 있었고, 모든 방해를 뚫고 마침내 52일 만에 성벽을 재건한 느헤미야의 헌신이 녹아 있었다고 말할 수 있습니다.

> "성벽 역사가 오십이 일 만인 엘룰월 이십오일에 끝나매 우리의 모든 대적과 주위에 있는 이방 족속들이 이를 듣고 다 두려워하여 크게 낙담하였으니 그들이 우리 하나님께서 이 역사를 이루신 것을 앎이니라"(느 6:15~16).

느헤미야는 52일 만에 무너졌던 성벽을 다시 재건한 그 불가능한 일을 해냈습니다. 대적들이 이를 듣고 "저 일은 하나님이 하셨구나! 귀환 공동체의 하나님이 저들을 도우시는구나!" 하고 낙담을 할 정도였습니다. 느헤미야의 기도에 대한 응답으로 성벽 재건이라는 1차 목적이 달성되었고, 마침내 예루살렘이 완전히 회복되어 백성들이 즐거워하는 소리가 멀리 퍼져나갔습니다. 마침내 하나님의 기쁨과 이웃의 기쁨을 꿈꾼 느헤미야의 최종 목적이 꽃을 피웠습니다. 이 이야기가 〈느헤미야〉를 통해 잘 기록되어 우리에게 중요한 메시지로 들려집니다.

2. 천 년을 담은 느헤미야의 기도

B.C.538년에 페르시아의 고레스 왕은 유대인들에게 귀환을 허락해주며 예루살렘으로 돌아가 무너진 성전을 건축해 하나님을 섬기라고 명했습니다. 그러나 고레스 왕 때에는 성전 재건이 이루어지지 않았고 이후 다리오 왕 때 학개와 스가랴 선지자의 도움으로 성전 재건이 이루어집니다. 이모든 일은 당연히 하나님께서 하게 하신 것입니다. 하나님께서 바벨론 포로에서 남유다 백성들을 귀환하게 하실 때에는 고레스라는 왕을 쓰셨고, 성전 재건을 완공하게 하실 때에는 다리오 왕을 들어 사용하신 것입니다.

1차 귀환 후 80년이 지난 B.C.458년에 에스라가 2차로 귀환했습니다. 그리고 또다시 14년이 지납니다. 그런데 페르시아에 있던 느헤미야에게 전해진 소식은 에스라가 예루살렘에 도착해 14년이 지났음에도 예루살렘이 아직 정상화가 안 되고 어려운 현실 속에 있다는 것입니다. 느헤미야는 예루살렘 사람들이 능욕을 당하고, 많은 환난을 겪고 성문이 불탔다는 소식을 듣고 나서 예루살렘이 얼마나 어려운 상황에 놓여 있는지 잘 알게 되었습니다.

느헤미야는 예루살렘에서 태어난 사람이 아니라 페르시아에서 태어난 사람입니다. 당시는 페르시아가 세상을 쥐락펴락하는 시대였습니다. 페르시아 제국의 초대 왕인 고레스가 1차 귀환을 허락한 후 몇 대를 지나 아닥사스다 왕까지 내려왔음에도 아직 예루살렘이 안정이 안 되어 있었던 것입니다. 이 같은 역사적인 상황을 보면서 느헤미야의 마음이 얼마나 아팠을까를 충분히 상상할 수 있습니다. 그래서 느헤미야가 슬픔에 수일 동안 주저앉아 금식하며 기도했다고 성경이 기록하고 있는 것입니다. 아무리 충격적인 소식을 들었다고 해도 보통은 그냥 울고 맙니다. 그런데 느헤미야가 며칠 동안을 울면서 금식기도를 했다는 것은 그만큼 조국 예루살렘의 형편과 처지에 대해 크게 공감하며 함께 아파했다는 것입니다.

다윗과 느헤미야의 리더십에 대해 다루고 있는 책들을 읽으면 보통 다윗은 마음이 따뜻하고 눈물이 많은 사람이라고 이야기하고, 느헤미야는 채찍을 휘두르고 목적 중심으로 일하는 사람이라고 설명하기도 합니다. 그렇다면 수일 동안 앉아 금식하면서 기도하는 느헤미야의 이 행동은 어떻게 설명할 것입니까.

성경을 보면 느헤미야가 건축 공사를 할 때 계속해서 기도하고 또 기도했다고 기록하고 있습니다. 그리고 느헤미야는 대적들이 공사를 방해하지 못하도록 수비대를 세워서 그들에게 무기를 손에 들려주고 수비하면서 일을 하게 했으며, 동시에 기도하는 사람들을 세워 기도하게 했습니다. 느헤미야가 사람이 할 수 있는 모든 대책을 세워 최선을 다해 일하면서도, 결국 성벽 공사의 최종적인 완성은 하나님께서 해주셔야만 된다는 믿음으로 기도하며 성벽 재건에 헌신했던 것입니다.

> "우리 하나님이여 들으시옵소서 우리가 업신여김을 당하나이다 원하건대 그들이 욕하는 것을 자기들의 머리에 돌리사 노략거리가 되어 이방에 사로잡히게 하시고 주 앞에서 그들의 악을 덮어 두지 마시며 그들의 죄를 도말하지 마옵소서 그들이 건축하는 자 앞에서 주를 노하시게 하였음이니이다 하고 이에 우리가 성을 건축하여 전부가 연결되고 높이가 절반에 이르렀으니 이는 백성이 마음 들여 일을 하였음이니라"(느 4:4~6).

기도하면서 동시에 수비대를 두고, 열심히 일하는 것이 느헤미야의 작전이었던 것입니다. 대적들은 계속해서 느헤미야를 해치려 하고 마지막에는 죽이려고까지 했습니다. 그러나 느헤미야는 여러 어려움을 만날 때마다 기도하고, 하나님께서 주시는 지혜 가운데 난관을 헤쳐 나가며 성벽 재건을 52일 만에 끝냅니다. 그렇게 이루어진 성벽 재건으로 예루살렘성에 큰 기쁨을 만든 것입니다.

성전 재건에 이은 성벽 재건은 예루살렘의 완전한 회복이었습니다. 출애굽기 19장에서 24장을 통해 하나님께서 원하셨던 하나님과 이스라엘과의 언약 관계가 완전히 회복된 것입니다. 마침내 귀환 공동체가 하나님의 영광과 찬송이 되는 제사장 나라의 사명을 감당할 준비가 충분히 된 것입니다.

성경을 읽어갈 때에 〈에스더〉, 〈에스라〉, 〈느헤미야〉 세 권은 한꺼번에 읽어야 합니다. 또한 〈학개〉, 〈스가랴〉도 이때 함께 읽어야 합니다. 그래야 그 시대에 하나님께서 어떻게 세계를 경영하셨는지, 그리고 선지자와 정치 지도자와 기도하는 사람들을 통해서 어떻게 하나님께서 역사를 이루셨는 지 알 수 있습니다.

페르시아 제국의 식민지인 남유다의 수도 예루살렘에 성벽이 재건된 것은 정말 기적입니다. 에스라 4장을 통해 그때의 상황을 살펴보면 다음과 같습니다.

고레스 왕 때 성전 재건 공사가 시작되어 다리오 2년까지 공사가 중단되고, 아하수에로 왕 때 일을 하다가 실패한 이야기가 기록되어 있습니다. 그리고 에스라 4장 7절에서 23절까지는 아닥사스다 왕 때 성곽을 짓다가 실패한 이야기가 나옵니다.

> "이로부터 그 땅 백성이 유다 백성의 손을 약하게 하여 그 건축을 방해하되 바사 왕 고레스의 시대부터 바사 왕 다리오가 즉위할 때까지 관리들에게 뇌물을 주어 그 계획을 막았으며 또 아하수에로가 즉위할 때에 그들이 글을 올려 유다와 예루살렘 주민을 고발하니라"(스 4:4~6).

> "이에 예루살렘에서 하나님의 성전 공사가 바사 왕 다리오 제이년까지 중단되니라"(스 4:24).

"선지자들 곧 선지자 학개와 잇도의 손자 스가랴가 이스라엘의 하나님의 이름으로 유다와 예루살렘에 거주하는 유다 사람들에게 예언하였더니 이에 스알디엘의 아들 스룹바벨과 요사닥의 아들 예수아가 일어나 예루살렘에 있던 하나님의 성전을 다시 건축하기 시작하매 하나님의 선지자들이 함께 있어 그들을 돕더니"(스 5:1~2).

이 가운데 다리오 왕 2년까지 성전 재건 공사가 중단되었다가 학개와 스가랴 선지자를 통해서 다시 예루살렘 성전 공사가 재개되는 이야기를 살펴봅시다. 예루살렘 성전 재건은 고레스 왕 때 시작해 다리오 왕 때 완공되었습니다. 그리고 다리오 왕의 아들 아하수에로가 왕이 되었을 때에 국제 정세가 어수선하고 안정되지 않은 상황이 되어 페르시아 제국 여러 곳에서 반역이 일어났습니다. 이때 예루살렘에서는 성벽을 재건하려다가 완성하지 못했던 상황이 있었습니다.

성전 재건과 성벽 재건은 다른 것입니다. 성전 건축은 종교적인 일로 신을 섬기는 일이기에 페르시아 제국의 정책상 좋은 일입니다. 어느 민족이든지 자기 민족의 신을 섬기면서 페르시아의 왕과 왕자들을 위해 기도하는 일은 제국을 경영하는 사람이라면 누구나 원하는 일이기 때문입니다. 그러나 성벽을 쌓는 일은 정치적인 일로 성벽을 쌓으면 수성전을 할 수 있는 조건을 갖추게 됩니다.

그러므로 예루살렘 성벽이 완공되면 페르시아 사람일지라도 함부로 예루살렘 성안에 들어가지 못할 수도 있습니다. 그래서 성벽을 쌓는 일을 아하수에로 왕 때에는 허락하지 않은 것입니다. 이러한 이유로 성곽 곧 성벽 재건은 중단되었다고 생각할 수 있습니다. 그리고 아하수에로 왕이 죽고 그의 아들 아닥사스다 왕이 페르시아의 왕이 되자 또다시 어수선한 틈을 타서 성벽 공사를 시작했다가 공사가 저지되었습니다.

그 후 왕권을 완전히 확립한 아닥사스다 왕은 예루살렘 지역을 제대로 다스리기 위해 먼저 에스라에게 사법 제도를 확립할 수 있도록 했습니다. 아닥사스다 왕은 왕의 조서를 가지고 사람을 죽이고 살릴 수 있는 권세까지 에스라에 주어서 유프라데스강 서편과 예루살렘 지역을 잘 다스려 나라를 안정시키라는 임무를 부여했습니다. 그러자 왕의 명령을 가지고 에스라가 예루살렘으로 돌아와 유프라데스강 서편 레반트 지역에 사법권을 바로 세우고, 동시에 예루살렘에서 10년 이상 레위인들을 가르쳐 말씀을 가지고 공동체를 튼튼히 하고자 심혈을 기울였습니다. 그런데 그 과정 중에 어려움이 일어나 예루살렘이 안 좋은 상황에 처해졌던 것입니다.

이 때문에 환난과 능욕을 당하고 있는 예루살렘의 소식을 들으면서 느헤미야가 눈물로 기도했고, 자신이 총독이 되어 성벽을 재건해야 하겠다는 결심을 했던 것입니다.

느헤미야가 알고 있었던 하나님의 말씀이 무엇인지 좀 더 자세히 살펴보겠습니다. 느헤미야가 예루살렘이 환난과 능욕을 당하고 있어 삶의 형편이 어렵게 되었다는 소식을 들었습니다. 느헤미야는 1차 귀환자들이 귀환한 지 거의 150여 년이 다 되어가고 있고, 2차 귀환자들까지 예루살렘에 가 있는데 왜 성벽이 무너지고 불탄 채로 있고, 회복이 되지 않은 것인지 생각해보았습니다. 느헤미야는 모세 때 기록된 〈레위기〉의 말씀을 생각했습니다. 그리고 예레미야의 기도를 기억했습니다.

하나님께서는 모세를 통해 계명과 율례를 주시면서 이를 지키면 복을 받고, 지키지 않으면 3단계 처벌을 받을 것임을 말씀해주셨습니다. 흉년과 수탈을 비롯해 전염병, 칼에 의한 처벌, 그리고 마지막 3단계 처벌은 이방 인들에게 포로가 되어 잡혀가는 것입니다. 그러나 그곳에서 마음이 낮아 져서 형벌을 기쁘게 받으면 하나님께서 회복해주겠다고 약속해주셨습니다. 느헤미야가 하나님의 그 약속을 기억하면서 이제 이루어주시길 기도 합니다.

> "옛적에 주께서 주의 종 모세에게 명령하여 이르시되 만일 너희가 범 죄하면 내가 너희를 여러 나라 가운데에 흩을 것이요 만일 내게로 돌 아와 내 계명을 지켜 행하면 너희 쫓긴 자가 하늘 끝에 있을지라도 내 가 거기서부터 그들을 모아 내 이름을 두려고 택한 곳에 돌아오게 하 리라 하신 말씀을 이제 청하건대 기억하옵소서"(느 1:8~9).

이 말씀은 레위기 26장과 관계가 있습니다.

> "그러나 너희가 내게 청종하지 아니하여 이 모든 명령을 준행하지 아 니하며 내 규례를 멸시하며 마음에 내 법도를 싫어하여 내 모든 계명 을 준행하지 아니하며 내 언약을 배반할진대"(레 26:14~15).

> "내가 너희를 여러 민족 중에 흩을 것이요 내가 칼을 빼어 너희를 따

르게 하리니 너희의 땅이 황무하며 너희의 성읍이 황폐하리라"(레 26:33).

"나도 그들에게 대항하여 내가 그들을 그들의 원수들의 땅으로 끌어 갔음을 깨닫고 그 할례 받지 아니한 그들의 마음이 낮아져서 그들의 죄악의 형벌을 기쁘게 받으면 내가 야곱과 맺은 내 언약과 이삭과 맺은 내 언약을 기억하며 아브라함과 맺은 내 언약을 기억하고 그 땅을 기억하리라"(레 26:41~42).

하나님께서는 이미 이스라엘 백성들에게 주신 형벌을 기쁘게 받으면 야곱과 맺은 언약, 이삭과 맺은 언약, 아브라함과 맺은 언약을 기억하고, 그 땅을 기억하겠다고 약속해주셨습니다. 그래서 느헤미야가 "돌아오게 하리라 하신 말씀을 이제 청하건대 기억하옵소서"(느 1:9)라는 기도를 하나님께 올려드린 것입니다.

느헤미야는 천 년 전에 모세를 통해서 주셨던 하나님의 약속의 말씀도 기억하고 있었고, 또 예레미야 선지자를 통해 주신 하나님의 말씀도 기억하고 있었습니다. 예레미야가 1차, 2차 포로로 바벨론에 잡혀가 있는 포로 민들에게 편지를 보냈었습니다. 바벨론 땅에 정착해 살면서 그 성읍의 평화를 위해서 기도하고, 그곳에서 70년을 보내면 다시 약속의 땅으로 인도해주실 것이라는 말씀 또한 느헤미야는 당연히 기억하고 있었습니다.

"너희는 집을 짓고 거기에 살며 텃밭을 만들고 그 열매를 먹으라 아내를 맞이하여 자녀를 낳으며 너희 아들이 아내를 맞이하며 너희 딸이 남편을 맞아 그들로 자녀를 낳게 하여 너희가 거기에서 번성하고 줄어들지 아니하게 하라 너희는 내가 사로잡혀 가게 한 그 성읍의 평안을 구하고 그를 위하여 여호와께 기도하라 이는 그 성읍이 평안함으로 너희도 평안할 것임이라"(렘 29:5~7).

"바벨론의 느부갓네살 왕이 유다 왕 여호야김의 아들 여고냐와 유다 고관들과 목공들과 철공들을 예루살렘에서 바벨론으로 옮긴 후에 여호와께서 여호와의 성전 앞에 놓인 무화과 두 광주리를 내게 보이셨는데 한 광주리에는 처음 익은 듯한 극히 좋은 무화과가 있고 한 광주리에는 나빠서 먹을 수 없는 극히 나쁜 무화과가 있더라 여호와께서 내게 이르시되 예레미야야 네가 무엇을 보느냐 하시매 내가 대답하되 무화과이온데 그 좋은 무화과는 극히 좋고 그 나쁜 것은 아주 나빠서 먹을 수 없게 나쁘니이다 하니 여호와의 말씀이 또 내게 임하니라 이르시되 이스라엘의 하나님 여호와께서 이와 같이 말씀하시니라 내가 이 곳에서 옮겨 갈대아인의 땅에 이르게 한 유다 포로를 이 좋은 무화과 같이 잘 돌볼 것이라"(렘 24:1~5).

하나님께서는 포로로 잡혀가 바벨론에서 포로 생활을 하는 남유다 백성들을 변화시키셨습니다. 그들은 예루살렘에서 하나님을 업신여기고 멸시하며 우상숭배를 하던 사람들이었습니다. 그런 그들을 하나님을 아는 신앙인으로 제대로 만들어 아주 좋은 무화과나무가 되게 해 다시 이 땅에 데려오겠다는 하나님의 계획이 있으셨던 것입니다.

예레미야의 편지와 바벨론 포로들과 함께 살면서 하나님의 뜻을 전하는 에스겔의 사역으로 인해 바벨론으로 끌려간 남유다 백성들은 70년 동안 바벨론에서 극상품 무화과 열매로 바뀌게 됩니다.

하나님께서는 예루살렘에 남아 있는 사람들은 나쁜 무화과처럼 되고, 바벨론에 포로로 잡혀간 사람들에게는 희망이 있음을 말씀해주셨습니다. 예레미야가 바벨론에 포로로 잡혀간 것이 끝이 아니고 그곳에서 하나님을 잘 섬기는 신앙인이 되어 다시 예루살렘에 돌아가게 하시겠다는 하나님의 계획을 알고 기도했고, 지금 150년 뒤에 느헤미야가 기도하고 있는 것입니다.

느헤미야의 시간으로부터 150년 전에 예레미야는 창자가 끊어지고 간이 땅에 쏟아지는 슬픔과 아픔을 가지고 하나님의 자비와 긍휼이 무궁하심으로 우리가 진멸되지 않을 것이라는 소망을 안고 눈물로 기도했습니다. 이제 느헤미야가 "여호와여 우리를 주께로 돌이키소서 그리하시면 우리가 주께로 돌아가겠사오니 우리의 날들을 다시 새롭게 하사 옛적 같게 하옵소서"(애 5:21)라고 드린 예레미야의 기도를 가슴에 담고 기도한 것입니다.

하나님의 약속대로 1차 귀환자들이 성전을 재건했고, 2차로 에스라가 돌아와서 말씀 개혁 운동을 했습니다. 그러다가 어려운 일이 발생해 지금 예루살렘의 사람들이 환난과 능욕을 당하고, 성벽이 무너지고 성문이 불타 삶의 안전지대가 완전히 무너져 생명의 위협을 받는 상황에 이르게 되었다는 소식이 느헤미야에게 전해진 것입니다. 이 상황을 알고 느헤미야가 하나님께 "옛날의 언약을 기억하시겠다는 그 언약을 지금 기억해주시고 회복시켜주십시오."라는 기도를 올리게 된 것입니다.

그래서 우리도 하나님께 어려운 현실 문제를 가지고 기도할 때마다 하나님께서 무슨 말씀을 하셨는지, 어떤 계획을 가지고 계셨는지 성경을 통해 알아야 합니다. 우리가 문제를 만날 때 이는 끝이 아니라 문제를 해결해야 하는 과제가 있는 것입니다. 문제를 해결해 가는 과정 속에서 우리는 하나님께서 궁극적으로 이루시려는 하나님의 목적이 무엇인지, 하나님의 계획에 대해서 생각하면서 어떻게 기도해야 할지를 생각해야 합니다. 이것이 성경이 우리에게 가르쳐주는 진리입니다.

느헤미야는 맞닥뜨린 현실 문제를 금식하지 않으면 안 될 심각한 문제로 생각하고 기도하면서 하나님을 경외하는 다른 동역자들과 같이 기도하는 데에 소망을 두었습니다. 그 소망은 먼저 그 옛날 하나님께서 말씀하셨던 언약의 말씀 곧 천 년 전에 기록해두신 취소되지 않는 하나님의 말씀이 반드시 성취된다는 믿음을 함께 가지자는 것이며, 지금의 포로 생활이 끝이 아님을 붙들고 하나님께 기도하자는 것입니다.

느헤미야는 현실을 대면할 때 비록 지금은 큰 어려움 속에 있지만 결국 이 과정은 예레미야 24장에서 보여주신 것처럼 아주 좋은 무화과나무를 만드시는 하나님의 계획이라는 것을 생각했습니다. 그랬기에 천 년 전에 주신 〈레위기〉의 말씀과 150년 전에 예레미야를 통해서 하신 하나님의 말씀을 가슴에 담고 기도할 수 있었던 것입니다.

우리가 느헤미야의 기도문을 읽으면서 '아, 기도가 깨끗하구나. 군더더기가 없구나. 빼버릴 말이 하나도 없구나. 중언부언하지 않구나. 선명하게 기도하고 있구나. 말씀을 다시 하나님께 상기해드리면서 하나님의 말씀을 이루어달라고 기도하고 있구나. 자기 사명이 무엇인지를 알고 기도하고 있구나.' 하고 느낄 수 있습니다. 이것이 바로 성도들이 배워야 하는 기도입니다.

3. 하늘의 하나님께 묵도하며

느헤미야는 예루살렘의 형편을 듣고 자신이 예루살렘에 간다면 무엇을 할 것인지 생각했습니다. 예루살렘으로 돌아가서 성벽을 재건하려면 돌, 흙, 나무 등 많은 자재가 필요하고 이를 어디에서 구해야 하는지, 어떤 절차를 세워야 하는지 청사진을 그려보았을 것입니다. 그러면서 가장 중요한 사실 곧 왕의 도움이 필요함을 생각하고 계획을 세웠습니다.

왕이 술을 마시는 그 앞에 지금 느헤미야가 서 있습니다.

"왕이 내게 이르시되 네가 병이 없거늘 어찌하여 얼굴에 수심이 있느냐 이는 필연 네 마음에 근심이 있음이로다 하더라 그 때에 내가 크게 두려워하여"(느 2:2).

왕이 술 마시는데 술 맡은 관원이 수심에 찬 얼굴을 하고 있으면 당연히 기분이 상할 것입니다. 그래서 왕이 "얼굴이 왜 그러하는가?"라고 말하자 느헤미야가 화들짝 놀라 대답합니다.

> "왕께 대답하되 왕은 만세수를 하옵소서 내 조상들의 묘실이 있는 성 읍이 이제까지 황폐하고 성문이 불탔사오니 내가 어찌 얼굴에 수심 이 없사오리이까 하니 왕이 내게 이르시되 그러면 네가 무엇을 원하 느냐 하시기로 내가 곧 하늘의 하나님께 묵도하고"(느 2:3~4).

묵도라는 말은 히브리어로 '랄라'라는 말입니다. 성경에 헷갈리는 단어 들이 있습니다. '묵상, 묵도, 읊조리다'가 그중 하나입니다. 묵상이란 눈을 감고 말없이 마음속으로 생각하는 것이나, 성경이 말하는 묵상은 다음 예 를 통해 알 수 있습니다.

> "이 율법책을 네 입에서 떠나지 말게 하며 주야로 그것을 묵상하여 그 안에 기록된 대로 다 지켜 행하라 그리하면 네 길이 평탄하게 될 것이 며 네가 형통하리라"(수 1:8).

율법책을 주야로 묵상하라는 것은 하나님의 말씀을 언제나 입에서 떠나 지 않게 하고, 계속 말씀을 생각하라는 것입니다. 여호수아가 늘 말씀을 비 추어서 가나안 정복 전쟁을 어떻게 할 것인지를 묵상하며 사명을 수행했습 니다. 이때의 묵상은 하나님 말씀을 작은 소리로 계속해서 읊조리고 생각 하는 묵상입니다.

느헤미야 2장 4절의 "내가 곧 하늘의 하나님께 묵도하고"는 이 같은 묵상과는 다릅니다. 짧은 순간 하나님께 집중해서 기도하는 것입니다. 물론 느헤미야도 수일 동안 금식하며 울면서 기도한 때도 있습니다. 느헤미야는 그때 성벽 재건의 청사진을 만들고 이를 허락해달라고 하나님께 기도했습니다.

그러나 왕이 "네가 무엇을 원하느냐?"라고 말할 때에 느헤미야는 자신의 성벽 재건의 청사진을 떠올리며 '하나님, 응답해주십시오. 왕에게 은혜를 입게 해주십시오.'라고 짧은 순간 기도했습니다. 이때는 그 정도의 기도면 충분했기 때문입니다. 이를 왕에게 이야기하자 왕이 "네가 몇 날에 다녀올 길이며 어느 때에 돌아오겠느냐?"라고 묻습니다. 이에 느헤미야는 예루살렘에서 성벽 공사를 마치고 다시 페르시아로 돌아올 약속까지 합니다. 그러자 왕은 느헤미야의 예루살렘행을 허락하면서 예루살렘 근처에서 자재를 공급해줄 수 있는 총독들에게 왕의 조서까지 써주었습니다.

마침내 느헤미야가 예루살렘에 이르러 52일 만에 성벽 재건을 완성하는 일이 펼쳐집니다. 예루살렘에서는 52일 만에 꿈같은 일이 일어난 것입니다. 이것은 제국의 왕이 허락하지 않으면 절대 일어날 수 없는 일이었습니다. 다리오 왕, 아하수에로 왕 때에도 완성하지 못했던 성벽 재건이 이제 아닥사스다 왕 때 비로소 이루어진 것입니다. 하나님께서 느헤미야를 통해 아름다운 열매를 맺게 해주신 것입니다.

1차 귀환과 2차 귀환 사이 80년 동안, 페르시아에서는 유대인들이 죽을 뻔한 큰 위기가 있었습니다. 하만이 아하수에로 왕의 허락을 받아 아달월에 유대 민족을 말살하려고 했던 것입니다. 이때 모르드개와 에스더가 개입했고, 수산성의 온 유다인이 함께 기도하며 하나님의 은혜로 유대 민족이 살았습니다. 이로 인해 에스라와 2차 귀환한 사람들, 느헤미야와 3차 귀환한 사람들 모두가 살게 된 것입니다.

당시는 페르시아 제국이 세계를 쥐락펴락하고 있었지만 그 제국 또한 하나님의 손에 있고, 하나님께서 세계를 경영하신다는 믿음을 누구보다 굳게 가지고 있던 사람이 느헤미야였습니다. 느헤미야는 하나님의 세계 경영, 미래 경영에 대한 완벽한 지식과 함께 이를 위해 자신이 감당해야 할 사명이 무엇인지, 사명을 이루기 위해 무엇을 해야 하는지 알고 있었습니다. 느헤미야는 하나님께서 은혜를 공급해주지 않으시고, 사람들을 움직여주지 않으시면 안 된다는 생각으로 하나님께 간절히 기도했고, 그 기도에 대한 응답을 받았습니다. 그래서 느헤미야는 52일 만에 기적 같은 성벽 완공을 할 수 있었습니다.

4. 하나님께 영광 돌리는 기쁨의 순간

52일 만에 예루살렘 성벽이 재건되고, 그 후 어떻게 예루살렘 공동체가 회복되었는지를 살펴보겠습니다. 먼저 성벽이 재건되고 귀환 공동체가 에브라임문이 있는 수문 앞 광장에 모여 에스라와 함께 말씀을 듣고 부흥 사경회를 열며 초막절을 지킵니다. 그리고 안전하게 된 예루살렘에 많은 사람들이 살게 됩니다. 느헤미야 11장에는 예루살렘에 살기로 헌신한 사람들의 명단이 나옵니다.

> "예루살렘에 거주하기를 자원하는 모든 자를 위하여 백성들이 복을 빌었느니라 이스라엘과 제사장들과 레위 사람들과 느디님 사람들과 솔로몬의 신하들의 자손은 유다 여러 성읍에서 각각 자기 성읍 자기 기업에 거주하였느니라 예루살렘에 거주한 그 지방의 지도자들은 이러하니"(느 11:2~3).

이렇게 예루살렘의 회복이 이루어집니다. 일찍이 〈에스겔〉에서 예루살렘을 다시 측량하는 말씀은 예루살렘에 사람이 많이 살도록 해주시겠다는 하나님의 약속이었습니다. 느헤미야의 성벽 재건으로 하나님의 약속이 성취된 것입니다. 느헤미야 12장을 통해 성벽 낙성식 장면을 볼 수 있습니다.

> "이 날에 무리가 큰 제사를 드리고 심히 즐거워하였으니 이는 하나님이 크게 즐거워하게 하셨음이라 부녀와 어린 아이도 즐거워하였으므로 예루살렘이 즐거워하는 소리가 멀리 들렸느니라"(느 12:43).

성벽 낙성식을 거행할 때 하나님께서 귀환 공동체에게 큰 즐거움을 주셔서 그들의 기쁨의 소리, 웃음 소리가 멀리 퍼져나가게 하셨습니다. 그때 이방 족속들이 이를 듣고 무슨 생각을 했겠습니까? 과거에 하나님께서 바벨론으로의 1, 2, 3차로 포로가 되게 했던 사람들을 다시 고향으로 돌아오게 하셔서, 성전과 성벽을 재건하게 하시고, 그곳 예루살렘에 사람들이 가득하도록 하시며, 하나님께서 주신 기쁨으로 즐겁게 웃는 소리가 귀에 들린다고 부러워했을 것입니다. 그리고 이를 이루신 하나님에 대한 경외하는 마음을 갖게 되었을 것입니다. 당시에 예루살렘 밖에 있는 사람들에게까지 부녀자들과 아이들의 웃음 소리가 퍼져 나가자 하나님을 다시 찾게 만드는 그런 역사가 일어났다고 말했을 것입니다. 그리고 귀환 공동체는 하나님 앞에 드리는 제사를 회복합니다.

> "내가 이와 같이 그들에게 이방 사람을 떠나게 하여 그들을 깨끗하게 하고 또 제사장과 레위 사람의 반열을 세워 각각 자기의 일을 맡게

하고"(느 13:30).

드디어 레위인들이 재건된 성전에서 정상적으로 봉사하면서 제사(예배)가 회복되고 안식일이 회복됩니다.

"내가 또 레위 사람들에게 몸을 정결하게 하고 와서 성문을 지켜서 안식일을 거룩하게 하라 하였느니라 내 하나님이여 나를 위하여 이 일도 기억하시옵고 주의 크신 은혜대로 나를 아끼시옵소서"(느 13:22).

귀환 공동체의 초막절 회복은 유월절, 칠칠절의 회복으로까지 이어졌을 것입니다.

"백성이 이에 나가서 나뭇가지를 가져다가 혹은 지붕 위에, 혹은 뜰 안에, 혹은 하나님의 전 뜰에, 혹은 수문 광장에, 혹은 에브라임 문 광장에 초막을 짓되 사로잡혔다가 돌아온 회중이 다 초막을 짓고 그 안에서 거하니 눈의 아들 여호수아 때로부터 그 날까지 이스라엘 자손이 이같이 행한 일이 없었으므로 이에 크게 기뻐하며 에스라는 첫날부터 끝날까지 날마다 하나님의 율법책을 낭독하고 무리가 이레 동안 절기를 지키고 여덟째 날에 규례를 따라 성회를 열었느니라"(느 8:16~18).

귀환 공동체가 성전을 재건하고 성벽을 완성했습니다. 여우가 노닐던 예루살렘 성안에는 백성들이 가득하게 되었습니다. 그들은 안식일과 절기를 지키며 하나님의 말씀을 가지고 심령을 새롭게 합니다. 그들은 제사장 나라의 사명을 깨닫고 그 사명을 감당할 수 있는 언약 공동체로 회복되었습니다. 이것이 느헤미야 때에 이루어진 일입니다. 느헤미야는 이 모든 일을 하나님께서 하셨다고 고백하며 하나님께 영광을 돌립니다. 이 모든 것을 보고 이방 족속들은 두려워하며 크게 낙담하였고, 하나님께서 이 모든 역사를 이루심을 알게 되었습니다.

5. 우리가 해야 할 일, 기도

느헤미야가 만났던 현실적인 어려운 문제는 사람이 해결할 수 있는 일이 아니라 하나님의 기적이 있어야 가능한 일이었습니다. 하나님께서는 세계를 경영하시면서 당신의 언약 백성들이 제사장 나라의 사명을 감당할 수 있도록 그 공동체를 회복시키십니다. 이때 하나님께서는 백성들이 하나님의 계획을 알고 믿고 기도함으로 동참하기를 기대하십니다. 그래서 이를 감당한 사람들을 통해 하나님의 기적이 나타난 이야기를 성경에 기록해 우리에게 전해주신 것입니다.

기도에는 응답이 있습니다. 우리 모두는 즉시 응답받기를 원합니다. 기도하는 사람이 제일 원하는 것은 새벽에 나와서 기도하고 집에 들어가면 응답되는 것이잖습니까. 그렇게 새벽에 기도한 제목이 하루 중에 이루어지는 것을 아마도 제일 원할 것입니다. 물론 즉시로 응답받은 기도도, 빨리 이루어지는 기도도 있습니다. 그러나 어떤 기도는 아주 오래 시간이 흐른 뒤에 이루어집니다. 때로는 하나님께서 소망 가운데 아주 오랫동안 기다리게 하십니다. 예레미야가 기도했던 것처럼 70년이 걸릴 수도 있고, 150년이 걸릴 수도 있습니다.

우리가 해야 할 일은 하나님께 기도하는 것입니다. 기도는 우리가 원하는 때에 우리가 원하는 방법대로 이루어지는 것이 아닙니다. 하나님께서 원하는 시간에 하나님의 방법대로 하나님의 것으로 성취됩니다. 쉬지 말고 기도하라는 말씀은 하나님께서 원하시는 기도를 쉬지 말라고 하신 것입니다. 앞서간 믿음의 사람들이 그렇게 기도했습니다.

혹 기도하다가 낙심한 적이 있습니까? 예레미야를 생각해보십시오. 예레미야의 생애는 사실 언제 어디에서 끝났는지 모릅니다. 그가 애굽으로 끌려간 이야기로 예레미야의 이야기는 끝났기 때문입니다. 아마도 예레미야는 이국 땅 애굽에서 나그네 생활을 하며 살다가 죽었을 것입니다. 그러나 예레미야는 그곳에서도 계속 기도했을 것입니다. 예레미야는 언젠가 이루어질, 남유다의 회복을 위해 소망 가운데 기도했고, 그 기도는 마침내 오랜 시간이 흐른 뒤에 이루어졌습니다.

우리의 기도가 죽을 때까지 이루어지지 않을 기도일 수도 있습니다. 그러나 괜찮습니다. 우리의 기도가 헛되지 않기 때문입니다. 성경에는 성도의 기도가 금 향로에 담겨 아름다운 향이 되어서 하나님께 올려진다고 기록되어 있습니다. 예레미야의 기도가 그랬고, 느헤미야의 기도가 그랬습니다. 성경은 하나님의 세계 경영에 성도들이 참여하기를 기다리시고, 그렇게 참여하는 성도들에게 하나님의 기적을 체험하게 해주신다는 것을 많은 하나님의 사람들을 통해 가르쳐줍니다.

느헤미야는 천 년을 담아 〈레위기〉의 말씀과 150여 년 전의 〈예레미야〉의 말씀을 가지고 기도했습니다. 느헤미야가 반드시 회복되어야 할 하나님의 언약 백성들이 삶의 안전지대에 아직도 거하지 못하고, 예루살렘에 들어간 사람들까지 고생하고 있음을 하나님께 간절히 기도했던 것입니다. 그리고 느헤미야의 기도대로 하나님께서 응답해주셨습니다. 느헤미야는 기도하여 응답받고 그 어려운 성벽을 재건했습니다.

지금 어려운 상황 속에 있습니까. 성경은 지금의 상황이 하나님을 사모하며 찾을 수 있도록, 하나님께 집중하여 관계를 회복하기 위해서 하나님께서 허락하시는 어려움이라고 가르쳐주고 있습니다.

우리의 교회가 교회다운 교회가 되기를 원합니다. 교회가 무슨 일을 해서 결과물이 나타날 때 사람들이 "저 일은 사람들이 할 수 있는 일이 아니야. 저 교회에 다니는 성도들이 하나님께 기도하자 그들이 믿는 하나님이 그 일을 하게 하신 것이다."라고 말함으로 하나님께 영광을 돌려드리는 그런 아름다운 교회가 되기를 바랍니다.

성도들의 눈물의 기도는 헛되지 않습니다. 먼저 말씀을 공부하면서 현실 문제를 헤아리며 살펴보고. 이 말씀 때문에 이렇게 기도해야 하겠구나 하고 기도의 방향을 정합니다. 성경은 분명한 기도의 제목으로 하는 기도, 하나님의 약속을 붙들고 말씀으로 하는 기도는 반드시 응답됨을 가르쳐줌니다. 우리가 다시 헌신자로 하나님께 나아오기를 바라시며 하나님께서 우리를 부르고 계십니다.

우리는 개인 문제, 가정 문제, 교회 문제를 가지고 기도해야 합니다.

그리고 국가의 문제도 당연히 기도해야 합니다. 세계에는 수많은 나라가 있습니다. 그 세계는 하나님의 세계 경영 속에 있습니다. 우리나라가 마음대로 움직일 수 없습니다. 세계를 경영하시는 하나님께서 하나님의 일을 하십니다. 그래서 우리에게 기도하라고 말씀하시는 것입니다.

모세처럼 기도하고 응답받고, 한나처럼 기도하고 응답받고, 다윗처럼 기도하고 응답받고, 예레미야처럼 기도하고 응답받고, 느헤미야처럼 기도하고 응답받아서 하나님께 영광을 돌려드릴 수 있는 복된 성도가 되기를 바랍니다.

기적을 만나는 기도 (8)
예수님의
기도와 말씀 묵상 1

"그 때에 예수께서 성령에게 이끌리어 마귀에게 시험을 받으러 광야로 가사 사십 일을 밤낮으로 금식하신 후에 주리신지라 시험하는 자가 예수께 나아와서 이르되 네가 만일 하나님의 아들이어든 명하여 이 돌들로 떡덩이가 되게 하라 예수께서 대답하여 이르시되 기록되었으되 사람이 떡으로만 살 것이 아니요 하나님의 입으로부터 나오는 모든 말씀으로 살 것이라 하였느니라 하시니 이에 마귀가 예수를 거룩한 성으로 데려다가 성전 꼭대기에 세우고 이르되 네가 만일 하나님의 아들이어든 뛰어내리라 기록되었으되 그가 너를 위하여 그의 사자들을 명하시리니 그들이 손으로 너를 받들어 발이 돌에 부딪치지 않게 하리로다 하였느니라 예수께서 이르시되 또 기록되었으되 주 너의 하나님을 시험하지 말라 하였느니라 하시니 마귀가 또 그를 데리고 지극히 높은 산으로 가서 천하 만국과 그 영광을 보여 이르되 만일 내게 엎드려 경배하면 이 모든 것을 네게 주리라 이에 예수께서 말씀하시되 사탄아 물러가라 기록되었으되 주 너의 하나님께 경배하고 다만 그를 섬기라 하였느니라 이에 마귀는 예수를 떠나고 천사들이 나아와서 수종드니라"(마 4:1~11).

1. 공생애 시작

마태복음 4장 1~11절은 예수님께서 사역을 시작하시면서 마귀에게 시험을 받으신 내용입니다. 이 말씀 전 배경은 예수님의 세례였습니다.

예수님께서는 공적인 사역을 위해 세례 요한에게 세례를 받으셨습니다. 요한이 말했던 것처럼 사실 요한이 예수님께 세례를 받아야 했습니다. 그러나 당시 죄인들이 받는 회개의 세례를 받을 필요가 없으신 예수님께서 자기를 낮추시고 요한에게 세례를 받으셨습니다. 예수님께서 세례를 받으시고 물에서 올라오실 때 성령께서 임하셨고, 하늘에서 "이는 내 사랑하는 아들이요 내 기뻐하는 자라"(마 3:17)라는 하나님의 음성이 있었습니다. 그 후 성령께서 예수님을 광야로 몰고 가서서 40일을 금식하게 하셨고 마귀에게 시험을 받게 하셨습니다.

성부 하나님께서는 메시아가 당신의 사역을 어떻게 시작하는지 하늘에서 지켜보셨습니다. 이 땅에 오신 예수님께서는 친히 마귀에게 시험을 받으셨고, 성령께서 그 환경을 주재하면서 도우셨습니다. 나중에는 하늘의 천사들까지 함께했습니다.

> "성령이 곧 예수를 광야로 몰아내신지라 광야에서 사십 일을 계시면서 사탄에게 시험을 받으시며 들짐승과 함께 계시니 천사들이 수종들더라"(막 1:12~13).

〈마가복음〉은 예수님께서 광야에서 40일 동안 계시면서 마귀에게 시험을 받으시며 들짐승과 함께 있을 때 천사들이 와서 수종들었다고 기록하고 있습니다. 누가복음 4장을 펴보면 이때의 상황을 조금 더 자세히 소개하고 있습니다. 내용은 동일하나, 다만 예수님께서 시험받으신 두 번째와 세 번째 순서가 〈마태복음〉의 기록과 다릅니다.

〈누가복음〉에 기록된 첫 번째 시험은 "이 돌들에게 명하여 떡이 되게 하라"(눅 4:3), 두 번째 시험은 "천하 만국을 보이며"(눅 4:5) 마귀에게 절하면 천하 만국의 영광을 주겠다는 시험이며, 세 번째 시험은 "네가 만일 하나님의 아들이어든 여기서 뛰어내리라"(눅 4:9)라고 한 시험입니다. 이때 마귀는 "기록되었으되 하나님이 너를 위하여 그 사자들을 명하사 너를 지키게 하시리라"(눅 4:10)라고 성경까지 인용하면서 예수님을 시험했습니다. 예수님께서 마귀에게 "주 너의 하나님을 시험하지 말라"(눅 4:12)라고 말씀하시자 마귀가 얼마 동안 떠나갔습니다.

〈누가복음〉과 〈마태복음〉의 차이를 좀 더 살펴봅시다. 〈마태복음〉과 마찬가지로 〈누가복음〉에도 마귀의 시험 앞에 예수님께서 세례 요한에게 세례를 받으시는 장면이 있습니다(눅 3:21~22). 그런데 그 이후에 〈마태복음〉과는 좀 다른 시각으로 기록된 예수님의 족보 이야기가 나옵니다. 예수님에서 시작하여 '그 위는', '그 위는', '그 위는'으로 올라가 "그 위는 아담이요 그 위는 하나님이시니라"(눅 3:38)까지, 정확히 표현한다면 예수님은 '하나님의 아들 아담'이라고 기록되어 있습니다.

누가는 왜 예수님의 족보에서 아담을 이야기한 것일까요? 누가가 예수님께서 마귀에게 시험을 받으신 이 사건과 아담을 연결시키려고 했기 때문입니다. 아담은 하와와 함께 먹지 말라고 한 나무의 열매를 따서 먹었습니다.

> "여자가 그 나무를 본즉 먹음직도 하고 보암직도 하고 지혜롭게 할 만큼 탐스럽기도 한 나무인지라 여자가 그 열매를 따먹고 자기와 함께 있는 남편에게도 주매 그도 먹은지라"(창 3:6).

첫 번째 인간이 실패한 것을 메시아로 오신 두 번째 아담이신 예수님께서 이기시는 장면을 〈누가복음〉을 통해 보여주고자 하신 것입니다. 예수님께서 최초의 인간이 넘어진 에덴 동산에서의 그 실패를 회복시키신 것입니다.

〈마태복음〉은 이스라엘이라는 언약 공동체의 실패를 회복하신 메시아 예수님의 이야기입니다. 이스라엘 백성들은 만나가 내려졌음에도 광야에서 음식에 대해 불평했던 것을 비롯해 언약 공동체의 실패를 예수님께서 마귀의 시험을 물리치심으로 회복시키시는 장면을 보여줍니다. 즉 〈마태복음〉은 이스라엘이라는 언약 공동체의 실패를 회복시키시는 메시아의 모습을, 〈누가복음〉은 마귀의 유혹을 받아서 넘어진 최초의 인간을 회복시키시는 메시아의 모습을 보여줍니다.

〈마가복음〉은 표현 자체가 강력합니다(막 1:12~13). 성령께서 예수님을 광야로 몰아내셨다는 표현, 들짐승과 함께 계셨다는 표현 등 그 장면과 표현이 무섭고 강력합니다. 당시 〈마가복음〉을 읽을 공동체의 성도들은 로마제국의 핍박 아래에서 신앙을 견뎌내야 했습니다. 그래서 마가는 예수님께서 들짐승과 함께 40일을 광야에서 지내시며 시험을 이기신 이야기를 해주고 싶었던 것입니다. 짧지만 아주 강력한 메시지를 담고 있다고 볼 수 있습니다.

2. 기록되었으되

왜 예수님께서는 40일 동안 금식기도를 하셨습니까? 예수님은 하나님 아버지께서 당신을 이 세상에 보내신 이유를 알고 계셨습니다. 언약 백성 이스라엘의 실패를 회복하는 메시아로서, 그리고 왕으로서 보냄 받으신 것을 아셨습니다.

예수님께서는 "이는 내 사랑하는 아들이요 내 기뻐하는 자라"(마 3:17)라는 하나님 아버지의 음성을 들었을 때 이제는 메시아의 사역을 감당해야할 때임을 아셨습니다. 그래서 성령께서는 예수님을 광야로 인도해 가셔서 40일 동안 금식기도를 하도록 하셨습니다. 예수님께서는 언약 백성 이스라엘이 실패한 것과는 달리 실패하지 않도록 말씀을 가지고 기도하셨습니다. 40일 금식기도를 마치셨을 때 마귀가 와서 직접 세 가지로 예수님을 시험했습니다.

첫 번째 시험은 먹는 문제였습니다. 40일 금식기도 후 굶주림을 강하게 느낄 그때에 마귀가 이 돌들을 가지고 떡을 만들어 먹고 당신이 구원할 백성 이스라엘에게도 먹여서 당신이 메시아라는 것을 한순간에 다 알려주라고 유혹했습니다. '먹는 문제'를 해결해주어서 메시아라는 사실을 알게 하라는 것입니다.

예수님께서는 첫 번째 시험을 신명기 8장 3절의 말씀을 인용해 물리치십니다.

> "네 하나님 여호와께서 이 사십 년 동안에 네게 광야 길을 걷게 하신 것을 기억하라 이는 너를 낮추시며 너를 시험하사 네 마음이 어떠한지 그 명령을 지키는지 지키지 않는지 알려 하심이라 너를 낮추시며 너를 주리게 하시며 또 너도 알지 못하며 네 조상들도 알지 못하던 만나를 네게 먹이신 것은 사람이 떡으로만 사는 것이 아니요 여호와의 입에서 나오는 모든 말씀으로 사는 줄을 네가 알게 하려 하심이니라"
> (신 8:2~3).

이스라엘 백성들은 광야에서 처음에는 매일 먹는 게 만나뿐이냐고 원망했습니다. 그러면서 그들은 애굽에서 먹던 음식들이 먹고 싶다며 불평을 했습니다. 그랬던 그들이 광야에서 하루 이틀도 아니고 계속해서 공급해주시는 만나를 먹으면서 '하나님의 입에서 나오는 말씀'으로 살아감을 배우게 된 것입니다. 즉 먹는 문제가 전부가 아님을 깨닫게 된 것입니다.

실제로 이스라엘의 이름으로 받았던 유혹들을 한번 생각해봅시다. 당장 싸울 수 있는 이스라엘의 군대는 20세 이상으로 싸움에 나갈 만한 장정이 60만 명인 군대입니다. 〈신명기〉는 이스라엘이 그동안 에돔을 지나서 암몬과 모압을 거쳐 모압 평지에 모였을 때 주신 말씀입니다. 지금까지 이스라엘이 에돔, 암몬, 모압 등을 거쳐 오면서 그 나라들을 침략하면 고기 냄새나는 맛있는 음식을 먹을 수 있을 것이라는 유혹을 받아왔습니다.

그러나 이스라엘은 그리하지 않았습니다. 요단강을 건너 약속의 땅에서 추수한 곡식을 먹을 수 있을 때까지 계속해서 공급해주시는 만나만 먹으면서 지냈습니다. 그들은 사람이 떡으로 사는 게 아니고 하나님의 입으로 나오는 말씀으로 산다는 것을 몸소 경험하며 살았습니다. 예수님께서 그 역사를 아시는 것입니다. 그래서 마귀의 유혹 앞에서도 예수님께서 흔들리지 않으셨던 것입니다. 예수님은 하나님께서 원하시는 것이 무엇인지를 정확하게 알고 계셨습니다.

두 번째 시험은 마귀가 예수님을 성전 꼭대기에 데리고 가서 그 꼭대기에서 뛰어내리라고 한 것입니다. 그러면 하나님의 사자들이 손으로 받들어 발이 돌에 부딪치지 않게 할 것이라고 성경의 기록을 인용했습니다.

"그가 너를 위하여 그의 천사들을 명령하사 네 모든 길에서 너를 지키게 하심이라 그들이 그들의 손으로 너를 붙들어 발이 돌에 부딪히지 아니하게 하리로다"(시 91:11~12).

마귀는 시편의 이 말씀을 살짝 비틀어서 예수님이 성전 꼭대기에서 뛰어내리면 하나님께서 발이 돌에 부딪히지 않게 하실 것이라고 예수님을 시험했습니다. 시편 91편의 말씀은 하나님께서 하나님을 신뢰하고 믿음의 길을 걷는 자들의 발이 돌에 부딪치지 않도록 보호해주시겠다는 말씀입니다. 그러나 마귀는 이 말씀을 악용하여 예수님을 넘어지게 하려고 시험했습니다. 이단들도 마찬가지입니다. 하나같이 이단들은 성경을 가지고 말하다가 비틀고 변형합니다. 처음 들어보면 창조주 하나님, 구속주 예수님, 성령님 이야기를 하는 것 같은데 나중에 보면 다 비틀어 이야기합니다. 마귀가 하고 있는 그 수법을 이단들이 똑같이 하고 있습니다.

마귀는 예수님께 성전 꼭대기에서 뛰어내려서 당신이 하나님의 말씀을 믿는지 안 믿는지 그 신뢰 관계를 한번 보여주고, 성경에 기록된 대로 하나님께서 당신을 붙들어주시는지 한번 보여달라고 유혹했습니다. 예수님께서는 그것은 하나님을 시험하는 것이라고 신명기 6장의 말씀을 가지고 "주 너의 하나님을 시험하지 마라."라고 물리치셨습니다.

"너희가 맛사에서 시험한 것 같이 너희의 하나님 여호와를 시험하지 말고"(신 6:16).

세 번째는 마귀가 예수님께 천하 만국의 영광을 보여주며 자신에게 절하면 다 주겠다는 시험이었습니다. 이것 또한 예수님께서 "주 너의 하나님께 경배하고 다만 그를 섬기라."라고 말씀으로 물리치셨습니다.

"네 하나님 여호와를 경외하며 그를 섬기며 그의 이름으로 맹세할 것이니라"_(신 6:13).

예수님께서는 하나님 외에는 누구에게도 경배하지 않음을 말씀하시면서 과거 이스라엘의 실패를 메시아로서 회복시키실 것임을 보여주셨습니다.

3. 메시아 사역을 이루시기 위한 기도

마귀의 시험을 이기신 예수님께서는 이제 왕의 모습을 가지신 메시아로서 갈릴리 지역으로 가셔서 복음을 전파하시며 빛으로 오신 당신을 드러내셨습니다.

> "흑암에 앉은 백성이 큰 빛을 보았고 사망의 땅과 그늘에 앉은 자들에게 빛이 비치었도다 하였느니라 이 때부터 예수께서 비로소 전파하여 이르시되 회개하라 천국이 가까이 왔느니라 하시더라"(마 4:16~17).

예수님께서는 천국 복음을 전파하시고 병든 자를 고치시며 메시아의 모습을 보여주셨습니다.

그리고 예수님께서 3년의 공생애가 끝나갈 무렵 십자가를 앞두고 겟세마네 동산에서 기도하셨습니다. 이 기도는 이후에 보다 더 자세히 살펴볼 것입니다.

> "이에 예수께서 제자들과 함께 겟세마네라 하는 곳에 이르러 제자들에게 이르시되 내가 저기 가서 기도할 동안에 너희는 여기 앉아 있으라 하시고 베드로와 세베대의 두 아들을 데리고 가실새 고민하고 슬퍼하사 이에 말씀하시되 내 마음이 매우 고민하여 죽게 되었으니 너희는 여기 머물러 나와 함께 깨어 있으라 하시고 조금 나아가사 얼굴을 땅에 대시고 엎드려 기도하여 이르시되 내 아버지여 만일 할 만하시거든 이 잔을 내게서 지나가게 하옵소서 그러나 나의 원대로 마시옵고 아버지의 원대로 하옵소서 하시고"(마 26:36~39).

"내 마음이 매우 고민하여 죽게 되었으니"(마 26:38)라는 표현에서 예수님의 마음 상태를 볼 수 있습니다. 이 상황에서 예수님께서는 "나의 원대로 마시옵고 아버지의 원대로 하옵소서"(마 26:39)라며 하나님의 뜻이 이루어지기를 기도하셨습니다.

〈누가복음〉에서는 이를 더 강하게 표현하고 있습니다.

> "이르시되 아버지여 만일 아버지의 뜻이거든 이 잔을 내게서 옮기시옵소서 그러나 내 원대로 마시옵고 아버지의 원대로 되기를 원하나이다 하시니 천사가 하늘로부터 예수께 나타나 힘을 더하더라 예수

께서 힘쓰고 애써 더욱 간절히 기도하시니 땀이 땅에 떨어지는 핏방울 같이 되더라"(눅 22:42~44).

예수님께서 아버지의 원대로 되기를 원하며 기도하시자 천사가 하늘에서 나타나 힘을 더했습니다. 예수님께서는 천사가 돕는 그 힘을 얻어서, 힘쓰고 애써 더욱 간절히 기도하셨습니다. 흐르는 땀방울이 핏방울로 변하는 그 상태까지 간절히 기도하셨습니다. 예수님께서는 십자가를 앞두고 겟세마네 동산에서 기도하실 때 십자가를 벗어나고 싶은 마음의 상태를 간절히 기도하심으로 이겨내시고, 마침내 "아버지의 뜻대로 되기를 원합니다."라고 기도하셨습니다.

40일 동안 금식기도를 한다는 것은 정말 쉽지 않습니다. 또한 애써 기도하는 것은 어느 정도 할 수 있지만 얼굴에 땀을 흘리면서 기도하는 것은 정말 쉽지 않습니다. 그러니 예수님처럼 땀방울이 핏방울이 되는 그 단계로 나아가는 것은 불가능한 상황까지 나아가는 그러한 상황입니다.

첫 번째 시험과 마지막 시험 앞에서 간절히 기도하신 예수님의 기도는 우리의 기도와 다릅니다. 우리는 뜻을 정해놓고 밤새워 기도하기도 하고, 매일 저녁, 혹은 새벽에 시간을 정해놓고 기도하기도 하고, 날을 정해 금식기도를 할 때도 있습니다. 우리의 대부분의 기도는 병 낫기를 기도한다던지 물질적인 어려움, 맞닥뜨린 문제 해결을 위해 곧 내가 처한 삶의 형편과 처지를 놓고 하는 기도가 대부분입니다. 그러나 예수님의 기도는 우리와 같은 기도가 아닙니다. 예수님의 기도는 처음부터 하나님의 뜻, 하나님의 마음을 헤아리는 기도였습니다.

예수님의 기도는 어떻게 기적을 만들었을까요? 예수님의 기도는 어떻게 하나님의 영광을 드러냈을까요? 한 사람이 예수님을 믿고 구원을 받는다는 것은 기적 중의 기적입니다. 한 사람을 하나님께로 돌아가게 할 수 있는 능력이 우리에게는 없습니다. 그러니 하나님의 기적이 아니고는 구원받을 수 없는 것입니다.

예수님은 어릴 때부터 하나님과 사람에게 사랑받으면서 자라신 분이었고, 지혜가 그 누구보다 충만하신 분이었습니다(눅 2:52). 그런데 문제를 해결하기 위해 지혜로 하지 않으셨습니다. 마귀가 시험할 때 예수님께서는 '무슨 시험이든지 내가 그것을 해결할 수 있는 지혜가 있지.'라고 생각하며 해결하지 않으셨습니다. 예수님께서는 기도를 통해 하나님의 기적을 드러내셨습니다.

예수님께서는 인간의 지혜와 총명으로 할 수 없는 일, 곧 전능하신 하나님의 능력으로 가능한 기적을 보여주셨습니다. 그래서 예수님을 시험하려던 마귀는 실패했고, 겟세마네 동산의 기도대로 "아버지의 원대로"(마 26:39) 이루어졌습니다. 아버지의 뜻대로 만백성이 하나님의 구원을 받게 되는 놀라운 역사가 일어나게 된 것입니다.

4. 기도의 최고봉, 예수님의 기도

기도의 공식 다섯 가지를 생각하면서 예수님의 기도를 살펴보겠습니다.

첫 번째 공식은 성경을 아는 것입니다. 예수님께서는 마귀에게서 만일 하나님의 아들이면 주변에 있는 많은 돌을 떡이 되게 하라는 첫 번째 시험을 받으셨을 때에 "기록되었으되"(마 4:4) 하시며 신명기 8장 3절을 가지고 물리치셨습니다.

두 번째 시험 때에는 마귀가 성전 꼭대기에서 뛰어내리라고 말하며 시편 91편 11~12절 말씀을 비틀어 유혹했을 때에는, "기록되었으되"(마 4:6) 하시며 신명기 6장 16절 말씀을 가지고 하나님을 시험하지 말라고 물리치셨습니다.

세 번째로 마귀가 "천하 만국과 그 영광을 보여 이르되 만일 내게 엎드려 경배하면 이 모든 것을 네게 주리라"(마 4:8~9)라고 시험하자 예수님께서는 "기록되었으되"(마 4:10) 하시며 신명기 6장 12~13절 말씀을 가지고 물리치셨습니다.

또한 예수님께서 겟세마네 동산에서 얼굴에 흐르는 땀방울이 피로 변할 때까지 기도하신 것은 죄인들을 향하신 하나님의 마음을 아셨기 때문이셨습니다. 하나님의 마음은 800년 전에 기록된 구약성경 〈호세아〉에 그 마음이 잘 나타나 있습니다.

> "에브라임이여 내가 어찌 너를 놓겠느냐 이스라엘이여 내가 어찌 너를 버리겠느냐 내가 어찌 너를 아드마 같이 놓겠느냐 어찌 너를 스보임 같이 두겠느냐 내 마음이 내 속에서 돌이키어 나의 긍휼이 온전히 불붙듯 하도다 내가 나의 맹렬한 진노를 나타내지 아니하며 내가 다시는 에브라임을 멸하지 아니하리니 이는 내가 하나님이요 사람이 아님이라 네 가운데 있는 거룩한 이니 진노함으로 네게 임하지 아니하리라"(호 11:8~9).

북이스라엘 백성들은 200년 동안 하나님을 업신여겼습니다. 하나님께서 선지자를 아무리 보내셔도 그들은 하나님께로 돌아오지 않았습니다. 엘리야, 엘리사 선지자가 수많은 이적과 기사를 행하고, 선지자 학교까지 운영해 가르쳐도 북이스라엘 백성들은 끝내 하나님께로 돌아오지 않았습니다. 그래서 하나님께서 북이스라엘 멸망이라는 카드를 꺼내셨는데 너무 마음이 아프신 것입니다. 그 마음의 표현이 "내 마음이 내 속에서 돌이키어 나의 긍휼이 온전히 불붙듯 하도다"(호 11:8)입니다.

죄인들을 향하신 하나님의 긍휼의 마음이 얼마나 크시면 그 중심이 불붙듯 하다고 말씀하셨겠습니까. 그 긍휼의 마음을 헤아리시는 예수님께서 겟세마네 동산에서 그렇게 애써 기도하신 것입니다. 하나님께서 십자가를 질 수 있는 능력을 주시기를 간구하며, 내 원대로 마시고 아버지의 원대로 되기를 원한다는 기도를 하셨습니다. 예수님께서는 "죄인들을 용서하시고 저를 대신해서 보내주십시오."라고 기도하신 것입니다.

예수님의 기도는 기도의 최고봉입니다. 내 뜻과 요구를 내려놓고 하나님의 뜻을 받아들이는 것, 그것이 이루어지도록 기도하신 것입니다. 때로는 고통이지만 이것만큼 행복한 것도 없을 것입니다. 아들이 아버지의 마음을 알고 있다는 것은 행복입니다. 아버지의 마음은 나쁜 마음이 아니고 선한 마음, 생명을 소중히 여기는 마음, 사람을 살리는 마음이기 때문입니다.

예수님께서 겟세마네 동산에서 기도하려고 하실 때 먼저는 십자가를 피하고 싶으신 마음이었습니다. 오죽하면 베드로, 요한, 야고보라는 가장 가까운 제자들에게 "내 마음이 고민해서 죽게 되었다."라고 말씀하셨을까요. 바람과 바다를 잠잠하게 하실 수 있는 예수님, 물고기 두 마리와 보리떡 다섯 개로 오천 명을 먹이고도 남기시는 예수님, 그분은 전능하신 분입니다. 그런데 그 예수님께서 십자가를 져야 되는 문제를 앞두고 얼마나 괴롭고, 힘드신지 그런 표현을 쓰셨습니다. 그런데 예수님께서는 십자가에 대한 하나님 아버지의 마음을 알고 계셨습니다. 죄인들을 불쌍히 여기시며 구원하고자 하시는 하나님의 긍휼의 마음을 아들로서 알고 계셨던 것입니다. 그리고 마침내 예수님께서는 "아버지의 원대로 되기를 원하나이다"(마 26:42)라고 순종하시며 아버지의 뜻을 받아들이십니다. 이때 예수님께서는 행복하셨을까요? 네! 예수님께서는 진정으로 행복하셨을 것입니다.

하나님 아버지의 마음을 아는 것은 자녀들에게만 주시는 특권이고 복입니다. 우리가 예수님을 믿고 성경을 알아가면서 가지는 행복은 무엇입니까? 이 세상의 그 어떤 지식보다 소중한 지식이 우리가 가지고 있는 성경 지식입니다. 하나님께서 하나님 나라에 대한 우주적인 계획을 성취해가기 위해서 〈창세기〉부터 〈요한계시록〉까지 '성경 한 권'을 통해 어떻게 역사를 진행시키시고, 완전하게 하시는지 우리는 성경을 통해 알아갑니다. 우리가 성경을 통해서 하나님의 뜻, 하나님의 계획, 하나님의 마음을 성령 하나님께서 깨닫게 해주시는 은혜로 알아갑니다. 우리의 행복이요, 특권입니다.

사도 바울은 죽음을 눈앞에 두고 "나는 선한 싸움을 싸우고 나의 달려갈 길을 마치고 믿음을 지켰으니 이제 후로는 나를 위하여 의의 면류관이 예비되었으므로"(딤후 4:7~8)라고 말했습니다. 바울이 그 지식을 가지고 죽음의 시간을 맞이했습니다. 때문에 사도 바울은 행복했습니다. 어떤 죽음을 맞이하는지 죽음의 형태는 중요하지 않습니다.

중요한 것은 죽음이 끝이 아니고 죽음 이후에 영원한 생명 세계로 들어가는 놀라운 은혜의 과정을 아는 것입니다. 그 지식으로 죽음을 받아들일 때 행복이 있습니다. 오죽하면 스데반이 "주 예수여 내 영혼을 받으시옵소서"(행 7:59)라고 예수님께 영혼을 의탁하면서 마지막 생애를 마칠 수 있었겠습니까. 성경에서 하나님의 계획과, 하나님의 뜻, 그리고 하나님의 마음을 알 수 있음이 행복한 것입니다.

　예수님께서는 하나님의 독생자와, 하나님의 아들로서 하나님 아버지 마음을 아셨던 것입니다. 예수님께서는 기록되어 있는 모세오경을 통해, 시편을 통해서, 선지서를 통해, 예언되고 알려진 그 하나님의 뜻이 당신을 통해 반드시 완성될 것을 생각하셨던 것입니다. 때문에 예수님께서는 하나님께서 구원하고자 하시는 택한 백성이 십자가로 구원받을 것을 생각하면서 "하나님 아버지, 내 뜻대로 마시고 아버지 뜻대로 되기를 원합니다."라고 기도하셨던 것입니다.

　이처럼 예수님께서는 공생애 기간부터 1400년 전의 〈신명기〉를 비롯한 모세오경을 아시고, 〈시편〉도 아시고, 800년 전의 〈이사야〉, 〈호세아〉의 기록 모두를 아셨습니다. 그래서 "모세의 율법과 선지자의 글과 시편에 나를 가리켜 기록된 모든 것이 이루어져야 하리라"(눅 24:44)라고 말씀하시며 제자들을 가르치셨습니다. 구약성경을 통해 알려주신 하나님의 약속대로 메시아로 오셔서 메시아의 사명을 충분히 알고 행하신 삶이 우리 예수님의 삶이었습니다.

5. 가장 좋은 것으로 응답하시는 하나님

기도의 두 번째 단계는 해결해야 할 현실 문제를 말씀에 비추어보는 것입니다. 우리 모두 기도 제목이 없는 사람은 한 사람도 없을 것입니다. 모두 다 기도할 이유를 가지고 살아갑니다. 하나님께서는 현실 문제를 통해 우리에게 기도할 제목을 주십니다. 하나님께서는 우리에게 가장 좋은 것을 선물로 주고 싶어 하시는 분입니다. 다만 그 과정이 때로는 고통스럽고 힘들 수 있습니다. 이 땅에 모든 그리스도인이 어려운 현실 문제를 다 가지고 있습니다. 우리는 그 문제를 가지고 하나님께 나아가야 합니다.

이때 하나님께서 무엇을 원하실까요? "내가 너의 아버지, 너의 책임자, 너의 공급자, 너의 구원자이니 하늘 아버지인 내게 기도하라. 내게 구하라. 가장 좋은 것을 주시는 하늘 아버지라는 것을 알게 해주리라."라고 말씀하실 것입니다.

예수님께서는 40일 금식기도를 하신 후에는 〈신명기〉의 말씀으로 마귀의 시험을 이기셨습니다. 십자가를 앞두시고는 하나님의 확정된 심판 계획과 죄인들을 향하신 긍휼의 마음을 아시고 하나님의 공의를 이루시기 위해 절규하시며 기도하셨습니다. 그리고 마침내 하나님께서 십자가에서 응답해주셨습니다.

"다 이루었다"(요 19:30). 테텔레스타이. 죄인들을 향하신 하나님의 사랑도, 하나님의 공의도 이제 다 성취되었습니다. 모세의 율법과 선지자의 글과 시편에 예수님을 가리켜 기록된 모든 것이 이루어졌습니다. 그렇게 다 이루신 예수님은 하나님께 영광을 돌리셨고 구원받은 주의 백성들이 하나님을 경외하게 되었습니다.

> "찬송하리로다 하나님 곧 우리 주 예수 그리스도의 아버지께서 그리스도 안에서 하늘에 속한 모든 신령한 복을 우리에게 주시되 곧 창세 전에 그리스도 안에서 우리를 택하사 우리로 사랑 안에서 그 앞에 거룩하고 흠이 없게 하시려고"(엡 1:3~4).

예정하시고, 때가 되면 부르시고, 의롭다 하시고, 거룩하게 하시고, 영화롭게 하시는 하나님의 역사가 이스라엘뿐만 아니라 이방인들에게까지 일어났습니다. 이제 하나님의 복이 모든 민족에게 폭발적으로 미치게 되었습니다. 예수님께서 승천하시기 전에 제자들에게 말씀하셨습니다. 이는 곧 예수님의 기도의 응답이었습니다.

> "오직 성령이 너희에게 임하시면 너희가 권능을 받고 예루살렘과 온

유대와 사마리아와 땅 끝까지 이르러 내 증인이 되리라 하시니라"(행
1:8).

"아버지의 원대로 되기를 원합니다."라고 말씀하신 예수님의 기도가 십
자가에서 죽으심으로 성취된 것입니다. 그 결과는 하나님께 영광으로 돌아
가는 것이고 모든 민족이 하나님을 자신의 하나님으로 경배하게 되는 것입
니다. 예수님께서도 영광을 받으셨습니다.

> "하늘에 있는 자들과 땅에 있는 자들과 땅 아래에 있는 자들로 모
> 든 무릎을 예수의 이름에 꿇게 하시고 모든 입으로 예수 그리스도
> 를 주라 시인하여 하나님 아버지께 영광을 돌리게 하셨느니라"(빌
> 1:10~11).

하나님께서는 누구보다 우리를 사랑하십니다. 끝까지 책임져주시는 언
약의 하나님이십니다. 어려운 문제를 안고 혼자 씨름하지 말고 하나님께
나아와 기도하라고 말씀하십니다. 하나님께서는 기도를 통해서 하나님의
기적을 세상 가운데 보여주고 싶어 하십니다. 하나님의 기적을 체험하고
살아갈 수 있는 환경을 우리에게 허락해주십니다.

평소에 부지런히 성경을 가까이하고, 어떤 문제를 만나든지 말씀 속에
들어가서 기도할 제목을 정확하게 찾고, 하나님께 기도하여 응답받기를 바
랍니다. 때로는 우리가 살아 있는 동안에 응답이 되지 않을 수도 있습니다.
그래도 괜찮습니다. 어떤 기도는 빨리 응답해주시고, 어떤 기도는 소망 가

운데 붙들고 있으라고 더디 응답해주시고, 어떤 기도는 나중에 응답해주실 것입니다. 그러나 분명한 것은 반드시 기도는 응답된다는 사실입니다. 마침내 응답될 것입니다. 예레미야의 기도가 70년, 150년 뒤에 응답되었던 것처럼 말입니다. 기도하고 응답받고 하나님께 영광을 돌려드리는 복된 성도가 되기를 바랍니다.

기적을 만나는 기도 (9)
예수님의
기도와 말씀 묵상 2

"그러므로 너희는 이렇게 기도하라 하늘에 계신 우리 아버지여 이름이 거룩히 여김을 받으시오며 나라가 임하시오며 뜻이 하늘에서 이루어진 것 같이 땅에서도 이루어지이다 오늘 우리에게 일용할 양식을 주시옵고 우리가 우리에게 죄 지은 자를 사하여 준 것 같이 우리 죄를 사하여 주시옵고 우리를 시험에 들게 하지 마시옵고 다만 악에서 구하시옵소서 (나라와 권세와 영광이 아버지께 영원히 있사옵나이다 아멘) (마 6:9~13).

1. 기도를 가르쳐주소서!

이 세상에서 죽는 날까지 현실적인 문제가 하나도 없는 사람은 아무도 없습니다. 어떻게 알 수 있습니까? 예수님께서도 이 땅에 계실 때 현실적인 문제를 겪으셨기 때문입니다. 예수님께서는 하나님 아버지의 보내심을 받아 이 땅에 오셨습니다. 하나님 아버지를 우리에게 알려주시기 위해서, 하나님 나라를 이 땅에 건설하기 위해서 오셨습니다. 그런데 예수님께서는 제한된 시간만 이 땅에 머무르실 수 있었습니다. 승천하시는 시간이 정해져 있었습니다. 그 안에 예수님께서는 제자들이 앞으로 당신의 사명을 감당하여 계속 이어갈 수 있는 제자들이 되도록 양육하셔야 했습니다.

그래서 예수님께서는 부활 승천하시기 전에 모든 말씀을 제자들에게 가르쳐주셔야 했습니다. 이제 예수님께서 곧 체포당하셔서 십자가를 지셔야 되는데, 제자들은 아직도 예수님의 가르침을 못 알아듣는 모습을 보입니다. 〈마가복음〉에는 제자들이 예수님의 말씀을 믿지 못하는 모습이 기록되어 있습니다(막 10:35~41). 제자들 가운데 누가 높은지에 대한 다툼이 있었습니다. 야고보와 요한은 그들 형제가 당연히 오른편과 왼편에 앉을 것이라는 생각을 가지고 있었습니다. 그들의 어머니도 똑같이 생각하고 있었습니다. 그렇다면 베드로와 다른 제자들은 어떠했을까요? 그들도 역시 같은 생각이었습니다. 야고보와 요한은 그 성격이 얼마나 급한지 우레의 아들들이라고 불렸습니다. 조금만 자기와 같지 아니하면 하나님께서 그냥 심판하시도록 기도하고 싶은 충동을 가진 제자들이었던 것입니다.

교회에서 제자훈련을 할 때, 제일 중요하게 생각하는 것이 성숙입니다. 예수님께서는 제자들을 향해 집중 훈련을 하셨는데, 제자들에게는 아직 성숙함이 없었습니다. 자신이 제일이라고 생각합니다. 그래서 기회만 닿으면 충동하고 싸웁니다. 예수님께서는 결국 그렇게 해서는 하나님 나라의 일꾼이 안 된다고 생각하셨습니다. 내가 양보하고 남을 나보다 낮게 여기고 존중해야 공동체가 하나가 될 수 있기 때문입니다.

제자들은 유대인들로서 어려서부터 말씀과 기도의 배경 속에서 자랐습니다. 우리 예수님도 요셉과 마리아 슬하에서 형제들과 함께 당연히 말씀과 기노를 듣고 보고 배우며 자라셨을 것입니다. 그렇게 자라신 예수님께서는 또한 하나님의 아들로서 그 지식이 완전하여 기도하시는 것이 분명히 달랐습니다. 아직 제자들은 성숙하지 못했고 많이 부족했습니다. 제자들의 기도 가운데에는 빠진 것이 많았고, 내용도 부족했습니다. 시간만 길게 했지 그 내용을 압축해보면 잡히는 것이 별로 없었습니다.

우리 예수님의 기도는 보통 기도가 아니었습니다. 그래서 제자들이 예수님께 기도를 가르쳐달라고 한 것입니다.

2. 기도에 대한 가르침

예수님께서는 제자들에게 마태복음 6장 9~13절의 '주의 기도'를 통해 기도를 가르쳐주십니다. 예수님께서는 '주의 기도'를 가르쳐주시기 전에 기도의 대전제를 말씀해주셨습니다.

기도할 때 사람에게 보이려고 하지 말 것, 이방인들처럼 많은 말을 해야 하나님께서 들으실 것으로 알아 중언부언하지 말 것, 뜻도 없는 그런 말들을 길게 하지 말 것을 일러주십니다. 사실 예수님께서 하지 말라고 하신 기도는 제자들이 그동안 늘 보고 배운 기도였습니다. 기도하는 시간에 다 같이 모여서 손을 들고 기도하다가 기도 시간이 끝나면 사람들은 모두 자기 일터로 돌아가지만 바리새인들은 계속 길거리에 서서 기도하기를 좋아했습니다. 그것은 사람에게 보이려는 행동이었습니다. 길게 기도해야 하니 했던 말을 또 해야 하고, 의미 없는 말도 해야 하고, 폼도 잡아야 하는 것입니다. 그러나 그것은 기도가 아닙니다.

예수님께서는 바리새인의 기도와 세리의 기도를 비교해서 제자들에게 알려주시면서 누구의 기도가 응답받았는지 알게 해주십니다.

> "또 자기를 의롭다고 믿고 다른 사람을 멸시하는 자들에게 이 비유로 말씀하시되 두 사람이 기도하러 성전에 올라가니 하나는 바리새인이요 하나는 세리라 바리새인은 서서 따로 기도하여 이르되 하나님이여 나는 다른 사람들 곧 토색, 불의, 간음을 하는 자들과 같지 아니하고 이 세리와도 같지 아니함을 감사하나이다 나는 이레에 두 번씩 금식하고 또 소득의 십일조를 드리나이다 하고 세리는 멀리 서서 감히 눈을 들어 하늘을 쳐다보지도 못하고 다만 가슴을 치며 이르되 하나님이여 불쌍히 여기소서 나는 죄인이로소이다 하였느니라 내가 너희에게 이르노니 이에 저 바리새인이 아니고 이 사람이 의롭다 하심을 받고 그의 집으로 내려갔느니라 무릇 자기를 높이는 자는 낮아지고 자기를 낮추는 자는 높아지리라 하시니라"(눅 18:9~14).

예수님께서는 바리새인의 기도를 통해 본 그의 삶은 훌륭해 보였지만 그의 기도는 응답받지 못했고, 세리의 기도는 응답받았다고 말씀하십니다. 바리새인의 기도를 보면, 자신이 다른 사람들과 다르다고 말합니다. 바리새인은 자기 의로 꽉 찬 사람이었습니다. 자신들은 도덕적으로 훌륭한 삶을 산다는 것입니다.

바리새인들은 힘이 있지만 남의 것을 빼앗지 않고, 불의를 행하지도,

간음하지도 않고, 세리와 같지 않은 삶을 산다는 것을 자랑합니다. 소득의 십일조를 꼬박꼬박 드리고, 이레에 두 번씩 금식하는 등 자신의 삶이 칭찬 받을 만한 삶임을 드러냅니다. 그런데 바리새인의 문제점은 다른 사람을 멸시하고, 업신여긴다는 점입니다. 자기처럼 살지 않는 사람에게 긍휼의 마음이 없다는 점입니다.

잘못 살고 있는 사람들을 만날 때 그 사람들과 어떻게 공감하고 소통할 수 있습니까? "만약 내가 당신 같은 환경이었으면, 당신보다 더 못했을 것 입니다."라며 인간의 연약함을 가지고 있는 사람을 보듬고 이해해주어야 합니다. 정죄하는 것이 아니고, 품어주고 격려해주고, 새롭게 살아갈 수 있 도록 도와줘야 합니다. 그런데 바리새인은 자기처럼 살지 못하는 사람을 향해 긍휼의 마음을 갖지 않았습니다. 그들을 무시하며 자기의 우월함을 자랑하는 기도를 할 뿐입니다.

우리 하나님은 긍휼의 하나님이십니다. 언약적 자비와 긍휼은 우리 하 나님의 품성입니다. 바리새인은 평생 성경을 읽고 금식하고 베풀고 살았다 고 하면서 정작 하나님 아버지의 마음을 모른 채 기도했던 것입니다. 반면 세리는 하늘을 쳐다보지도 못하며 "저를 불쌍히 여겨주십시오." 하고 하나 님의 긍휼을 간구했습니다.

하나님께서 우리의 연약함을 모르시겠습니까? 하늘 아버지께서는 모두 다 아십니다. 세리가 자신을 불쌍히 여겨주시고, 긍휼과 자비를 베풀어달 라고 기도한 말 속에 그의 마음이 다 들어 있습니다. 그가 하고 싶은 기도의 내용이 다 들어 있습니다. 무슨 말을 더 할 수 있겠습니까? 예수님께서는 제자들에게 이 세리의 마음을 하나님께서 모두 아시고 그의 기도를 들어주신다고 가르쳐주셨습니다.

바리새인들은 기도하는 사람들로 알려져 있었습니다. 예수님의 제자들은 바리새인의 기도를 배울 수밖에 없었습니다. 그랬기에 제자들이 기도를 가르쳐달라고 말한 것입니다.

예수님께서는 제자들에게 성경을 통해 하나님을 알고, 하나님의 역사와 일하심을 알고, 하나님과 우리가 누구인지 그 관계를 이해하라고 가르쳐주셨습니다. 예수님께서는 영원히 살 수 있는 하나님 나라에 대한 큰 그림을 그리면서 하나님 나라가 이 땅에서 현실이 되기를 간구하며 살아가는 것이 우리의 삶이어야 한다고 가르쳐주셨습니다. 이를 위해 기도를 가르쳐주셨고 예수님께서 직접 기도하셨습니다.

예수님의 기도를 보면, 내용이 꽉 차 있어 버릴 것이 하나도 없습니다. 하나님의 이름이 높임을 받기 위해서 하나님의 나라가 임하도록, 하나님의 뜻이 이루어지도록, 일용할 양식을 채워주시도록, 용서하며 용서받는 삶을 살도록, 시험에 들지 말게 해달라고, 악한 자에게서 건져달라고, 그리고 아버지의 나라와 권세와 영광이 영원무궁하기를 기도하셨습니다.

이 세상 모든 사람의 기도가 이 짧은 기도 속에 다 들어 있습니다. 밤새도록 철야를 해도, 며칠 동안 금식기도를 해도 이 기도에서 벗어나지 못합니다. 예수님의 기도 속에 다 들어 있습니다. "너희는 이렇게 기도하라"(마 6:9)라고 가르쳐주신 예수님의 기도를 잘 배워 우리의 기도를 확장해가도록 합시다. 우리의 삶을 통해 하나님의 이름이 높임 받으시길 원합니다. "하나님, 우리 아이가 하나님의 이름을 높이며 살아갈 수 있는 아이가 될 수 있게 해주세요. 하나님, 제가 일하는 직장이 하나님이 다스리시는 하나님의 왕국이 되게 해주세요." 이런 기도가 가능합니다. 예수님께서 가르쳐주신 기도 속에 다 들어 있습니다.

제자들만큼 예수님께 말씀을 제대로 배운 사람이 누가 있겠습니까? 그런데 제자들은 개인이 가지고 있는 인간성, 죄성을 극복하지 못하고 서로 시기하고, 질투하고, 싸우기도 했고, 우월감을 가지고 남을 자기보다 낮게 여기고 교만하여 자리를 탐내기도 했습니다. 이것이 제자들의 수준이었습니다. 이 모습을 가지고는 예수님께서 맡기신 사명, 곧 하나님 나라가 이 땅에 임할 수 있도록 복음을 전파하는 일을 감당할 수 없습니다. 때문에 예수님께서는 제자들이 하나님 나라의 일꾼으로 이 세상을 살아갈 수 있도록 열심히 가르치고 기르신 것입니다.

예수님께서는 하나님 아버지로부터 보냄을 받으셨습니다. 예수님께서는 하나님 아버지를 나타내시는 일에 아주 충실하셨습니다. 제자들은 하나님 아버지의 모습을 모두 보여주시는 예수님을 보며 배웠습니다. 언젠가 빌립이 예수님께 아버지를 보여달라고 했을 때 예수님께서 말씀하셨습니다.

"빌립아 내가 이렇게 오래 너희와 함께 있으되 네가 나를 알지 못하느냐 나를 본 자는 아버지를 보았거늘 어찌하여 아버지를 보이라 하느냐"(요 14:9).

이처럼 예수님께서는 하나님의 증인으로 오신 사명을 다하시며 충직하게 사셨습니다.

3. 이렇게 기도하라

예수님께서 가르쳐주신 주의 기도를 자세히 살펴보겠습니다.

"하늘에 계신 우리 아버지여 이름이 거룩히 여김을 받으시오며"(마
6:9).

"하늘에 계신 우리 아버지여." 아버지란 이름을 부르는 순간 우리는 한
없는 위로와 평화와 행복감을 느낍니다. 하나님께서는 천지의 창조주 되시
며 우리를 구속하신 구원의 하나님이십니다. 우리의 공급자이십니다. 우리
를 책임지시는 분입니다.

아이들이 어려서는 부모님이 최고인 줄 압니다. 그런데 성장하고 나면
부모님의 능력을 다 알게 됩니다. 하지만 우리 하나님 아버지는 그런 분이

아니십니다. 영원히 변함없으신 분입니다. 어린아이나 청장년이나, 중년이나 노년이나 누구나 우리 아버지의 이름을 부르면서 행복하게 주님 품에 안겨야 할 것입니다. 오죽하면 우리 예수님께서도 "아버지 내 영혼을 아버지 손에 부탁하나이다"(눅 23:46)라고 하셨겠습니까 마지막 순간 영혼을 부탁할 분이 바로 우리 하나님입니다. 얼마나 행복합니까.

그런 생각을 해봅니다. 평소에 기도도 많이 하고, 이룬 것도 있고 이루지 못한 것도 있고, 후회도 있고 아쉬움도 있지만, 시간도 없고 말도 할 수 없는 마지막 시간이 다가왔을 때, '아버지, 아버지의 뜻대로 되길 원합니다. 아버지의 뜻대로 하옵소서. 그리고 저의 영혼을 받아주옵소서.' 하며 아버지 하나님의 품에 안겨야 할 것입니다. 우리가 그렇게 부탁하면 하늘 아버지께서 책임져주십니다. 그분이 우리의 하나님 아버지입니다.

예수님께서는 성경을 통해서 충분히 하나님 아버지를 아셨기 때문에 제자들에게 "하늘에 계신 우리 아버지여 이름이 거룩히 여김을 받으시오며"(마 6:9)라고 기도하라고 하셨습니다. 하나님 아버지의 이름은 존귀하게 되어야 하기 때문에 우리도 이처럼 하나님의 이름이 거룩히 여김을 받으시기를 기도해야 합니다. 사람들이 우리 아버지의 이름을 업신여기지 못하도록, 모든 구원받은 주의 백성들이 아버지의 이름을 높이도록, 그리고 아버지의 나라가 이 땅에 임하기를 기도해야 합니다.

"나라가 임하시오며 뜻이 하늘에서 이루어진 것 같이 땅에서도 이루어지이다"(마 6:10).

예수님 당시는 로마 제국이 통치하던 시대입니다. 로마 제국은 물론 그 이전의 제국들인 앗수르, 바벨론, 페르시아, 헬라 등 모든 제국들은 남의 것을 빼앗아서 자국의 욕심을 채웠습니다. 모두 탐욕이 가득했습니다. 제국은 이웃과 나누고 평화를 같이 누리려는 나라가 아닙니다.

그러나 우리 하나님 아버지의 나라는 한 영혼이 천하보다 더 귀한 나라입니다. 한 사람 한 사람이 존중히 여김을 받는 나라입니다. 이웃과 나누고 평화를 같이 누리는 나라입니다. 그래서 예수님께서는 하나님의 영광이 드러나는 하나님의 나라가 이 땅에 임하기를 간절히 기도하라고 말씀하신 것입니다. 이는 하나님 아버지의 우주적인 계획과 뜻이 이 땅에서도 이루어지길 기도하는 것입니다.

"오늘 우리에게 일용할 양식을 주시옵고"(마 6:11).

기적 중의 기적은 매일 먹는 양식입니다. 어제도 먹었고, 오늘도 먹었고, 그리고 내일도 먹을 것입니다. 과거 광야 40년 동안 매일 만나가 내려온 것만 기적이라고 생각하십니까? 우리는 그 사람들과 비교할 수 없을 만큼 매일매일 공급받고 있습니다. 우리의 삶이 얼마나 풍족합니까. 물론 삶이 어렵지 않다고 이야기하는 것이 아닙니다. 광야에서 매일 공급받은 만나와 비교해보라는 것입니다. 이마 지금 시대에 우리에게 매일 만나만 먹고 살아가라고 하면 원망과 불평을 안 할 사람은 아무도 없을 것입니다.

우리는 매일매일 일어나는 기적 속에 살고 있습니다. 하나님과 매일 관계를 유지하고 하나님께서 공급해주신 것을 받아서 풍요롭게 살고 있습니다. 예수님께서 가르쳐주신 일용할 양식에는 하루 세 끼를 포함해 생활에 필요한 모든 것이 다 포함되어 있습니다. 예수님께서는 그것을 놓고 기도하라고 하십니다. 우리 자녀들이 가방을 메고 학교에 가면서 부모에게 맡겨놓은(?) 것을 찾는 것처럼 이것저것 요구하는 것, 이것도 일용할 양식입니다. 우리 삶의 모든 필요를 하나님 아버지께 구하고, 하나님 아버지의 공급하심을 받는 것입니다.

"우리가 우리에게 죄 지은 자를 사하여 준 것 같이 우리 죄를 사하여 주시옵고"(마 6:12).

우리가 다른 사람을 용서할 수 있다는 것은 보통 복이 아닙니다. "우리가 다른 사람을 용서한 것 같이 하나님께서도 우리를 용서해주십시오."라고 기도하면서 우리는 하나님의 용서를 체험하고 살아갑니다. 어떻게 알 수 있습니까? 만약 하나님께 용서를 받지 않았다면 우리는 벌써 다 죽었을 것입니다. 하나님의 용서를 받아서 이렇게 살아가고 있는 것입니다. 하나님께서 우리에게 다른 사람을 용서하신 마음을 주신 것도 감사하고, 그렇게 용서할 때 그리스도 안에서 우리를 용서해주신 하나님의 은혜도 놀라운 은혜입니다.

"우리를 시험에 들게 하지 마시옵고 다만 악에서 구하시옵소서 (나라와 권세와 영광이 아버지께 영원히 있사옵나이다 아멘)"(마 6:13).

우리가 살아가는 세상이 얼마나 힘들고 어렵습니까. 부할 때도 가난할 때도 우리는 늘 시험에 들기 쉽습니다. 그래서 예수님께서는 시험에 들지 않게 해달라는 기도를 매일 하라고 말씀하십니다. 성취하고 무언가를 손에 쥐었을 때에는 교만하기 쉽습니다. 없고 가난하게 되었을 때는 원망하고 불평하기 쉽습니다. 모든 것이 시험에 드는 것입니다.

우리 하나님께서 얼마나 엄중하신지 아시지요. 〈역대하〉에 나오는 히스기야 왕을 통해 이를 살펴봅니다. 히스기야가 죽을병에 걸렸습니다. 하나님께서는 히스기야에게 이제 더 이상 살지 못하니 집을 정리하라고 말씀하십니다. 왕에게 집을 정리하라는 것은 후계자에게 권력을 물려주고 죽음의 길을 가라는 뜻입니다. 그때 므낫세가 7살 정도 되었습니다. 어떻게 7살 아이가 왕이 되어서 통치를 하겠습니까. 그래서 히스기야는 더욱 간절히 기도했을 것입니다. 히스기야의 기도를 들으신 하나님께서 그를 용서해주시며 병에서 구원해주셨고, 15년간 생명을 더 연장시켜주셨습니다.

이 소문이 사방에 쫙 퍼져나갔습니다. 남유다의 왕 히스기야가 병에 걸려서 죽을 뻔했다가 구원받았다는 소문을 듣고, 바벨론이 히스기야에게 사절단을 보냈습니다.

이때 바벨론은 사절단을 보내면서 이중적인 생각을 가지고 있었습니다. 남유나와의 동맹 관계를 당시에는 중요시하고 있었지만, 한편으로는 남유다의 형편을 살피려는 의도를 갖고 있었습니다. 나중에 남유다를 집어삼킬 생각이 있었기 때문입니다. 병을 고침 받은 히스기야가 15년 더 생명을 연장받고, 무기고와 창고를 채우며 그 정도를 가지고 얼마나 우쭐해졌는지 교만한 마음을 가집니다. 그래서 바벨론 사절단에게 자랑스럽게 나라 곳곳을 보여줍니다. 하나님께서 그때 히스기야의 마음을 알아보십니다. 하나님께서는 이사야를 히스기야에게 보내 큰 잘못을 저질렀다고 책망하십니다. 그리고 너의 후손들이 장차 바벨론의 포로로 잡혀가서 내시, 환관이 될 것이라고 말씀하십니다. 하나님께서 히스기야의 교만을 용납하지 않으셨던 것입니다.

왕들의 행동을 통해 성경은 우리에게 교훈합니다. 성공했다고, 무엇인가 이루었다고 해서 우쭐하지 말라는 것입니다. 하나님께서 왜 그 자리를 주셨는지, 왜 고쳐주셨는지 깨달아야 합니다. 하나님의 영광을 드러내고, 사명을 감당하도록 겸손해야 함을 알려주십니다. 인간은 있을 때나, 없을 때나 시험에 들기 쉬운 존재입니다. 그래서 예수님께서 그런 인간의 마음을 잘 아시고 제자들에게 시험에 들지 않게 기도하라고 가르쳐주신 것입니다.

사는 날 동안 계속해서 시험에 들 만한 일이 끊임없이 우리에게 찾아옵니다. 그래서 예수님께서 "다만 악에서 구하시옵소서."라고 기도하라고 가르쳐주신 것입니다. 마귀는 우는 사자처럼 삼킬 자를 찾아다닙니다. 시험에 들지 않기 위해 아무리 긴장하고 기도하고 노력해도 순간 넘어질 수 있습니다. 절대로 방심하면 안 되는 그때 하나님께서 건져내주시기를 기도해야 합니다. 하나님 아버지의 나라와 권세와 영광은 영원합니다. 그 하나님께 기도해야 합니다. 이 기도를 예수님께서 가르쳐주신 것입니다. 이처럼 예수님께서는 기도할 줄 모르는 제자들에게 이런저런 것을 조심하고 이렇게 기도하라고 가르쳐주셨습니다.

4. 제자들과 그리스도인을 위해
기도하시는 예수님

제자들이 가지고 있는 또 하나의 문제는 서로 싸우는 것, 교만한 것, 그리고 하나가 안 되는 것입니다. 곧 제자들에게 예수님의 십자가 처형이라는 사건이 닥칠 것입니다. 대제사장과 권세자들이 예수님을 어떻게 하면 죽일까 하고 오래전부터 생각하고 있기 때문입니다.

예수님께서 십자가에서 죽으시고 부활하시고 승천하실 날이 이미 정해져 있습니다. 예수님께서는 제자들을 이 땅에 남겨두시고 승천하실 것입니다. 예수님께서는 승천하신 후 남겨진 제자들이 어떻게 사명을 감당할지, 유대교로부터 핍박을 받을 때 어떻게 살아야 할지, 시간이 지나 로마 제국이 교회를 핍박할 텐데 어떻게 살아남아서 하나님 나라 운동에 참여할 수 있을지 걱정하십니다. 그래서 예수님께서는 기도하셨던 것입니다.

예수님께서 십자가를 지시기 전에 중요한 문제들을 가지고 기도하신 내용이 요한복음 17장에 잘 나타나 있습니다.

"예수께서 이 말씀을 하시고 눈을 들어 하늘을 우러러 이르시되 아버지여 때가 이르렀사오니 아들을 영화롭게 하사 아들로 아버지를 영화롭게 하게 하옵소서"(요 17:1).

"아버지께서 내게 하라고 주신 일을 내가 이루어 아버지를 이 세상에서 영화롭게 하였사오니 아버지여 창세 전에 내가 아버지와 함께 가졌던 영화로써 지금도 아버지와 함께 나를 영화롭게 하옵소서 세상 중에서 내게 주신 사람들에게 내가 아버지의 이름을 나타내었나이다 그들은 아버지의 것이었는데 내게 주셨으며 그들은 아버지의 말씀을 지키었나이다"(요 17:4~6).

"내가 그들을 위하여 비옵나니 내가 비옵는 것은 세상을 위함이 아니요 내게 주신 자들을 위함이니이다 그들은 아버지의 것이로소이다"(요 17:9).

"나는 세상에 더 있지 아니하오나 그들은 세상에 있사옵고 나는 아버지께로 가옵나니 거룩하신 아버지여 내게 주신 아버지의 이름으로 그들을 보전하사 우리와 같이 그들도 하나가 되게 하옵소서"(요 17:11).

먼저 예수님께서는 아버지의 영광의 회복을 위해서 기도하셨습니다. 그리고 제자들을 보전해주시고 싸우지 않고 하나가 되게 해주시기를 기도하십니다. 하나님의 교회는 싸우면 안 됩니다. 싸우면 반드시 모두 망합니다. 무슨 일이 있어도 하나가 되어야 합니다. 자신을 내려놓고 조금 양보하면서 하나가 되어야 합니다.

예수님께서 많은 기도 제목 가운데 유대교로부터, 로마 제국으로부터, 세상으로부터 제자 공동체를 지켜 보호해주시길 기도하실 때 오죽하면 아버지와 예수님이 하나인 것과 같이 제자들도 하나가 되게 해주시기를 기도하셨겠습니까.

"내가 비옵는 것은 이 사람들만 위함이 아니요 또 그들의 말로 말미암아 나를 믿는 사람들도 위함이니 아버지여, 아버지께서 내 안에, 내가 아버지 안에 있는 것 같이 그들도 다 하나가 되어 우리 안에 있게 하사 세상으로 아버지께서 나를 보내신 것을 믿게 하옵소서 내게 주신 영광을 내가 그들에게 주었사오니 이는 우리가 하나가 된 것 같이 그들도 하나가 되게 하려 함이니이다 곧 내가 그들 안에 있고 아버지께서 내 안에 계시어 그들로 온전함을 이루어 하나가 되게 하려 함은 아버지께서 나를 보내신 것과 또 나를 사랑하심 같이 그들도 사랑하신 것을 세상으로 알게 하려 함이로소이다 아버지여 내게 주신 자도 나 있는 곳에 나와 함께 있어 아버지께서 창세 전부터 나를 사랑하시므로 내게 주신 나의 영광을 그들로 보게 하시기를 원하옵나이다"(요 17:20~24).

예수님께서는 제자들만 아니라 제자들을 통해 예수님을 믿게 된 사람들을 위해서도 기도하셨습니다. 일단 성도들이 보호를 받아야 하나님 나라의 운동을 할 수 있습니다. 그래야 하나님 나라를 세우는 일에 동참해 증인의 사명을 감당할 것이고, 세계 선교를 이루어가는 일꾼과 복음 전파 사명을 감당할 수 있습니다. 이를 위해 제일 중요한 것은 성도들이 먼저 보호받는 것이며, 그리고 하나가 되는 것입니다. 예수님의 기도를 반복해서 읽어보면 이를 알 수 있습니다.

교회가 하나의 공동체가 되는 것은 굉장히 중요합니다. 그것은 진리 안에서 하나가 되는 것입니다. 사실 교회는 진리를 위해 싸우기보다 못된 인간성 때문에 싸우며 다투고 하나가 되지 못합니다. 이 마음을 모두 아시는 예수님께서 제자 공동체를 이 세상에 남겨두시면서 기도하셨던 것입니다.

예수님께서 이 같은 현실 문제를 해결하기 위해서 하나님의 말씀을 붙들고 기도하셨으며, 하나님이 어떤 분이신지 알기 때문에 그 하나님의 이름을 높이기 위해서 기도하셨습니다. 하나님의 나라가 어떤 곳인지 알기 때문에 하나님의 나라가 이 땅에 임하도록 기도하셨고, 하나님의 뜻이 무엇인지 알기 때문에 하나님의 뜻이 임하도록 기도하셨습니다. 그리고 제자 공동체를 남겨두시면서 그들이 아직은 너무나 약하기 때문에 지켜 보호해주시고, 하나가 되게 해달라고 기도하셨습니다.

제자 공동체에 놀라운 변화가 일어납니다. 〈사도행전〉을 읽어보면 놀라운 변화를 알 수 있습니다. 제자들이 예수님께서 부활 승천하신 다음에 성령님을 보내주실 때 더 이상 싸우지 않습니다.

어느 날 베드로와 요한이 성전에 기도하러 같이 올라갔습니다. 예전에 그들은 같이 기도하는 사람들이 아니었습니다. 야고보와 요한은 자기 형제들을 높여달라고 했던 사람들이었고, 이를 듣고 베드로는 속이 뒤틀렸던 사람입니다. 그랬던 그들이 같이 기도하고 전도하고, 같이 고난받고 매를 맞았습니다. 그렇게 같이 주님의 이름을 높이며 하나가 된 것입니다.

모든 교회에서 베드로와 요한처럼 같이 기도하자며 평소에 둘씩 셋씩 와서 기도하는 운동이 일어나면 좋겠습니다. 교회를 위해서, 하나님의 나라를 위해서 온 세상에 복음의 진보가 계속해서 일어날 수 있도록 함께 기도할 수 있으면 좋겠습니다.

어떤 어려운 환경이 닥쳐온다 할지라도 계속해서 전도하고, 이웃을 사랑하기를 바랍니다. 그 배경은 하나님께 기도하는 것입니다. 기도하고 사랑하고, 기도하고 전도하는 것입니다. 베드로와 요한이 하나가 되어서 기도하고 복음을 전파했던 것처럼 말입니다.

예수님께서 승천하시면서 제자들에게 성령이 너희에게 임하시면 너희가 권능을 받고 예루살렘과 온 유대와 사마리아와 땅끝까지 이르러 내 증인이 되리라고 말씀하셨을 때 제자들의 마음이 뜨거웠습니다(행 1:8). 예수님의 말씀과 기도는 그대로 성취되었습니다. 제자들은 성령을 받아서 같이 가기도 하고 흩어져서 가기도 하면서 예루살렘과 유대와 사마리아와 땅끝까지 복음 전파를 이루어냈습니다.

예수님의 이 말씀을 대제사장 세력들이나 로마 총독이 들었다면 무엇이라고 했겠습니까? 이미 세계를 가진 로마 제국이 있는데 아무것도 못 가진 능력 없는 제자들에게 땅끝을 운운하냐며 비웃고 조롱했을 것입니다. 그러나 예수님의 말씀은 제자들을 통해 현실이 됩니다.

5. 주님이 가르쳐주신 기도를 하는 사람들

우리가 성경대로 하나님께 기도하는 것을 중요하게 여기는 이유가 여기에 있습니다. 우리의 기도는 하늘 허공에 떠돌지 않고 하늘 아버지께 올라가고, 하늘 아버지께서 그 기도에 응답하신다는 것입니다(행 10:4). 기도는 신앙의 액세서리가 아닙니다. 신앙생활을 하는 데 가장 중요한 핵심입니다.

현실 문제를 가지고 있지 않은 사람은 아무도 없습니다. 모두에게 있는 현실 문제를 가지고 하나님께 기도해야 합니다. 예수님의 기도가 응답되었던 것처럼 제자들도 예수님께 배운 대로 계속해서 기도했습니다. 제자들의 기도가 계속되어 다음 세대의 기도를 낳았고, 제자들의 전도가 계속되어 다음 세대의 전도를 낳았습니다. 기도하는 우리가 그 증인입니다. 우리는 오늘도 하나님 나라와 주님이 가르쳐주신 기도를 가지고 있습니다.

어느 누가 전 세계 모든 민족에게 땅끝까지 복음이 전파되리라고 기대하고 상상했겠습니까.

"하나님이여 주는 하늘 위에 높이 들리시며 주의 영광이 온 세계 위에 높아지기를 원하나이다"(시 57:5,11).

3000년 전 다윗이 시편 57편에서 노래했던 것처럼 하나님 아버지께 영광을 돌립니다. 우리 예수님의 말씀대로 그렇게 이루어졌습니다. 모든 영광을 하나님께 돌려드려야 합니다. 우리가 어떤 위치에 있든지 어떤 삶을 살던지 우리가 사는 목적은 오직 하나님의 영광을 위해서입니다. 먹든지 마시든지 하나님의 영광을 위해서 살고, 기도하고, 응답받아 하나님께 영광을 돌려드리는 복된 삶을 살아갈 수 있게 되기를 바랍니다.

기적을 만나는 기도 (10)
예수님의
기도와 말씀 묵상 3

"이에 예수께서 제자들과 함께 겟세마네라 하는 곳에 이르러 제자들에게 이르시되 내가 저기 가서 기도할 동안에 너희는 여기 앉아 있으라 하시고 베드로와 세베대의 두 아들을 데리고 가실새 고민하고 슬퍼하사 이에 말씀하시되 내 마음이 매우 고민하여 죽게 되었으니 너희는 여기 머물러 나와 함께 깨어 있으라 하시고 조금 나아가사 얼굴을 땅에 대시고 엎드려 기도하여 이르시되 내 아버지여 만일 할 만하시거든 이 잔을 내게서 지나가게 하옵소서 그러나 나의 원대로 마시옵고 아버지의 원대로 하옵소서 하시고"(마 26:36~39).

1. 하나님께서 기대하시는 기도

인생을 살면서 무엇이 제일 힘들다고 생각하십니까? 도저히 해결할 수 없어서 이 문제는 정말 기도 아니면 안 되겠다고 생각하는 것이 있습니다. 인간의 지혜나 지식이 대단한 것 같지만 실상 개인이 가지고 있는 지식은 얼마 안 됩니다. 별로 아는 것이 없습니다.

그러나 지혜와 지식이 완전하신 분, 무한한 능력을 가지신 분이 있습니다. 바로 우리 예수님입니다. 그런데 예수님께서도 이 땅에 사시면서 어려운 일이 있으셨습니다. 보통 어려운 일이 아닙니다. 처절하게 기도하지 않으면 해결할 수 없는 일이었습니다. 주어진 시간 안에 혼자 해결할 수 없으셔서 하나님께 기도하셨습니다.

제가 전도사 시절에 선배 목사님께 무엇이 가장 어렵냐고 질문한 적이 있습니다. 그러자 목사님께서는 기도가 가장 어렵다고 대답하셨습니다. 그

때는 제가 몰랐습니다. 왜냐하면 당시 저에게 기도는 삶이었습니다. 학교 다닐 때나 교회에 있을 때나 비가 오나 눈이 오나 늘 새벽기도를 하며 기도하는 삶을 살았었습니다. 기도가 어렵다는 답을 그때는 이해하지 못했습니다. 그런데 이제 목회 여정을 마무리해 가면서 누군가 저에게 이 질문을 물어온다면 저 또한 기도가 가장 어렵다고 대답할 수밖에 없을 것 같습니다.

왜냐하면 기도의 제목 때문입니다. 살아가면서 적는 기도 제목이 계속 달라집니다. 아이들 때와 청년대학부 때가 다를 것이고, 청장년 때와 청장년보다 더 나이가 많아지면서 기도의 제목이 계속 달라집니다. 하나님의 마음, 하나님의 세계 경영, 이런 것들을 생각하면 기도할 내용이 더 많아지고, 기도의 무게가 더해가기 때문입니다.

우리 아이들의 기도 제목을 들으면 좀 유치합니다. 그러나 아이들에게는 지금 그 기도의 제목이 자신에게 제일 중요하다고 생각합니다. 우리도 개인 개인에 따라서 기도의 제목, 기도의 깊이와 넓이가 모두 다를 수 있습니다. 정말 기도가 힘들고 어렵습니다. 그러나 저에게 자유로운 시간이 주어지면 제일 많이 하고 싶은 것 중에 하나가 기도입니다. 왜냐하면 세계를 향하신 하나님의 마음을 더 많이 알게 되었기 때문입니다.

그렇다면 기도는 무엇이라고 생각하십니까? '기도'는 '하나님의 세계 경영에 적극적으로 참여하는 것'입니다. 하나님께서는 우리에게 기도를 기대하십니다. 기도하는 사람들을 통해 하나님의 일을 함께하고 싶어 하시는 하나님 마음이 성경에 많이 나타나 있습니다.

기도는 힘들고 어렵지만 간절히 해야 할 중요한 일 가운데 하나입니다.

기도는 결코 신앙생활의 장식품이 아닙니다. 못 하실 일 없는 능력의 예수님께서, 풍랑 이는 바다를 향해 고요하고 잠잠하라고 명령하시는 전능하신 예수님께서 항상 기도하셨습니다. 복음서에 나타나는 예수님의 생애를 보면, 기도가 주님의 삶이고 습관이었습니다.

습관은 하루아침에 이루어지지 않습니다. 어떤 행동이 처음에는 잘 안 되어도 계속해서 반복하다보면 어느 날 그 행동이 몸에 배게 되어 있습니다. 이것이 습관입니다. 예수님께서는 조용한 시간이 생기면 조용한 곳을 찾아 기도하는 습관을 가지고 계셨습니다.

또한 늘 아침에 일어나시면 하나님 아버지와 교제하는 시간을 가지셨습니다. 그것이 기도였습니다. 우리가 흔히 말하는 새벽기도와는 조금 다릅니다. 우리의 새벽기도 시간보다는 조금 늦은 시간이기는 하지만 예수님께서는 하루를 시작하기 전에 하나님 아버지와 충분히 교제하시면서 오늘 하루를 향하신 하나님의 뜻이 무엇인지 발견하시고, 그 뜻에 순종하기 위한 삶을 사셨습니다.

2. 습관을 따라 감람산에 가시매

예수님께서는 30세에 공적인 메시아 사역을 시작하셨습니다. 그 사역을 시작하시기 전에 먼저 세례 요한에게 세례를 받는 일부터 기도하심으로 시작하셨습니다. 세례를 받으실 때 하늘이 열리고 성령께서 예수님께 임하고, "이는 내 사랑하는 아들이요 내 기뻐하는 자라"(마 3:17)라고 하시는 하나님 아버지의 음성이 들렸습니다. 그리고 예수님께서는 광야에서 40일을 금식하시면서 기도를 시작하셨습니다.

예수님께서는 그렇게 마귀의 시험을 다 이기시고, 그 후 갈릴리로 올라가서서 천국 복음을 전파하시고, 말씀을 가르치시고, 약한 자들을 고치시는 사역을 시작하셨습니다. 그 가운데서 예수님께서는 기도를 하루도 잊지 않으셨습니다. 기도하는 습관을 가지신 예수님께서는 항상 기도하셨습니다. 예수님께서는 산에 올라가 밤새 기도하시고 내려오셔서 열두 제자를 부르셔서 사도가 되게 할 준비를 하셨습니다. 그렇게 기도하시는 예수님께 앞서 공부한 대로 제자들이 기도를 가르쳐주시기를 요청했던 것입니다. 그 때 우리가 '주기도문'으로 말하는 기도를 예수님께서 제자들에게 '이렇게 기도하라'고 가르쳐주셨습니다. 예수님께서는 가르쳐주신 대로 제자들이 계속해서 기도하기를 기대하셨습니다.

또한 예수님께서는 늘 기도하시는 일뿐만 아니라 특별한 일을 앞에 두고 기도하셨습니다. 〈누가복음〉에 예수님의 기도가 자세하게 나타나 있습니다.

> "백성이 다 세례를 받을새 예수도 세례를 받으시고 기도하실 때에 하늘이 열리며 성령이 비둘기 같은 형체로 그의 위에 강림하시더니 하늘로부터 소리가 나기를 너는 내 사랑하는 아들이라 내가 너를 기뻐하노라 하시니라"(눅 3:21~22).

> "예수의 소문이 더욱 퍼지매 수많은 무리가 말씀도 듣고 자기 병도 고침을 받고자 하여 모여 오되 예수는 물러가사 한적한 곳에서 기도하시니라"(눅 5:15~16).

예수님께서 세례 받으시고 기도하실 때 하늘이 열렸습니다. 예수님께서는 수많은 무리가 예수님을 찾아왔을 때에도 시간을 내어 한적한 곳을 찾아 기도하셨습니다. 열두 제자를 세우기 전에도 기도하셨습니다. 이러한 기도들은 아주 특별하고 중요한 기도였습니다. 예수님께서는 예수님의 사역을 누구에게 맡겨줄 것인지 생각하시면서 집중 훈련의 대상인 열두 제자를 선

택하실 때 기도하셨습니다.

> "이 때에 예수께서 기도하시러 산으로 가사 밤이 새도록 하나님께 기
> 도하시고 밝으매 그 제자들을 부르사 그 중에서 열둘을 택하여 사도
> 라 칭하셨으니"(눅 6:12~13).

예수님의 기도를 본받은 제자들이 나중에 교회에서 일꾼을 세울 때 기
도하고, 선교사를 파송할 때 기도하고, 교회가 어려움을 당할 때 모여서 함
께 간절히 기도하는 교회를 이루었습니다.

아주 재미있는 이야기가 있습니다. 그 하나는 마태복음 16장과 누가복
음 9장에 있는 내용입니다. 예수님께서 제자 훈련을 끝내시고 마치 마지막
테스트와 같은 질문을 하셨습니다.

> "예수께서 따로 기도하실 때에 제자들이 주와 함께 있더니 물어 이르
> 시되 무리가 나를 누구라고 하느냐 대답하여 이르되 세례 요한이라
> 하고 더러는 엘리야라, 더러는 옛 선지자 중의 한 사람이 살아났다 하
> 나이다 예수께서 이르시되 너희는 나를 누구라 하느냐 베드로가 대
> 답하여 이르되 하나님의 그리스도시니이다 하니"(눅 9:18~20).

누가는 제자들에게 테스트하실 때의 상황이 예수님이 따로 기도하실 때
라는 특별한 상황이었음을 알려주고 있습니다. 그리고 나서 예수님께서 베
드로, 요한, 야고보와 함께 변화산에 올라가셨을 때에도 그냥 올라가시는

것이 아니고 기도하시기 위해 올라가셨음을 알려주고 있습니다.

> "이 말씀을 하신 후 팔 일쯤 되어 예수께서 베드로와 요한과 야고보를
> 데리고 기도하시러 산에 올라가사 기도하실 때에 용모가 변화되고
> 그 옷이 희어져 광채가 나더라"(눅 9:28~29).

우리 예수님께서는 조용한 빈들에서도 기도하시지만 특별히 산에 오르셔서 기도하시기도 했습니다.

누가복음 22장 39절에서 46절은 마태복음 26장 36절에서 46절에 있는 말씀과 같은 내용입니다. 그런데 〈마태복음〉에는 없는 표현이 〈누가복음〉에 있습니다. 바로 습관에 따라 기도하셨다는 표현입니다. 예수님의 기도 생활을 딱 한마디로 요약해주는 말씀입니다. 누가는 예수님께서 습관을 따라 감람산으로 가셔서 기도하시는 마지막 모습을 기록하고 있습니다.

> "예수께서 나가사 습관을 따라 감람 산에 가시매 제자들도 따라갔더
> 니"(눅 22:39).

그리고 예수님께서는 십자가에서 돌아가시기 전에 하나님께 당신의 영혼을 부탁드리는 기도를 마지막으로 하셨습니다.

> "예수께서 큰 소리로 불러 이르시되 아버지 내 영혼을 아버지 손에 부
> 탁하나이다 하고 이 말씀을 하신 후 숨지시니라"(눅 23:46).

3. 땀방울이 핏방울이 된 기도

예수님의 기도 가운데 십자가를 지시기 전에 겟세마네 동산에서 하신 마지막 기도는 정말 특별한 기도입니다. 예수님께서는 완전한 지식과 지혜와 능력을 가진 분이시기 때문에 기도할 필요가 없으신 분일 수 있습니다. 우리가 기도하는 것처럼 그렇게 기도하지는 않으셨을 것입니다. 아마도 하나님 아버지의 뜻을 묻는 교제의 시간을 더 많이 가지시지 않았을까 생각해봅니다. 예수님이 행하신 사역을 하나님 아버지께 보고하고, 해야 할 일에 대해 의견을 나누시는 그런 시간을 습관에 따라 항상 가지셨던 기도의 시간으로 보내시지 않았을까 생각해봅니다.

> "이에 예수께서 제자들과 함께 겟세마네라 하는 곳에 이르러 제자들에게 이르시되 내가 저기 가서 기도할 동안에 너희는 여기 앉아 있으라 하시고"(마 26:36).

앞서 잠시 살핀 겟세마네 동산에서의 마지막 기도는 〈마태복음〉, 〈마가복음〉, 〈누가복음〉에 모두 기록되어 있는 특별한 기도입니다. 중요한 기도였습니다. 겟세마네는 감람산, 곧 올리브산을 말합니다. 겟세마네는 예루살렘 성전 오른편에 아주 오래된 아름드리 올리브 나무들이 가득한 산입니다.

성전과 올리브산 사이에는 기드론 골짜기라는 곳이 있습니다. 예수님께서는 기드론 골짜기를 건너셔서 올리브산에 올라가셨습니다. 그곳 올리브산에는 당연히 올리브 나무가 가득했고, 그곳에는 많은 올리브 열매를 수확해서 기름을 짜는 올리브 압축기가 있었습니다. 겟세마네는 그 압축기를 말합니다.

예수님께서는 마치 올리브 열매로 기름을 짜내기 위해 압축하듯이 그렇게 간절히 기도하셨습니다. 이를 잘 알려주기 위해 올리브산에 오르셔서 기도하셨다는 표현보다 겟세마네 동산에서 기도하셨다고 기록된 그 표현이 정말 좋습니다. 더 나아가 〈누가복음〉에서는 예수님 얼굴에 흐르는 땀방울이 핏방울로 변했다고 표현했습니다. 얼마나 간절히 기도하셨는지 느낄 수 있습니다.

예수님께서 기도하러 가실 때 제자들에게 "내가 저기 가서 기도할 동안에 너희는 여기 앉아 있으라."라고 말씀하셨습니다. 대부분의 제자들에게는 여기 앉아 있으라고 하시고 세 명의 제자를 데리고 좀 더 깊숙한 곳으로 가셨습니다.

"베드로와 세베대의 두 아들을 데리고 가실새 고민하고 슬퍼하사 이에 말씀하시되 내 마음이 매우 고민하여 죽게 되었으니 너희는 여기 머물러 나와 함께 깨어 있으라 하시고"(마 26:37~38).

세 명의 제자는 베드로와 세베대의 아들인 야고보와 요한입니다. 이들을 데리고 가신 예수님께서 "내가 기도할 동안에 너희는 여기 머물러 나와 함께 깨어 있으라."라고 말씀하셨습니다. 그리고 지금 예수님의 마음이 매우 고민하여 죽게 되었음을 밝히십니다. 십자가의 죽음을 맞이할 것을 아시는 예수님께서 얼마나 심정이 힘드신지 이야기해주신 것입니다. 예수님의 고민과 슬픔이 얼마나 크고 놀라운지 알게 되는 성경 구절입니다.

마태복음 21장부터 28장까지는 예수님께서 한 주간 동안 예루살렘에서 계실 때의 기록입니다. 예수님께서 스가랴 선지자의 예언을 이루시기 위해 나귀를 타시고 예루살렘성으로 들어오시는 이야기가 마태복음 21장에 기록되어 있습니다.

"이르시되 너희는 맞은편 마을로 가라 그리하면 곧 매인 나귀와 나귀 새끼가 함께 있는 것을 보리니 풀어 내게로 끌고 오라 만일 누가 무슨 말을 하거든 주가 쓰시겠다 하라 그리하면 즉시 보내리라 하시니 이는 선지자를 통하여 하신 말씀을 이루려 하심이라 일렀으되 시온 딸에게 이르기를 네 왕이 네게 임하나니 그는 겸손하여 나귀, 곧 멍에 메는 짐승의 새끼를 탔도다 하라 하였느니라"(마 21:2~5).

물론 예수님께서 이전에 네 번 정도 이미 예루살렘에 방문하신 적이 있습니다. 더 많이 방문하셨을 수도 있습니다. 절기 때마다 예루살렘에 올라가셨다고 하셨으니 말입니다. 마태복음 21장에 기록된 예루살렘 방문은 예수님의 마지막 방문이셨고, 이제 예수님께서는 그 주간에 십자가를 지셔야했습니다.

예수님께서는 스가랴 선지자가 예언했던 대로 나귀를 타시고 예루살렘 성으로 들어가셨습니다. 물론 당시에 권력을 가진 사람들은 마차나 말을 타고 다니면서 위엄을 갖추었겠지만, 겸손하신 예수님께서는 나귀, 그것도 어린 나귀를 타셨습니다. 그 광경을 바라보고 있던 이스라엘 사람들이 외칩니다.

> "호산나 다윗의 자손이여 찬송하리로다 주의 이름으로 오시는 이여 가장 높은 곳에서 호산나"(마 21:9).

호산나! 호산나! 누구에게도 그러한 외침을 하지 않았습니다. 권력을 가진 총독이나 헤롯 왕이 예루살렘을 방문한다고 해서 무리들이 "왕이여! 우리를 구원해주십시오."라고 외치지 않았습니다. 그런데 예수님께서 예루살렘으로 들어오실 때 무리들이 "다윗의 자손이여! 우리를 구원해주십시오."라고 외친 것입니다.

예수님께서는 찬송을 받으시며 예루살렘에 들어가셨다가 저녁에는 밖으로 나오셔서 머무신 후, 다음 날 예루살렘 성전으로 가셨습니다. 예루살렘 성전이 제대로 역할을 못하고 있는 광경을 보시고 채찍을 들고 휘두르셨습니다. 성전이 장사터가 되어 있었던 것입니다. 대제사장 가야바가 올리브산에 있던 네 개의 시장을 폐쇄하고 성전 앞뜰 여인의 뜰과 이방인들이 와서 기도하는 이방인의 뜰을 장사터로 만들어 이권을 챙기고 있었던 때였습니다. 성전의 주인이신 예수님께서 성전이 제구실을 못하고 있는 모습을 보시고 채찍을 휘둘러서 그곳 사람들을 몰아내셨습니다.

그리고 예수님께서 성전을 심판하십니다. 돌 위에 돌 하나도 남지 않고 성전이 무너지게 될 것이라고 말씀하셨습니다(마 24:1~2).

예수님께서 이른 아침에 성으로 들어가실 때 열매 없는 무화과나무를 저주하시고, 그 무화과나무가 말하는 사건을 통해서 제자들에게 믿음의 기도가 얼마나 중요한지를 가르쳐주셨습니다.

그때 성전을 관리하는 대제사장들과 백성의 장로들이 찾아와서 누구의 권세로 이런 일을 하느냐고 질문합니다. 대답을 잘못하면 반드시 체포하여 이에 상당한 벌을 받게 하려 했을 것입니다. 성전에서 장사하는 사람들을 내쫓아 명절을 제대로 지킬 수 없도록 판을 만드신 예수님을 보고 도대체 누구의 권세로, 누구의 허락으로 이런 일을 벌였냐고 질문합니다. 그러자 예수님께서 오히려 역으로 질문하십니다. 세례 요한이 하나님께로부터 보냄을 받았는지 사람에게서 보냄을 받았는지 대답하면 나도 대답하겠다고 말입니다.

왜냐하면 그 시대의 사람들이 세례 요한을 하나님께서 보내신 사람이라 믿고 있었기 때문입니다. 만약 세례 요한이 사람에게서 왔다고 대답하면 하나님께로부터 보냄을 받았다고 믿는 사람들에게서 큰 곤경에 처하게 될 것입니다. 반면 세례자 요한이 하나님께로부터 왔다고 대답하면 세례 요한

이 예수님을 '세상 죄를 지고 가는 하나님의 어린양'이라고 했는데, 왜 너희는 나를 하나님의 어린양으로, 메시아로 받아들이지 않느냐고 책망을 하셨을 것입니다.

지혜로운(?) 그들이 "우리는 알지 못하노라."라고 대답합니다. 대답하지 않는 것도 대답입니다. 이에 예수님께서도 답하지 않으십니다.

> "예수께 대답하여 이르되 우리가 알지 못하노라 하니 예수께서 이르시되 나도 무슨 권위로 이런 일을 하는지 너희에게 이르지 아니하리라"(마 21:27).

계속해서 많은 사람이 예수님께 질문을 던집니다. 이를테면 "당신의 생각에는 어떠한지 우리에게 이르소서 가이사에게 세금을 바치는 것이 옳으니이까 옳지 아니하니이까"(마 22:17)라고 질문했습니다. 이때 주신 예수님의 답은 "가이사의 것은 가이사에게, 하나님의 것은 하나님께 바치라"(마 22:21)였습니다.

또한 부활이 없다던 사두개인들이 와서 예수님을 곤경에 빠뜨리기 위해서 질문을 던집니다.

> "선생님이여 모세가 일렀으되 사람이 만일 자식이 없이 죽으면 그 동생이 그 아내에게 장가 들어 형을 위하여 상속자를 세울지니라 하였나이다 우리 중에 칠 형제가 있었는데 맏이가 장가 들었다가 죽어 상속자가 없으므로 그 아내를 그 동생에게 물려 주고 그 둘째와 셋째로

일곱째까지 그렇게 하다가 최후에 그 여자도 죽었나이다 그런즉 그들이 다 그를 취하였으니 부활 때에 일곱 중의 누구의 아내가 되리이까"(마 22:25~28).

이런 곤란한 질문을 만들어 묻자 예수님께서는 "너희가 성경도, 하나님의 능력도 알지 못하는 고로 오해하였도다"(마 22:29)라고 말씀하시며 천국에는 혼인 관계가 없다고 알려주십니다. 성경에는 아브라함과 이삭과 야곱이 죽었다고만 말하지 않고, 지금도 살아 있다고 이야기하고 있음을 말씀하시면서 부활이 있고, 부활 때에는 혼인 관계를 유지하는 것이 아니라고 가르쳐주셨습니다.

사두개인들이 예수님께 온갖 질문을 하다가 안 되니까 이번에는 바리새인들이 찾아와 예수님께 계명을 613가지 계명으로 나누는데 그 많은 계명 중에 제일 큰 계명이 무엇인지 질문합니다. 우리는 613개를 헤아려 큰 계명이 무엇인지 생각할 텐데 예수님께서는 간단히 답하십니다. 첫째는 하나님을 사랑하라, 그리고 둘째는 이웃을 내 몸과 같이 사랑하라고 말씀하시며 모든 율법과 선지자의 가르침들이 여기 다 있다고 너무나 쉽게 답해주십니다.

그러고 나서 예수님께서는 계속해서 예수님을 넘어지게 하려는 사람들에게 역질문을 하십니다. "너희는 그리스도에 대하여 어떻게 생각하느냐? 누구의 자손이냐?"라고 질문하시자 그들이 "다윗의 자손이니이다."라고 답합니다. 그 대답을 들으시고 예수님께서 다시 질문하십니다.

"이르시되 그러면 다윗이 성령에 감동되어 어찌 그리스도를 주라 칭하여 말하되 주께서 내 주께 이르시되 내가 네 원수를 네 발 아래에 둘 때까지 내 우편에 앉아 있으라 하셨도다 하였느냐 다윗이 그리스도를 주라 칭하였은즉 어찌 그의 자손이 되겠느냐 하시니"(마 22:43~45).

다윗이 그리스도를 '내 주'라고 불렀는데, 어떻게 다윗의 자손이 될 수 있겠느냐고 질문하신 것입니다. 그러자 그때부터는 아무도 예수님께 묻는 사람이 없었습니다.

이처럼 사람들이 예수님께 어려운 질문을 하며 함정에 빠뜨리려 했습니다. 이런 질문들은 예수님께는 너무 쉬운 일이었습니다. 그래서 우리 예수님께서는 이런 것을 두고 기도하신 일이 없습니다. 예수님께서는 그들의 죄악을 보시며 "화 있을진저. 외식하는 서기관들과 바리새인들이여." 하면서 일곱 가지를 꼽아 책망하셨습니다(마 23:13~36).

그 시대에 권력을 형성하고 있는 바리새인들과 서기관들을 향해 "화 있을진저. 외식하는 서기관들과 바리새인들이여."라고 책망할 수 있는 분은 우리 예수님밖에는 없습니다. 누가 감히 그들을 책망합니까? 하지만 예수님께서는 그들에게 화가 있을 것이라고 저주하셨습니다.

마태복음 24장에서는 성전을 가리키시며 이 성전이 돌 위에 돌 하나도 남지 않을 것이라 말씀하셨습니다.

"예수께서 성전에서 나와서 가실 때에 제자들이 성전 건물들을 가리켜 보이려고 나아오니 대답하여 이르시되 너희가 이 모든 것을 보지 못하느냐 내가 진실로 너희에게 이르노니 돌 하나도 돌 위에 남지 않고 다 무너뜨려지리라"(마 24:1~2).

이어서 마태복음 24장과 25장에서는 예루살렘이 멸망할 때, 세상 종말이 오게 될 때 어떤 징조가 있을 것인지 말씀하시면서 제자들과 믿음의 사람들, 성경을 읽는 독자들에게 깨어 있을 것을 가르쳐주시는 내용이 담겨 있습니다.

드디어 예수님께서 이 말씀을 다 마치시고, 유월절 맞을 준비를 하시는 이야기가 마태복음 26장에 기록되어 있습니다. 유월절이 이틀이 남아 있는 시점이었습니다. 그때 대제사장 세력들은 예수님을 어떻게 하면 죽일까 의논하다가 이번 유월절 명절에는 말자고 결론 내렸습니다.

한편 시몬의 집에서 한 여인이 향유 한 옥합을 가지고 와서 예수님께 부어서 예수님의 장사를 준비했습니다. 그리고 가룟 유다는 예수님을 팔아넘길 생각을 가지고 대제사장들에게 찾아가서 예수님을 넘겨주겠다고 약속합니다.

그날 예수님께서는 1500년간 유지되어 왔던 유월절을 보내십니다. 이번 유월절을 마지막으로 지키시고 새로운 성찬식을 제정해주시면서 유월절의 역사는 끝이 나게 됩니다.

그러고 나서 예수님께서는 베드로가 세 번이나 예수님을 부인할 것을 말씀하신 뒤 겟세마네 동산으로 오르시고 기도하셨습니다. 기도하신 후 예수님께서는 잡히시고 제자들은 도망합니다. 이로부터 대제사장 가야바에게 심문을 받으시고 빌라도의 선고로 마침내 예수님께서는 십자가를 지시고 운명하십니다. 그리고 예수님께서 아리마대 사람 요셉의 무덤에 묻히시고 다시 살아나시는 이야기가 마태복음 27장과 28장에 펼쳐집니다. 이 많은 이야기와 사건들 가운데 우리 예수님께서 굉장히 힘들어하시고 어렵게 싸우신 이야기는 없습니다.

예수님께서는 대제사장을 만나도 거침이 없으셨고, 서기관들과 바리새인들, 선생 중의 선생을 만나도 예수님과는 상대가 안 되었습니다. 열매 없는 무화과나무를 마르게 하신 일도 예수님께는 모두 쉬운 일이었습니다. 어떤 것도 고민하고 슬퍼할 만한 일이 못 되었습니다.

그런데 지금 예수님께서는 십자가를 앞두고 고민하고 슬퍼하셨습니다. 얼마나 고민하셨는지 베드로와 야고보와 요한에게 심정을 털어놓으시면서 "내 마음이 매우 고민하여 죽게 되었다."라고 말씀하시며 당신이 기도할 동안 자지 말고 깨어서 같이 기도하자는 말씀을 계속하셨습니다. 그렇게 예수님께서는 세 번이나 간절히 기도하셨습니다.

4. 아버지의 원대로 하옵소서

"조금 나아가사 얼굴을 땅에 대시고 엎드려 기도하여 이르시되 내 아버지여 만일 할 만하시거든 이 잔을 내게서 지나가게 하옵소서 그러나 나의 원대로 마시옵고 아버지의 원대로 하옵소서 하시고"(마 26:39).

예수님께서는 얼굴을 땅에 대고 기도하셨습니다. 당시 유대인들은 성전에서 기도할 때 하나님의 음성을 듣기 위해서, 여호와의 이름으로 선포되는 말씀을 듣기 위해서 얼굴을 땅에 대었습니다. 지금 하나님의 아들이신 예수님께서도 얼굴을 땅에 대고 아버지 하나님께 간절히 기도하십니다. 우리 예수님께서 자기를 낮추시고 간절한 호소를 올려드리기 위해 얼굴을 땅에 대고 "만일 할 만하시거든 이 잔을 내게서 지나가게 하옵소서."라고 기도하십니다.

이렇게 기도하시는 예수님의 고민과 슬픔은 무엇입니까? 예수님께서는 십자가에 달리실 것을 다 아십니다. 십자가에 달리실 것을 이미 네 번이나 제자들에게 예고하셨습니다. 십자가 때문에 고민하시는 것이 아닙니다.

가이샤라 빌립보에서 베드로가 "주는 그리스도시요 살아 계신 하나님의 아들이시니이다"(마 16:16)라고 대답할 때부터 말씀해주셨습니다. 앞으로 예루살렘에 올라가 대제사장들과 서기관들, 장로들에게 의해 이방인에게 넘겨져 십자가를 지실 것을 이야기해주셨습니다. 그때 베드로가 그리하면 안 되신다고 말했을 때 예수님께서는 "사탄아 물러가라. 너는 나를 넘어지게 하는 자다."라고 말씀하셨습니다. 이처럼 예수님께서는 십자가를 지실 준비가 되어 있으셨습니다.

그런데 지금 왜 예수님께서는 아버지께서 만일 할 만하시거든 이 잔을 내게서 옮겨달라고 기도하시는 것입니까? 예수님께서 옮겨달라고 기도하신 '이 잔'은 무엇일까요? 그것은 바로 하나님께서 예수님을 향해 얼굴을 가리우시는 것, 외면하시는 것을 말합니다.

하나님의 진노 가운데 가장 무서운 진노가 '외면'인 것이 성경에 표현되어 있습니다.

> "여호와는 네게 복을 주시고 너를 지키시기를 원하며 여호와는 그의 얼굴을 네게 비추사 은혜 베푸시기를 원하며 여호와는 그 얼굴을 네게로 향하여 드사 평강 주시기를 원하노라 할지니라 하라"(민 6:24~26).

민수기 6장에 기록된 최상의 축도 가운데 '여호와는 그의 얼굴을 네게 비추사, 여호와는 그 얼굴을 네게로 향하여 드사' 라는 표현이 두 번이나 있습니다. 하나님께서 언약 백성들에게 하나님의 얼굴을 비추어주시는 복을 말합니다. 얼굴을 대면하고 하나님께서 봐주시는 것입니다. 이것이 복 중의 복입니다. 하나님의 완전한 복은 얼굴을 보여주시는 것입니다. 얼굴을 가린다는 표현에는 가장 무서운 진노가 들어 있습니다.

> "내가 그들에게 진노하여 그들을 버리며 내 얼굴을 숨겨 그들에게 보이지 않게 할 것인즉 그들이 삼킴을 당하여 허다한 재앙과 환난이 그들에게 임할 그 때에 그들이 말하기를 이 재앙이 우리에게 내림은 우리 하나님이 우리 가운데에 계시지 않은 까닭이 아니냐 할 것이라 또 그들이 돌이켜 다른 신들을 따르는 모든 악행으로 말미암아 내가 그 때에 반드시 내 얼굴을 숨기리라"(신 31:17~18).

하나님께서 언제 얼굴을 숨기십니까? 앞서 민수기 6장의 말씀처럼 모임이 있을 때마다 제사장이 언약 백성을 향해서 여호와의 이름으로 축복합니다. 제사장이 하나님께서 그 얼굴을 네게로 향하여 드시기를 원한다고 축복하지만, 그 축복과는 상관없이 하나님께서 당신의 얼굴을 숨기겠다고 말씀하신 것입니다. 하나님을 등지고 우상숭배하고 범죄하는 언약 백성들을 향해서는 하나님의 얼굴을 숨기겠다고 선언하신 것입니다.

욥의 탄식을 봅시다.

"주께서 어찌하여 얼굴을 가리시고 나를 주의 원수로 여기시나이까"
(욥 13:24).

욥의 상황은 비참합니다. 아들 일곱과 딸 셋이 죽었습니다. 자기가 병들어 죽게 되었습니다. 아내가 자신을 저주했습니다. 친구들은 와서 네가 분명 죄를 지었으니까 하나님의 징계를 받는 것이라고, 결과를 보면 알 수 있지 않느냐고, 회개하라고 계속해서 말합니다. 그때마다 욥은 자신은 죄짓는 삶을 살지 않았다고 주장하면서 하나님께서 왜 얼굴을 가리시고 자신을 주의 원수로 여기시냐고 토로했습니다.

"여러 사람의 말이 우리에게 선을 보일 자 누구뇨 하오니 여호와여 주의 얼굴을 들어 우리에게 비추소서"(시 4:6).

"그가 그의 마음에 이르기를 하나님이 잊으셨고 그의 얼굴을 가리셨으니 영원히 보지 아니하시리라 하나이다"(시 10:11).

시인은 하나님과의 회복을 위해서 주의 얼굴을 들어 우리에게 비추어달라고 표현하며, 원수들은 하나님께서 잊으셨기에 그 얼굴을 가리셨다고 조롱합니다.

"그는 곤고한 자의 곤고를 멸시하거나 싫어하지 아니하시며 그의 얼굴을 그에게서 숨기지 아니하시고 그가 울부짖을 때에 들으셨도다"
(시 22:24).

메시아장이라고 말하는 시편 22편에는 예수님께서 고난받으시는 장면이 여러 가지로 나타나 있습니다. 그중에 하나는 하나님께서 곤고한 자의 힘듦을 멸시하거나 싫어하지 아니하시며 하나님께서 그에게 얼굴을 숨기지 않으시고 그가 울부짖을 때에 들어주신다는 말씀입니다.

이처럼 예수님께서는 하나님께서 그 얼굴을 가리시고 자신을 외면하실 것에 대한 두려움과 슬픔 때문에 지금 고민하여 죽게 되었다고 말씀하십니다. 왜 그렇습니까? 이사야 53장의 말씀처럼 하나님께서는 우리 무리의 죄악을 예수님에게 담당시키실 것입니다. 예수님께서 우리의 모든 죄를 짊어지시고 십자가에 달리실 때 하나님께서 얼굴을 가리실 것을 아십니다.

얼굴을 가리신다는 것이 얼마나 두려움이고 큰 고통이고 슬픔인지를 느끼시는 것입니다. 예수님께서 언젠가 아버지 안에 내가 있고, 내가 아버지 안에 있어 우리가 하나라고 이야기하셨습니다. 예수님과 하늘 아버지는 분리된 적이 단 한 번도 없으셨습니다.

언제나 공동체로 존재하셨던 성부 성자 성령 하나님이십니다. 그런데 우리 죄를 짊어지시고 십자가에 달려 있는 그 아들을 하나님 아버지께서 외면하실 것을 아시고, 얼굴을 가리우시는 것에 대한 두려움과 슬픔을 "이 잔을 내게서 지나가게 해주십시오."라고 기도하신 것입니다. 하나님의 뜻이 결정되어 있지만 하나님의 의지를 바꾸실 수 있으시다면 당신을 외면하시는 그 잔을, 그 슬픔을 옮겨달라고 지금 기도하시는 것입니다.

아이가 아버지와 함께 있을 때에는 그 어떤 두려움도 이겨내고, 견뎌낼 수 있습니다. 아버지와 눈을 마주치고 있는 아들은 자기가 어려움에 처해 있어도 마음의 안정과 평화를 찾고 이겨낼 수 있습니다. 하물며 십자가를 앞두신 우리 예수님은 어떠하시겠습니까?

십자가에서 하늘 아버지께서 보통 진노하시는 것이 아닙니다. 십자가에 달리신 우리 주님을 바라보시면서 아버지가 완전히 외면하십니다.

> "제육시로부터 온 땅에 어둠이 임하여 제구시까지 계속되더니 제구 시쯤에 예수께서 크게 소리 질러 이르시되 엘리 엘리 라마 사박다니 하시니 이는 곧 나의 하나님, 나의 하나님, 어찌하여 나를 버리셨나이 까 하는 뜻이라"(마 27:45~46).

제6시부터 9시까지 온 땅에 어둠이 임합니다. 하나님의 진노가 드리워져 있고 하나님께서 아들을 외면하셨습니다. 예수님께서 그 시간을 견디지 못하시고 "엘리 엘리 라마 사박다니 나의 하나님 나의 하나님 어찌하여 나를 버리셨나이까?"라고 외치셨습니다. 그렇게 우리 예수님께서 절규하셨습니다.

독생자가 모든 인류의 죄를 다 담당하여 십자가를 지심으로 모든 죄인을 용서해주고자 작정하신 하나님의 뜻을 예수님께서 아십니다. 그래서 "할 만하시거든 이 잔을 내게서 지나가게 하옵소서."라고 표현하고 있는 것입니다. '이 잔'은 헬라어로는 '포테리온'이라는 말이고, 히브리어로는 '코스'라는 말입니다. 유대 사회에서 이 표현을 다양하게 사용합니다. 친구가 찾아왔을 때 그를 환영하며 잔에 가득히 포도주를 부어 건넵니다. 이때 친구는 포도주를 담은 잔을 건네받으며 친구의 사랑을 풍족하게 누리며 행복해

할 것입니다. 이 행복한 상태를 다윗은 시편 23편을 통해 노래했습니다.

> "여호와는 나의 목자시니 내게 부족함이 없으리로다 … 주께서 내 원
> 수의 목전에서 내게 상을 차려 주시고 기름을 내 머리에 부으셨으니
> 내 잔이 넘치나이다"(시 23:1~5).

'내 잔이 풍족하고 하나님의 사랑이 넘쳐나니 내가 너무 행복합니다.'라고 고백하는 내용입니다.

또한 결혼식을 할 때 신부는 그 잔을 받으면서 "이 잔이 내게 답니다."라고 표현합니다. 이는 '내가 결혼하여 정말 행복합니다.'라는 만족의 표현이기도 합니다. 정반대로 사랑하는 남편을 잃은 부인이 이 잔이 내게 너무 쓸쓸하므로 이 잔을 좀 치워 달라고 말한다면, 이는 이제 더는 남편과 함께할 수 없는 상황을 말하며 자신에게 닥친 고통과 슬픔을 밝히는 표현입니다.

바로 예수님께서 "이 잔을 내게서 지나가게 하옵소서." 하신 것은 곧 아버지와 자신이 분리되고 아버지로부터 외면당함으로 말할 수 없는 고통과 슬픔이 찾아올 때 십자가에서 경험하게 될 육체적인 그 고통은 감당할 수 있겠지만 아버지로부터 외면당하는 고통과 슬픔은 감당하기 너무 어렵다고 기도하시는 것입니다.

그렇게 기도하시던 예수님께서 "나의 원대로 마시옵고 아버지의 원대로 하옵소서."라고 기도하십니다. 한 번 하시면 될 터인데 반복해서 기도하십니다.

누군가 이렇게 말합니다. "한 번 기도하면 되잖습니까? 한 번만 말해도 하나님이 알아들으실 텐데 말입니다. 그리고 왜 그렇게 큰 소리로 기도합니까? 조용히 기도해도 되는데…."

이는 간절히 기도하는 사람의 심정을 몰라서 하는 말입니다. 속이 너무 터질 것 같아서 조용하게 기도하지 못하고 소리 높여 기도하는 것입니다. 아직도 이루어지지 않은 기도를 가지고 간절한 마음으로 계속 기도하는 것입니다. 새벽에도, 저녁에도 하루 종일 무시로 성령 안에서 생각날 때마다 계속해서 기도합니다. 너무 중요하기 때문입니다.

예수님께서도 기도하십니다. 아버지께서 저를 외면하시는 그 일만은 이루어지지 않게 해주시기를 간절히 기도하십니다. 우리 생각에 '십자가를 지고 죽으시면 되는 것 아닌가?'라고 생각하지만 그렇지 않습니다. 하나님 아버지의 영원한 진노는 아버지의 얼굴을 가리시는 것입니다. 아버지로부터 외면당하는 고통, 아버지께서 죄인들에게 얼굴을 가리시는 그 형벌을 예수님께서 대신 받으시면서 아버지로부터 외면당하실 것입니다.

하나님 아버지와 예수님은 영원토록 함께 계십니다. 그런데 십자가에서 우리의 죄를 지고 있는 그 시간에 하나님께서는 우리의 죄에 대한 진노로 예수님을 향해 얼굴을 가리우실 것입니다. 그래서 예수님께서 이 기도를 세 번이나 반복해서 하신 것입니다.

"제자들에게 오사 그 자는 것을 보시고 베드로에게 말씀하시되 너희가 나와 함께 한 시간도 이렇게 깨어 있을 수 없더냐 시험에 들지 않게 깨어 기도하라 마음에는 원이로되 육신이 약하도다 하시고"(마 26:40~41).

첫 번째로 기도하신 후 돌아와보니 제자들이 잠을 자고 있었습니다. 그러자 예수님께서는 제자들에게 깨어 기도하라는 말씀을 하신 후 다시 기도하러 올라가십니다.

"다시 두 번째 나아가 기도하여 이르시되 내 아버지여 만일 내가 마시지 않고는 이 잔이 내게서 지나갈 수 없거든 아버지의 원대로 되기를 원하나이다 하시고"(마 26:42).

예수님께서 다시 두 번째로 기도하십니다. 그런데 예수님의 두 번째 기도는 첫 번째 기도와 내용이 조금 다릅니다. 처음에는 "할 만하시거든 이 잔을 내게서 지나가게 하옵소서."라고 기도하셨는데, 이번에는 "내가 마시지 않고는 이 잔이 내게서 지나갈 수 없거든 아버지의 원대로 되기를 원하나이다."라고 기도하십니다.

"다시 오사 보신즉 그들이 자니 이는 그들의 눈이 피곤함일러라 또 그들을 두시고 나아가 세 번째 같은 말씀으로 기도하신 후 이에 제자들에게 오사 이르시되 이제는 자고 쉬라 보라 때가 가까이 왔으니 인자가 죄인의 손에 팔리느니라 일어나라 함께 가자 보라 나를 파는 자가 가까이 왔느니라"(마 26:43~46).

예수님께서 세 번째에도 두 번째와 같은 말씀으로 기도하십니다. 그리고는 더 이상 기도하지 않으십니다. 이제 하나님 아버지의 뜻이 확정되어 있음을 받아들이셨습니다. 변경할 수 없는 하나님의 뜻이라는 것을 아셨습니다. 예수님께서 십자가의 고통뿐만 아니라 아버지의 얼굴을 가리우시는 것, 아버지로부터 외면당하는 그것까지 다 받아들일 준비가 되어 있음을 확인해주십니다. 십자가를 지실 준비가 완료되었음을 말씀하시는 것입니다.

신앙생활이 제일 좋을 때가 언제냐고 한다면 바로 예수님과 같은, 이와 같은 때라고 말할 수 있습니다. 하나님께 내가 하고 싶은 대로 해주실 것을 아무리 말씀드려도 어떤 때에는 하나님께서 이루어주지 않으십니다. 물론 어떤 기도는 예레미야의 기도처럼 70년이 지난 뒤, 혹은 150년이 지난 뒤에 이루어지는 그런 기도도 있습니다. 그러나 어떤 기도는 안 이루어지는 기도도 있습니다. 우리는 이 모든 것이 하나님의 뜻임을 알아야 됩니다.

하나님께서는 완전하신 분입니다. 그래서 하나님께서는 교회 경영, 국가 경영, 세계 경영을 향한 완전한 계획을 가지시고, 하나님의 일을 하나님의 방법대로 하나님의 때에 진행하십니다. 우리가 원하는 대로가 아니라 하나님의 뜻대로 하나님께서 하십니다. 그 과정에서 고통스러울 수도 있고, 슬플 수도 있습니다.

예수님께서 제자들에게 말씀하신 것처럼 "내 마음이 매우 고민하여 죽게 되었으니." 그렇게 될 수도 있습니다. 그럼에도 하나님의 뜻을 받아들이는 결정을 내려야 합니다. 모든 것을 아버지께 맡기는 것입니다. 예수님께서도 세 번이나 간절히 기도하시고 결국 받아들이셨습니다. 기도의 최고봉이라고 말할 수 있습니다. 기도의 절정, 기도의 클라이맥스(climax)라고 말할 수 있는 기도, 이보다 더 높은 기도의 수준은 없습니다. 그렇습니다. "아버지의 뜻이 이루어지기를 원합니다."라는 예수님의 기도입니다.

예수님의 기도가 응답되었습니다. 실제로 예수님께서는 십자가에서 하나님 아버지께 외면당하셨습니다. 그래서 "엘리 엘리 라마 사박다니." 하고 외치셨습니다. 아브라함이 아들 이삭을 번제로 바치기 위해 이삭을 죽이려고 할 때 "아브라함아, 아브라함아, 이삭에게 손대지 마라!"라고 말씀하셨던 하나님께서 당신의 아들 예수 그리스도께서 우리의 죄를 담당하실 때에는 외면하셨습니다.

때론 우리가 가지고 있는 모든 것을 다 잃어버릴 수도 있고, 심지어 우리 자신이 병에 걸려서 히스기야 이름까지 언급하면서 히스기야를 고쳐주셨듯이 고쳐주시길 기도하지만 하나님께서 우리의 기도를 외면하실 수도 있습니다. 그럴 때에도 "아버지의 뜻대로 되기를 원합니다. 아버지의 뜻대로 하시옵소서."라고 기도해야 합니다.

5. 예수님처럼 기도하는 삶

우리가 부르는 노래 가운데 이런 노래가 있습니다.

"모든 능력과 모든 권세 모든 것 위에 뛰어나신 주님
 세상이 측량할 수 없는 지혜로 모든 만물 창조하셨네
 모든 나라와 모든 보좌 이 세상 모든 경이로움보다
 이 세상 모든 값진 보물보다 더욱 귀하신 나의 주님
 십자가 고통당하사 버림받고 외면당하셨네
 짓밟힌 장미꽃처럼 나를 위해 죽으셨네
 십자가 고통당하사 버림받고 외면당하셨네
 짓밟힌 장미꽃처럼 나를 위해 죽으셨네 나의 주"

그렇게 우리 주님이 외면당하셨습니다. 그것이 우리 주님의 가장 큰 고통과 슬픔이셨습니다. 그렇게 외면당하실지라도 예수님께서는 우리를 위해 기도하셨고, 우리를 위해 십자가를 지시고, 돌아가시고 부활하시고 승천하셨습니다. 그리고 우리를 위해 지금도 기도하십니다. 예수님께서 우리에게 무슨 일이든지, 아무리 고민이 되고 슬픔이 밀려와도 기도하라고, 뜻대로 안 될지라도 기도하라고 말씀하십니다. 그렇게 기도할 때 하나님께서 응답하시고 영광을 받으신다고 말씀하시며 지금도 함께 기도하자고 말씀하십니다.

예수님처럼 기도하고, 예수님처럼 응답받고, 예수님처럼 하나님께 영광을 돌릴 수 있는 복된 성도의 삶이 되기를 바랍니다.

기적을 만나는 기도 (11)
스데반의 기도와 말씀 묵상

"그들이 이 말을 듣고 마음에 찔려 그를 향하여 이를 갈거늘 스데반이 성령 충만하여 하늘을 우러러 주목하여 하나님의 영광과 및 예수께서 하나님 우편에 서신 것을 보고 말하되 보라 하늘이 열리고 인자가 하나님 우편에 서신 것을 보노라 한대 그들이 큰 소리를 지르며 귀를 막고 일제히 그에게 달려들어 성 밖으로 내치고 돌로 칠새 증인들이 옷을 벗어 사울이라 하는 청년의 발 앞에 두니라 그들이 돌로 스데반을 치니 스데반이 부르짖어 이르되 주 예수여 내 영혼을 받으시옵소서 하고 무릎을 꿇고 크게 불러 이르되 주여 이 죄를 그들에게 돌리지 마옵소서 이 말을 하고 자니라"(행 7:54~60).

1. 마지막 기도

며칠 전에 어느 목사님을 뵈었습니다. 사모님이 돌아가시고 혼자 사시는 분이었습니다. 사모님이 돌아가실 때 아무 말씀도 안 하시고 마지막에 꿀차 한 잔을 달라고 하셨다고 합니다. 그렇게 꿀차 한 잔을 드시고 편히 돌아가셨답니다.

마지막에 어떤 말을 하며 무엇을 행동하며 떠날 것인가가 중요합니다. 마지막에 주님께서 우리를 부르실 때 주님 앞에 마지막으로 이 땅에서 올리는 기도가 어떤 기도인가가 중요합니다.

예수님의 마지막 기도는 요한복음 17장에 잘 나타나 있습니다. 이 땅에서 복음 사역을 위해 할 일이 많은 제자들이 하나가 될 수 있도록 하시고, 지켜주시고 보전해주시길 하나님께 기도하셨습니다. 제자들뿐만 아니라 제자들을 통해 믿음을 갖게 될 사람들도 아버지와 예수님이 하나이신 것처럼 진리로 하나가 되게 해주시고 악한 자들에게서 지켜주시길 기도했습니다.

이 기도는 예수님께서 이 세상에 계실 때 늘 하셨던 기도였습니다. 마지막에는 그 기도밖에 없습니다. 너무나 소중한 제자들을 위해 성령님을 보내주시겠지만 그럼에도 하늘 아버지께서 지키시고 보전해주시길 기도하셨습니다. 예수님의 기도에 대한 응답대로 제자들은 하나가 되어 복음을 위해 자신의 삶 전부를 드릴 수 있는 훌륭한 제자들이 되었습니다.

우리가 드리는 마지막 기도는 어떤 기도일까요? 우리 자신을 위한 기도일 수도 있고, 사랑하는 가족을 위한 기도일 수도 있습니다. 이번 과에서는 스데반의 기도에 대해 살펴봅니다. 스데반이 자신의 신앙 세계를 총정리해서 하나님께 올려드리는 마지막 기도는 어떠했을까요?

2. 스데반의 순교

나날이 예루살렘 교회가 부흥했습니다. 이때 교회에서 봉사하는 것은 식탁 봉사였습니다. 예루살렘 교회에는 혼사 사는 사람이 많았는데 그 가운데에는 히브리파 과부들과 헬라파 과부들이 있었습니다. 그런데 사도들이 봉사하면서 그만 헬라파 사람들을 위한 대접이 소홀했습니다. 이 일로 원성이 높아져 교회가 어려움 가운데 빠지게 되자 사도들이 모든 제자를 불러 모아서 회의를 하게 되었습니다.

사도인 우리는 하나님의 말씀을 전하는 사역과 기도에 전념할 터이니 식탁 봉사만큼은 성령과 지혜가 충만하여 칭찬 받는 사람을 선택해서 맡기자고 했습니다. 자격을 갖춘 사람들 가운데 일곱 명이 일꾼으로 뽑혔고, 그때 뽑힌 한 명이 스데반이었습니다. 일꾼, 곧 집사의 일은 특별한 직무가 아니었습니다. 우리 장로님들보다 더 가벼운 직무라고 보시면 됩니다. 그런데 이때 뽑힌 스데반은 정말 대단한 사람이었습니다. 스데반은 하나님의 말씀에 정통한 사람이었고, 복음을 전하며 자기의 삶을 헌신한 사람이었습니다.

스데반이 복음을 전하다가 마지막에 돌에 맞아 죽어가면서 한 기도는 자기의 모든 것을 담은 기도였습니다. 그의 기도는 자신의 영혼을 하나님께서 받아주시라는 기도였고, 자기를 돌로 치는 사람들을 용서해주시라는 두 마디의 기도였습니다. 물론 스데반은 이때 하나님께서 보여주시는 놀라운 광경을 보았습니다.

그때는 스데반의 이야기를 듣는 사람들이 마음에 찔려 스데반을 보면서 분노의 이를 가는 순간이었습니다. 스데반이 자신들과 달랐기 때문입니다. 스데반은 성경과 역사를 보는 눈이 달랐습니다.

"그들이 이 말을 듣고 마음에 찔려 그를 향하여 이를 갈거늘 스데반이 성령 충만하여 하늘을 우러러 주목하여 하나님의 영광과 및 예수께서 하나님 우편에 서신 것을 보고 말하되 보라 하늘이 열리고 인자가 하나님 우편에 서신 것을 보노라 한대"(행 7:54~56).

스데반에게 돌을 던지던 자들이 분노를 느끼고 있을 때, 스데반은 성령 충만하여서 하늘을 우러러 주목하여 하나님의 영광과, 우리 주 예수님께서 하나님의 우편에 서 계신 것을 보았습니다. 그 광경을 보며 스데반은 예수님께서 하나님 우편에 서신 것이 보인다고 외쳤습니다.

모든 사람이 스데반과 같은 경험을 하는 것은 아닙니다. 물론 조금 특별한 경험을 하는 성도들도 있지만 대부분의 성도들은 병든 몸으로 아픈 통증과 씨름하다가 마지막에 이르러 신앙적으로 여러 상황을 정리하고 평화를 누리며 하나님 앞으로 갑니다. 하지만 스데반처럼 하늘의 놀라운 광경을 보는 것은 모든 이의 것이 아닙니다.

> "예수께서 이르시되 내가 그니라 인자가 권능자의 우편에 앉은 것과
> 하늘 구름을 타고 오는 것을 너희가 보리라 하시니"(막 14:62).

예수님께서는 승천하시며 하늘 아버지의 오른편에 예수님께서 앉은 것을 보게 될 것이라고 말씀해주셨습니다. 그것은 예수님의 약속이었습니다. 그런데 바로 스데반이 하늘을 보았을 때 하나님의 영광과 예수님께서 하나님 우편에 서신 것을 본 것입니다. 스데반은 예수님께서 앉아 계신 것이 아니라 서신 것을 보고 있다고 두 번이나 강조했습니다.

평소에는 예수님께서 하나님 우편에 앉아 계시면서 왕으로서 모든 것을 주관하고 통치하십니다. 그런데 지금 예수님께서 그 자리에서 일어서셔서 스데반이 돌에 맞는 순교의 장면을 바라보고 계신 것입니다. 그 순간 스데반의 시선과 예수님의 시선이 만나지 않았을까 생각해봅니다. 당연히 예수님은 당신의 종을 바라보고 계셨을 것입니다. 스데반이 하늘에 오르신 예수님의 다스림을 믿는 신앙으로 살아가는 가운데 돌에 맞아 죽는 시간이었기 때문입니다. 그때 하나님께서 스데반에게 하나님의 영광과 예수 그리스도의 영광을 보게 해주셨던 것입니다.

성경에는 하늘에 오르셔서 하나님 우편에 계신 예수님 이야기가 많이

등장합니다. 물론 예수님께서도 직접 말씀하신 내용입니다. 그리고 스데반의 순교의 시간을 통해 그 광경을 볼 수 있습니다.

베드로도 하늘에 오르신 예수님을 소개했습니다.

"그는 하늘에 오르사 하나님 우편에 계시니 천사들과 권세들과 능력들이 그에게 복종하느니라"(벧전 3:22).

사도 바울은 〈로마서〉를 통해 예수님께서 하나님 우편에서 우리를 위해 간구하고 계심을 소개했습니다.

"누가 정죄하리요 죽으실 뿐 아니라 다시 살아나신 이는 그리스도 예수시니 그는 하나님 우편에 계신 자요 우리를 위하여 간구하시는 자시니라"(롬 8:34).

사도 요한은 예수님의 증인이 되어 복음을 전하다 밧모라는 섬에 유배되어갔을 때 그곳에서 환상 가운데 예수님의 영광스러운 모습을 보았습니다.

"내가 또 들으니 하늘 위에와 땅 위에와 땅 아래와 바다 위에와 또 그 가운데 모든 피조물이 이르되 보좌에 앉으신 이와 어린 양에게 찬송과 존귀와 영광과 권능을 세세토록 돌릴지어다 하니"(계 5:13).

보좌에 앉으신 성부 하나님 곁에 하나님의 어린양 예수님께서도 앉아 계셨습니다. 이 광경을 사도 요한이 보고 들었습니다.

우리 예수님께서는 부활하시고 승천하시기 전에 십자가를 지셨습니다. 그리고 십자가 위에서 간절히 기도하셨습니다. 십자가 위에서 하신 일곱 마디 말씀 가운데 첫 번째는 당신을 십자가에 못 박은 이들을 용서해달라는 기도였습니다.

> "이에 예수께서 이르시되 아버지 저들을 사하여 주옵소서 자기들이 하는 것을 알지 못함이니이다 하시더라 그들이 그의 옷을 나눠 제비 뽑을새"(눅 23:34).

예수님의 용서의 기도가 죽음을 맞이하고 있는 순교자 스데반의 가슴 속에 있었습니다. 예수님의 기도를 마음에 간직하고 있는 스데반은 자신을 돌로 치는 자들을 향해서 용서해달라는 기도를 했습니다.

> "예수께서 큰 소리로 불러 이르시되 아버지 내 영혼을 아버지 손에 부탁하나이다 하고 이 말씀을 하신 후 숨지시니라"(눅 23:46).

또한 예수님께서 십자가에서 마지막으로 "내 영혼을 아버지 손에 부탁하나이다."라고 하신 기도를 본받아서 스데반도 기도했습니다.

> "그들이 돌로 스데반을 치니 스데반이 부르짖어 이르되 주 예수여 내 영혼을 받으시옵소서 하고 무릎을 꿇고 크게 불러 이르되 주여 이 죄를 그들에게 돌리지 마옵소서 이 말을 하고 자니라"(행 7:59~60).

정말 스데반이 부럽습니다. 실제로 이렇게 스데반처럼 기도하고 생의 마지막 시간을 끝내는 사람이 많지 않습니다. 고통과 용사처럼 싸우다가 죽는 것이 어찌 보면 전사하는 것과 같지만, 한편으로는 승리하는 모습입니다. 죽음을 이기고 영광스러운 하나님의 나라로 들어가는 그 시간은 승리의 시간이지만, 분명히 죽음과 맞서 싸우고 죽음에 이르는 시간입니다. 그 시간은 용사처럼 싸우는 굉장한 시간입니다.

그 짧은 시간에 스데반처럼 자신의 영혼을 예수님께 부탁하며 기도하는 것은 정말 쉽지 않습니다. 더욱이 자신을 죽이는 원수들을 진심으로 용서하면서 그들을 용서해달라는 기도를 하며 눈을 감는 것은 더욱 쉽지 않습니다. 스데반이 이처럼 기도하게 된 것은 성경 한 권을 한 손에 쥘 수 있는 실력이 그에게 있었기 때문입니다.

스데반은 산헤드린 공회 앞에서 심문을 받으면서 복음을 전했습니다. 그곳에서 스데반의 이야기를 듣던 사람들이 분노하며 스데반을 죽이기 위해서 끌고 나가 돌을 던졌습니다. 스데반에게 죽음이 눈앞에 다가온 참으로 긴박한 순간이었습니다. 스데반이 평소에 준비가 되어 있지 않았다면 그와 같은 기도를 못했을 것입니다.

"스데반이 은혜와 권능이 충만하여 큰 기사와 표적을 민간에 행하니"(행 6:8).

스데반은 충분히 하나님의 말씀으로 준비되어 있는 사람이었습니다.

"거짓 증인들을 세우니 이르되 이 사람이 이 거룩한 곳과 율법을 거슬러 말하기를 마지 아니하는도다 그의 말에 이 나사렛 예수가 이 곳을 헐고 또 모세가 우리에게 전하여 준 규례를 고치겠다 함을 우리가 들었노라 하거늘"(행 6:13~14).

예수님께서는 모세의 율법을 고치는 것이 아니라 모세의 율법을 성취하려고 오셨고 마침내 성취하셨습니다. 이를 잘 알고 있는 스데반은 당연히 지금의 예루살렘 성전과 대제사장 제도를 통한 제사가 이미 끝났음을 알렸습니다. 스데반은 이 모든 이야기를 사도들을 통해 들었습니다. 이 이야기는 예수님께서 평소에 늘 해주신 말씀이었으며, 베드로를 비롯해 사도들의 사역을 통해 충분히 알게 된 이야기였습니다.

그래서 스데반도 예루살렘 성전 시대와 대제사장 제도가 끝났다는 것, 율법은 고쳐진 것이 아니라 완성되었다는 것을 말하며 예수 그리스도를 믿음으로 구원을 얻는 도에 관해서 당연히 이야기했을 것입니다. 이 이야기를 들은 산헤드린 공회 사람들은 거짓 증인들을 모아 거짓말을 만들어서 스데반에게 억울한 처형을 내렸습니다.

이들에 맞서 스데반은 자신은 거짓말을 한 것이 아니라 사실을 말한 것임을 이야기했습니다. 그 짧은 시간에 아브라함의 선택부터 믿음의 조상들 세대까지 구약성경을 압축하여 예수님까지 연결하여 말했습니다. 이 내용이 사도행전 7장 1절부터 53절까지 잘 기록되어 있습니다. 스데반은 구약성경 전체의 이야기와 예수님의 이야기를 우리가 천천히 읽어도 5분 정도면 다 읽을 수 있는 내용으로, 말로는 10분이면 가능할 내용으로 압축할 수 있는 실력을 가지고 있었습니다. 스데반은 그 시대 초기교회의 보배요, 자랑이었습니다.

스데반은 신학을 공부한 목사가 아닙니다. 평범한 성도입니다. 성도들이 함께 먹을 수 있도록 하고, 가난한 사람이 구제될 수 있도록 하고, 누구나 불평 없이 함께 만족할 수 있도록 공평하게 식탁 봉사를 하던 사람이었습니다. 목사도 아니고 사도도 아닌 그냥 평범한 봉사자의 한 사람인 스데반이 성경을 하나로 딱 쥐고 있었던 것입니다. 평범한 그가 대제사장을 비롯해 유대교의 최고 지도자를 상대할 수 있을 만큼 성경에 관한 충분한 지식을 갖추고 있었다는 사실이 놀랍습니다.

스데반의 이야기를 들어보십시오.

"스데반이 이르되 여러분 부형들이여 들으소서 우리 조상 아브라함이 하란에 있기 전 메소보다미아에 있을 때에 영광의 하나님이 그에게 보여 이르시되 네 고향과 친척을 떠나 내가 네게 보일 땅으로 가라 하시니 아브라함이 갈대아 사람의 땅을 떠나 하란에 거하다가 그의 아버지가 죽으매 하나님이 그를 거기서 너희 지금 사는 이 땅으로 옮기셨느니라 그러나 여기서 발 붙일 만한 땅도 유업으로 주지 아니하시고 다만 이 땅을 아직 자식도 없는 그와 그의 후손에게 소유로 주신다고 약속하셨으며"(행 7:2~5).

스데반이 조상 아브라함부터 이야기를 시작합니다. 아브라함이 고향과 친척을 떠나 보여줄 땅으로 가라는 하나님의 말씀을 듣고 고향 갈대아 우르를 떠나 하란으로 갔다가 다시 가나안 땅으로 이주했고, 가나안 땅에 왔을 때 자손에 대한 약속을 하나님께서 주셨다는 것입니다.

> "하나님이 또 이같이 말씀하시되 그 후손이 다른 땅에서 나그네가 되리니 그 땅 사람들이 종으로 삼아 사백 년 동안을 괴롭게 하리라 하시고 또 이르시되 종 삼는 나라를 내가 심판하리니 그 후에 그들이 나와서 이 곳에서 나를 섬기리라 하시고"(행 7:6~7).

그리고 아브라함의 후손들이 이방인의 객이 되어 400년 동안 괴롭힘을 당했다고 이야기했습니다. 이어서 할례 언약에 대해서 말합니다.

> "할례의 언약을 아브라함에게 주셨더니 그가 이삭을 낳아 여드레 만에 할례를 행하고 이삭이 야곱을, 야곱이 우리 열두 조상을 낳으니라"
> (행 7:8).

하나님께서 횃불 사이로 지나가시면서 아브라함과 언약을 맺으시고(창 15장), 할례를 받으라고 하시면서 할례를 하나님과 언약의 백성으로서 맺은 증표로 가지고 살아갈 수 있도록 복을 주셨습니다(창 17장).

이 언약은 아브라함에서 이삭으로, 야곱으로, 요셉으로 이어졌습니다. 요셉이 먼저 애굽에 내려가서 총리가 되고, 그 뒤로 요셉이 야곱의 후손 70여 명을 초청해서 그 땅에 살도록 하나님께서 섭리하셨습니다. 이후 야곱이 애굽에서 죽고, 하나님께서 약속하신 때가 이르러 요셉을 알지 못하는 새 왕이 히브리 민족 이스라엘을 괴롭혔고, 마침내 모세를 통해 80년 뒤에 출애굽하게 되는 그 역사를 쭉 이야기합니다. 스데반은 모세가 떨기나무 불꽃 가운데서 하나님께 부름을 받은 장면을 자세히 말했습니다.

> "사십 년이 차매 천사가 시내 산 광야 가시나무 떨기 불꽃 가운데서 그에게 보이거늘 모세가 그 광경을 보고 놀랍게 여겨 알아보려고 가까이 가니 주의 소리가 있어 나는 네 조상의 하나님 즉 아브라함과 이삭과 야곱의 하나님이라 하신대 모세가 무서워 감히 바라보지 못하더라 주께서 이르시되 네 발의 신을 벗으라 네가 서 있는 곳은 거룩한 땅이니라"(행 7:30~33).

그렇게 모세가 출애굽의 지도자로 부름을 받아 이스라엘 백성들이 약속의 땅 가나안으로 들어가도록 출애굽의 역사를 이끌고, 시내 광야에서 언약을 맺고 광야 교회를 시작했음을 설명합니다.

> "시내 산에서 말하던 그 천사와 우리 조상들과 함께 광야 교회에 있었고 또 살아 있는 말씀을 받아 우리에게 주던 자가 이 사람이라"(행 7:38).

모세를 통해서 하나님의 말씀이 우리에게 주어졌다는 이야기와 함께 모세가 돌판을 가져간 사이에 아론을 시켜 금송아지를 만들어 하나님을 진노하시게 했던 사건을 말합니다.

"하나님이 외면하사 그들을 그 하늘의 군대 섬기는 일에 버려 두셨으
니 이는 선지자의 책에 기록된 바 이스라엘의 집이여 너희가 광야에
서 사십 년간 희생과 제물을 내게 드린 일이 있었느냐"(행 7:42).

광야 40년 동안 하나님께 제대로 된 예배를 드린 적이 있느냐고 질문했
다는 것은 그만큼 광야 40년 동안 하나님께 제대로 순종하는 삶을 살지 못
했음을 말하는 것입니다. 그들은 또한 광야에서 약속의 땅 가나안에 들어
갔을 때 우상숭배자가 되었고, 이 때문에 나중에는 바벨론으로 옮겨지게
될 운명이 되었음을 지적합니다.

스데반은 이제 성전에 대해 증언합니다.

"광야에서 우리 조상들에게 증거의 장막이 있었으니 이것은 모세에
게 말씀하신 이가 명하사 그가 본 그 양식대로 만들게 하신 것이라"
(행 7:44).

먼저 모세를 통해 지어진 증거의 장막부터 다윗과 솔로몬 시대까지 이
어서 말합니다.

"그러나 지극히 높으신 이는 손으로 지은 곳에 계시지 아니하시나니
선지자가 말한 바 주께서 이르시되 하늘은 나의 보좌요 땅은 나의 발
등상이니 너희가 나를 위하여 무슨 집을 짓겠으며 나의 안식할 처소
가 어디냐 이 모든 것이 다 내 손으로 지은 것이 아니냐 함과 같으니

라"(행 7:48~50).

그런데 솔로몬 때 하나님을 위해 성전을 건축했지만 하나님께서 사람의 손으로 지은 곳에 계시지 않는다는 충격적인 이야기를 합니다. 솔로몬 성전이 지어지고 파괴되고, 그 뒤에 스룹바벨 성전으로 재건되고, 지금은 헤롯이 유대를 다스리는 왕이 되어 큰 성전을 짓고 있지만 지극히 높으신 하나님께서 그 성전에 계시지 않는다는 말을 듣고 그곳에 있던 사람들이 얼마나 분노했겠습니까.

스데반이 어머어마한 도발적인 발언을 한 것입니다. 유대인들은 화려하고 웅장한 성전을 자랑하고 있었지만, 스데반은 그곳에 하나님께서 계시지 않음을 말하며 그들을 책망한 것입니다. 스데반은 조상들이 하나님께 순종하지 않고 거역했던 것처럼 지금의 유대인들도 똑같이 하나님을 거역하고 있다고 말한 것입니다. 그래서 그들이 이를 갈면서 스데반을 돌로 쳐 죽이려고 했던 것입니다.

"그들이 이 말을 듣고 마음에 찔려 그를 향하여 이를 갈거늘"(행 7:54).

우리가 주목해야 하는 것은 스데반이 산헤드린 공회 앞에서 심문을 받은 후 분노하는 청중들이 돌을 들어 칠 때 스데반이 기도한 내용입니다. 앞서 살펴본 대로 스데반의 기도는 자신의 영혼을 받아주시라는 기도와 자신을 죽이려 돌을 든 사람들을 용서해달라는 기도입니다.

스데반은 죽음이 끝이 아니고 그 이후에 다음 세계가 있음을 마음으로,

지식으로, 그리고 영으로 알고 있었습니다. 지금 그의 이야기 속에 아브라함, 이삭, 야곱을 비롯해 그들은 모두 다 죽었지만 살아 있다는 것입니다. 자신은 지금 돌에 맞아 죽겠지만 죽음의 관문을 통과한 후 자신도 살아 있을 것이므로 "주 예수여 내 영혼을 받으시옵소서."라고 기도할 수 있었던 것입니다. 이 정도 지식이 축적되어 있어야만 이와 같은 마지막 기도가 가능합니다.

이 세상에서 가장 위대한 신앙은 어떤 신앙일까요? 물론 하나님을 알고 믿는 것이 중요합니다. 그런데 참으로 하기 힘든 것이 원수를 용서하는 것입니다. 스데반은 자신이 죽음으로 이 세상에서 다시는 만날 수 없는 사람들의 영혼을 걱정하면서 "주여 이 죄를 그들에게 돌리지 마옵소서."라고 기도했습니다.

4. 기도 실력, 성경

스데반이 구약성경의 역사를 이야기할 때 거기에 동의하는 한 사람이 있었을 것입니다. 바로 사울이라는 청년입니다. 어릴 때부터 율법을 공부했으며 가말리엘의 수제자로 공부한 사울은 스데반이 아브라함, 이삭, 야곱을 비롯해 구약 전체를 이야기할 때 그 모든 것을 알고 들었을 것입니다. 물론 예수님 이야기까지는 몰랐을 때입니다. 그러나 스데반은 예수님의 복음 곧 예수님의 삶과 가르침, 예수님의 죽음과 부활, 승천 모든 이야기를 연결해 구약성경 전체를 알았습니다.

우리가 온전한 성경 지식을 가지려면 반드시 예수님 안에서 성경을 이해해야 합니다.

예수님께서 분명히 말씀하셨습니다.

"또 이르시되 내가 너희와 함께 있을 때에 너희에게 말한 바 곧 모세의 율법과 선지자의 글과 시편에 나를 가리켜 기록된 모든 것이 이루어져야 하리라 한 말이 이것이라 하시고"(눅 24:44).

"너희가 성경에서 영생을 얻는 줄 생각하고 성경을 연구하거니와 이 성경이 곧 내게 대하여 증언하는 것이니라"(요 5:39).

성경 전체를 예수님께 초점을 맞추지 않으면 아무런 의미가 없습니다. 역사가 사실인지 모르지만 프톨레미 2세가 구약성경을 70인역으로 번역할 때 어마어마한 비용을 썼다고 합니다. 애굽(이집트)에서 수많은 히브리 노예를 풀어주고 대단한 예물을 대제사장에게 보내는 등 엄청난 비용을 지출했습니다. 그렇게까지 해서 70인역이라는 성경을 번역했습니다. 그런데 그 70인역과 예수님이 연결되지 않으면 그 모든 일과 비용은 아무런 가치가 없는 것입니다.

성경은 반드시 예수님 안에서 이해해야 합니다. 당시 스데반과 바울의 실력 차이가 여기에 있습니다.

이후에 등장하는 성경 속 인물 아볼로는 구약성경은 잘 아는데 세례 요한의 세례까지밖에 몰랐기에 예수님의 생애와 연결하여서는 이해하지 못했습니다. 그래서 브리스길라와 아굴라가 개인적으로 잘 가르쳐 성경을 정확하게 알도록 도와준 역사가 〈사도행전〉에 기록되어 있습니다.

"알렉산드리아에서 난 아볼로라 하는 유대인이 에베소에 이르니 이 사람은 언변이 좋고 성경에 능통한 자라 그가 일찍이 주의 도를 배워 열심으로 예수에 관한 것을 자세히 말하며 가르치나 요한의 세례만 알 따름이라 그가 회당에서 담대히 말하기 시작하거늘 브리스길라와 아굴라가 듣고 데려다가 하나님의 도를 더 정확하게 풀어 이르더라"

(행 19:24~26).

우리도 스데반처럼 성경 실력을 갖추도록 노력했으면 하고 생각하면서 이런 제안을 해봅니다. 성경 66권의 각 권을 처음 내용과 마지막 내용, 그리고 중간에 어떤 내용이 있는지 생각해보는 것입니다.

창세기 1장에는 천지창조, 창세기 50장에는 요셉의 죽음과 유언, 그리고 중간에는 아브라함과 이삭과 야곱과 하나님께서 맺으신 언약이 있습니다. 출애굽기 1장과 2장은 모세가 출생하기 전의 배경과 함께 히브리인들이 핍박받아 생존이 위태로운 이야기를 하고. 출애굽기 40장은 성막 봉헌을 통해서 하나님께 영광을 돌려드리는 이야기, 중간은 출애굽한 백성들이 시내산 언약을 체결하는 이야기가 출애굽기 19~24장에 있습니다.

〈레위기〉도 마찬가지입니다. 레위기 1~7장까지 첫 부분은 번제 이야기로부터 다섯 가지 제사 이야기, 레위기 27장은 특별히 하나님께 헌신하는 봉헌의 이야기, 중간은 제사장으로 아론이 세워지고 사람의 생활 속에서 일어날 수 있는 여러 정결법이라든지 산모 휴가법이라든지 먹거리에 대한 것이라든지 1년에 한 번 하나님께 드리는 대속죄일에 대한 이야기가 들어 있습니다.

이런 식으로 성경 각 권의 첫 부분, 끝 부분, 중간 부분에는 어떤 이야기가 있는지 생각해보는 것입니다. 그렇게 많이 생각해놓으면 언제든 풍요롭게 사용할 수 있습니다.

또한 많은 성경 구절을 암송해두기를 바랍니다. 저의 이야기를 잠시 하자면, 고등학교 때와 군대에 가서 성경을 많이 읽고 구절을 많이 암송했습니다. 그렇게 많은 구절을 암송해두었기에 설교를 준비할 때, 성경을 볼 때 이 구절에 있는 성경, 저 구절에 있는 성경이 연결됩니다. 하나님께서는 성경을 읽고 묵상하고 암송하면서 든 노력보다 천 배 만 배 더 큰 보상을 주십니다. 하나님께서는 제가 알고 있는 말씀을 생각나게 해주십니다. 그동안 하나님께 성경 어디를 펴서 보라, 이런 계시를 받은 적이 없습니다. 그러나 하나님께서는 제가 읽었던 말씀, 암송했던 말씀을 생각나게 해주십니다.

우리는 앞으로 어떤 상황에 처할지 우리에게 어떤 일들이 닥칠지 모릅니다. 무서운 박해 시대가 다가올 수도 있습니다. 교회 문이 닫히고, 목회자도 만날 수 없는 시대가 올 수도 있습니다. 그때 우리는 어떻게 해야 할까요? 그래서 성경을 많이 읽어놓고, 외워놓아야 합니다. 찬송도 마찬가지입니다. 아마도 1~4절까지 찬송가를 자신 있게 부를 수 있는 사람이 많지 않을 것입니다. 우리는 어디서나 누구와도 예배할 수 있는 실력을 갖추고 있어야 합니다.

우리의 아이들에게도 꼭 필요한 이야기입니다. 그렇게 우리가 준비되어야 합니다. 가족들끼리, 친구들끼리, 나 혼자서라도 하나님께 예배할 수 있는 사람이 되기 위해서 찬송, 기도, 말씀 이 세 가지 실력을 두루 갖추는 사람이 되어야 합니다.

스데반은 그런 실력을 갖추고 신앙생활을 한 사람입니다. 스데반은 평범하게 교회에서 봉사하는 집사였습니다. 구약성경에도 자랑스런 평신도들이 많습니다. 자랑스러운 정치인 다니엘, 느헤미야와 같은 사람들도 성경을 쭉 꿰뚫고, 성경을 붙들고 기도하는 사람들이었습니다.

우리가 지난 과에서 살펴본 느헤미야의 기도를 생각해봅니다. 느헤미야 1장 4절에서 11절까지의 느헤미야의 기도 문장을 보면 길지 않습니다. 열 문장 정도입니다. 첫 번째로 하늘의 하나님, 위대하고 두려운 하나님으로 시작하여 "오늘 종이 형통하여 이 사람 앞에서 은혜를 입게 하옵소서."라고 느헤미야가 기도했습니다.

이 기도 실력을 우리가 갖춰야 합니다. 기도를 유창하게 하는 사람이 되라는 것이 아닙니다. 지금 내가 처해 있는 현실 문제를 느헤미야처럼, 스데반처럼 말씀을 가지고 어떻게 해결할 것인지 기도해야 합니다. 회개할 것은 회개하고, 도움을 요청할 것은 도움을 요청하면서 현실 문제를 가지고 기도하는 것입니다.

다시 한번 강조합니다. 기도하기 위해서는 기록된 하나님의 말씀을 아는 것이 중요합니다. 그리고 내가 처한 현실 문제가 무엇인지 정확하게 인식하는 것이 중요합니다. 나의 현실 문제에 대해 성경은 어떻게 이야기하고 있는지, 하나님의 어떤 은혜가 필요하지 연결해보아야 합니다. 용서가 필요한 상황이면 인자와 긍휼이 풍성하신 하나님께 기도할 것이고, 문제 해결을 위해서는 어려움에서 구원해주실 하나님께 기도해야 합니다. 전능하신 능력의 하나님께, 창조와 구속의 하나님께 기도할 수 있습니다. 기도하면 그 다음, 하나님의 응답을 받습니다.

5. 스데반의 기도 응답

스데반이 기도하고 난 후, 열매가 맺혔습니다. 그 가운데 가장 큰 열매는 스데반을 돌로 쳐 죽이는 일을 주도했던 그들 가운데 사울이라는 청년이 회심해 예수님의 종이 된 것입니다. 그는 바울이 되어 스데반이 했던 복음을 받아들이고 그 말씀 그대로 살았습니다.

바울의 가르침은 다른 가르침이 아니라 스데반의 이야기가 좀 더 확장된 것입니다. 바울은 더 풍성한 내용으로 더 많은 사람에게 전하는 선교사의 삶을 살았습니다. 자신이 새롭게 만들어낸 것이 아닙니다. 스데반을 비롯해 다른 사도들이 증언했던 그 말씀입니다. 바울의 많은 가르침으로 얼마나 많은 사람이 용서받고 구원받았습니까.

"유대인들에게 사십에서 하나 감한 매를 다섯 번 맞았으며"(고후 11:24).

바울이 40에 하나 감한 매를 다섯 번이나 맞았으면서도 자기를 때리는 사람들을 용서해달라고 기도했습니다. 그때 그 옛날 스데반을 돌로 칠 때 스데반이 했던 기도처럼, 우리 예수님께서 십자가 위에서 하셨던 그 기도처럼 '저들을 용서해주십시오. 저들은 자기들이 무엇을 잘못했는지 알지 못합니다.'라고 기도했을 것입니다.

우리 예수님의 기도는 스데반에게 영향을 끼치고, 스데반의 기도는 바울에게 영향을 끼치고, 복음을 전했던 1세대까지, 그리고 우리 모두에게 계속 영향을 끼치고 있습니다.

순교자의 대열을 한번 정리해봅시다. 예수님의 십자가 죽으심 후, 스데반이 첫 번째 순교자가 되었습니다. 그 다음에 야고보 사도가 순교자가 되고, A.D.64년에 로마 제국의 박해를 받을 때 베드로와 바울이 순교자의 길을 걸어갔습니다. 이때 기독교 지도자 200여 명이 함께 처형되었습니다. 그 이후 콘스탄틴 황제 때 기독교가 종교로 인정받아 박해가 끝나기 전까지 수많은 사람이 로마 제국의 박해 속에서 순교했습니다. 그러다 A.D.390년에 기독교가 로마 제국의 유일한 종교가 되는 역사가 이루어졌습니다.

길고 긴 고난의 역사를 걸어갔던 하나님의 사람들이 현실 문제를 위해서 수없이 많이 기도할 때 예수님의 기도, 스데반의 기도를 본받아서 기도했을 것입니다.

예수님께서 십자가에서 기도하셨을 때의 모습은 베드로와 요한의 기억 속에 강하게 남아 있었을 것입니다. 그 이야기를 스데반이 알았고, 결국 그가 성령 충만해서 하늘을 우러러 주목하여 하나님의 영광과 예수께서 하나님의 우편에 서신 것을 보고 외치는 데까지 이르렀습니다.

> "보라 하늘이 열리고 인자가 하나님 우편에 서신 것을 보노라"(행 7:56).

얼마나 분명한 소리로 들렸겠습니까? 기록된 성경이 우리 미래의 현실입니다.

우리가 죽을 때 우리 영혼을 받아주실 이는 우리 하나님 아버지뿐이십니다. 아무리 늙고 병든 몸이라도 하늘 아버지께서 따뜻한 품에 안아주실 거라고 우리 주님께서 말씀하셨습니다. 우리 주님의 말씀 가운데 나사로가 죽을 때 천사들의 손에 받들려 낙원에 들어가는 그 장면을 생각해보십시오.

나사로는 세상의 기준으로 볼 때 아무 가치도 없는 사람이었습니다. 병든 거지 나사로는 헌데 투성이로 버려진 사람이었습니다. 어느 누구도 눈길 한 번 주지 않는 철저히 외면당한 사람을 하나님께서 천사를 보내 안아주셨습니다. 그리스도 예수 안에서 언젠가 마지막 시간을 맞이할 우리를 위해서도 하늘 아버지께서 그렇게 하시리라 믿습니다.

성경을 알아갑시다. 성경을 알고, 성경대로 믿고, 성경대로 살고, 성경대로 기도하고, 성경대로 마지막 시간을 맞이합시다. "저의 영혼을 받아주십시오. 저들을 용서해주십시오. 저들을 구원해주십시오."라는 기도가 우리의 마지막 기도가 되어서 하나님께 영광이 돌아가게 되기를 바랍니다.

기적을 만나는 기도 (12)
바울의
기도와 말씀 묵상

"내가 율법으로 말미암아 율법에 대하여 죽었나니 이는 하나님에 대하여 살려 함이라 내가 그리스도와 함께 십자가에 못 박혔나니 그런즉 이제는 내가 사는 것이 아니요 오직 내 안에 그리스도께서 사시는 것이라 이제 내가 육체 가운데 사는 것은 나를 사랑하사 나를 위하여 자기 자신을 버리신 하나님의 아들을 믿는 믿음 안에서 사는 것이라"(갈 2:19~20).

"이러므로 내가 하늘과 땅에 있는 각 족속에게 이름을 주신 아버지 앞에 무릎을 꿇고 비노니 그의 영광의 풍성함을 따라 그의 성령으로 말미암아 너희 속사람을 능력으로 강건하게 하시오며 믿음으로 말미암아 그리스도께서 너희 마음에 계시게 하시옵고 너희가 사랑 가운데서 뿌리가 박히고 터가 굳어져서 능히 모든 성도와 함께 지식에 넘치는 그리스도의 사랑을 알고 그 너비와 길이와 높이와 깊이가 어떠함을 깨달아 하나님의 모든 충만하신 것으로 너희에게 충만하게 하시기를 구하노라"(엡 3:14~19).

1. 말씀과 기도의 사람 바울

성경 속 바울의 삶은 가말리엘 문하에서 율법을 공부하던 바리새인 청년 사울, 다메섹 그 순간, 그리고 하나님의 사람 사도 바울로 구분해서 보아야 할 것입니다. 그러므로 바울의 기도를 살펴보려면 그가 바리새인의 정체성이 가장 강했던 청년 시절 즉, 예수님 당시 바리새인들의 기도를 먼저 살펴보고, 그 후 사도가 된 바울의 기도를 비교해서 살펴보는 것이 좋습니다.

바리새인들의 기도는 우리가 이미 예수님의 기도에서 살펴보았듯이 마음을 다해 하나님께 올려드리는 진실한 기도가 아닌, 사람들에게 보여주기 위한 쇼에 가까운 기도였습니다. 그들의 기도는 하늘에서 받을 상이 없는, 이 땅에서 상을 다 받는 기도였고 자기 자신조차도 속이는 위선 가득한 기도였습니다. 그 때문에 바리새인들은 온유하시고 사랑 많으신 예수님께 그렇게까지 심한 질책을 받았던 것입니다.

바울은 태어날 때부터 바리새인이었기에 '모세오경'만을 성경으로 받아들였던 사두개파와는 달리 '모세오경과 선지자들의 글' 즉, 구약성경 39권을 모두 하나님의 말씀으로 배운 사람이었습니다. 그런 바울이 예수님을 신성모독자, 성전 모독자, 부활을 속이는 자, 자칭 유대인의 왕으로 오해했던 이유는 그가 믿고 따르던 예수님 당시 대제사장들을 비롯한 산헤드린 공회의 마타도어(흑색선전) 때문이었습니다. 그런데 다메섹 도상에서 예수님을 만난 후 청년 사울은 예수님에 대한 모든 오해를 풀고, 예수님은 하나님의 아들이시고 성전보다 크신 분이며 부활의 첫 열매이시고 만왕의 왕이시라는 사실을 알게 되었습니다.

그렇습니다. 어려서부터 바리새인들의 기도를 듣고 바리새인들의 기도를 배우며 자란 청년 사울은 다메섹 도상에서 '십자가에서 죽으시고 부활하신 하나님의 아들 예수 그리스도'를 만난 후 말 그대로 180도 바뀌는 새사람이 됩니다. 바울의 기도는 '다메섹 그 순간'부터 완벽하게 바뀝니다. 그때부터 청년 사울의 기도는 과거 바리새인들의 기도가 아닌, 예수 그리스도께서 가르쳐주신 기도 즉, '하나님의 뜻이 하늘에서 이루어진 것처럼, 땅에서도 이루어지기를 소망하는 기도'가 됩니다.

'다메섹 그 순간' 청년 사울은 그동안 배우고 공부했던 구약 39권이 완벽하게 예수 그리스도를 바라보고 있었다는 사실을 깨닫습니다. 그러므로 구약이 바탕이 되지 않으면 예수 그리스도를 제대로 알 수 없습니다. 구약의 율법과 선지자들의 글을 바탕으로 예수 그리스도를 만나면 예수님을 가장 정확하게 알 수 있습니다.

이후에 바울이 바나바와 함께 안디옥 교회에서 1년간 봉사하며 그곳 사람들을 그 짧은 시간에 '그리스도인'으로 만들 수 있었던 비결은 바로 바울의 월등한 구약 실력 때문이었습니다. 그리고 성령님의 놀라운 역사가 함께하셨던 것입니다.

바울은 이방인이 중심이 된 안디옥 교회를 섬기는 중에 선교사로 부름을 받고 1차, 2차, 그리고 3차에 걸쳐 전도여행을 하는 '땅끝을 바라보는 선교사'로 사역을 감당했습니다. 바울의 사역은 직접 하나님 나라 복음을 전파하는 일, 믿는 이들을 양육하는 일, 세워진 교회에 편지로 성도들을 양육하는 일 등이었습니다. 그런데 거기에 더한 바울의 중요한 사역이 있었는데 그것은 바울의 '기도 사역'이었습니다.

바울은 자기 자신이 먼저 기도하는 사람이었고, 성도들에게는 쉬지 말고 기도하라고 권면하는 사람이었습니다. 바울이 기도하면서 사명을 감당한 것은, 사람을 구원하고 하나님의 나라가 이 땅에 임하게 하는 일이 하나님의 절대 주권에 달려 있음을 믿었기 때문입니다. 성경은 많은 부분에서 바울을 기도의 사람으로 소개하고 있습니다.

바울이 안디옥 교회를 선교센터로 하여 소아시아와 유럽에 복음을 전할 수 있었던 중요한 원동력은 안디옥 교회가 금식하며 기도하는 교회였고, 하나님께 온전히 헌신하는 교회였기 때문입니다.

"안디옥 교회에 선지자들과 교사들이 있으니 곧 바나바와 니게르라
하는 시므온과 구레네 사람 루기오와 분봉 왕 헤롯의 젖동생 마나엔
과 및 사울이라 주를 섬겨 금식할 때에 성령이 이르시되 내가 불러 시
키는 일을 위하여 바나바와 사울을 따로 세우라 하시니 이에 금식하
며 기도하고 두 사람에게 안수하여 보내니라"(행 13:1~3).

바울은 바나바와 함께 1차 전도여행을 하며 더베까지 갔다가 수리아 안
디옥(안디옥 교회)으로 귀환하는 길에 루스드라와 이고니온, 그리고 비시디
아 안디옥을 다시 방문합니다. 비시디아 안디옥에서 바울은 바나바와 함께
각 교회(루스드라, 이고니온, 비시디아 안디옥)에 교회의 일꾼인 장로들을 세우고,
금식하고 기도하며 그들을 주님께 위탁합니다. 바울이 교회의 일꾼 세우는
일과 금식과 기도 훈련이 얼마나 중요한지를 선교 초기부터 매우 중요하게
여기며 이를 교육했던 것입니다.

"복음을 그 성에서 전하여 많은 사람을 제자로 삼고 루스드라와 이고
니온과 안디옥으로 돌아가서 제자들의 마음을 굳게 하여 이 믿음에
머물러 있으라 권하고 또 우리가 하나님의 나라에 들어가려면 많은
환난을 겪어야 할 것이라 하고 각 교회에서 장로들을 택하여 금식 기
도 하며 그들이 믿는 주께 그들을 위탁하고"(행 14:21~23).

사도행전 16장에는 바울이 2차 전도여행 중에 빌립보에서 안식일에 기
도할 곳이 있는지 찾아 나섰다고 기록되어 있습니다. 그때 하나님께서는
기도하며 사역하는 바울 일행에게 루디아를 비롯한 믿는 자를 더해주셨습

니다.

> "안식일에 우리가 기도할 곳이 있을까 하여 문 밖 강가에 나가 거기
> 앉아서 모인 여자들에게 말하는데 두아디라 시에 있는 자색 옷감 장
> 사로서 하나님을 섬기는 루디아라 하는 한 여자가 말을 듣고 있을 때
> 주께서 그 마음을 열어 바울의 말을 따르게 하신지라"(행 16:13~14).

바울은 빌립보에서 귀신 들려 점치는 여종을 예수님의 이름으로 고쳐준
일로 고발을 당하여 매를 많이 맞고 감옥에 갇힌 일이 있습니다. 감옥 안에
서 바울은 낙심하거나 좌절하지 않고 오히려 한밤중에 실라와 함께 기도하
며 하늘의 하나님을 찬송했습니다.

> "한밤중에 바울과 실라가 기도하고 하나님을 찬송하매 죄수들이 듣
> 더라"(행 16:25).

바울과 실라가 기도하며 하나님을 찬송하자 옥중에 지진이 납니다. 그
일은 결국 간수와 간수의 가족이 예수를 믿고 구원받게 되는 놀라운 역사를
일어나게 합니다.

바울은 '사도행전 30년' 동안 교회를 세우고, 교회의 일꾼들을 세우는 사
도로 그의 삶을 살았습니다. 바울은 전도여행을 했던 소아시아와 유럽, 그
리고 심지어 황제 재판을 받기 위해서 미결수 신분으로 로마로 가는 중에도
잠시 잠깐이라도 머무는 곳이 있다면 그곳에 교회를 세우고 교회의 일꾼들
을 세웠다고 합니다. 바울은 기도하면서 말씀을 가르치고, 일꾼을 세우며

교회를 세웠습니다. 바울은 한마디로 '말씀과 기도의 사람'이었습니다.

"우리는 오로지 기도하는 일과 말씀 사역에 힘쓰리라"(행 6:4).

2. 바울의 기도는 어디에서 왔는가?

바울은 자기 자신을 바리새인 중의 바리새인이었다고 소개합니다.

"바울이 그 중 일부는 사두개인이요 다른 일부는 바리새인인 줄 알고 공회에서 외쳐 이르되 여러분 형제들아 나는 바리새인이요 또 바리새인의 아들이라 죽은 자의 소망 곧 부활로 말미암아 내가 심문을 받노라"(행 23:6).

"일찍부터 나를 알았으니 그들이 증언하려 하면 내가 우리 종교의 가장 엄한 파를 따라 바리새인의 생활을 하였다고 할 것이라"(행 26:5).

"나는 팔일 만에 할례를 받고 이스라엘 족속이요 베냐민 지파요 히브리인 중의 히브리인이요 율법으로는 바리새인이요 열심으로는 교회를 박해하고 율법의 의로는 흠이 없는 자라"(빌 3:5~6).

그렇다면 바리새인은 어떤 사람들일까요? 사실 바리새인이 되기가 쉽지 않습니다. 바리새인의 생활 속으로 들어가 보면 그들은 '이레에 두 번씩 금식하는 사람들'입니다. 바리새인들은 곡식이 너무 많아서 창고에 쌓아둘 곳이 없을 정도의 부자들인데, 바로 그들이 일주일마다 이틀씩이나 금식했다는 것입니다. 먹을 것이 없어서 굶는 일이 아닌, 자기 자신의 의지로 금식을 한다는 것은 결코 쉬운 일이 아닙니다. 우리의 경건 생활을 살펴보면 우리가 얼마나 금식을 하지 않는지 깨닫게 될 것입니다. 그런 면에서 바리새인들은 정말 대단한 사람들입니다.

바리새인들은 어려서부터 엄한 율법 교육을 받은 사람들입니다. 그들은 율법을 지식으로만이 아닌, 삶 가운데 배운 대로 실천하도록 교육을 받은 사람들입니다. 그러니 바리새인으로 산다는 것은 다시 말하건대 정말 어려운 일입니다.

바리새인들은 철저하게 '소득의 십일조'를 바치는 자들입니다. 예수님 당시 사두개파 사람들은 예루살렘 성전을 기반으로 하는 종교 귀족들이었고, 바리새파 사람들은 경제적 중산층이었습니다. 그리고 당시 일반 대중들은 로마에 세금을 내고 나면 경제 생활이 거의 불가능에 가까운 가난한 사람들이었습니다. 그런데 바리새인들은 길거리에서 큰 소리로 모든 사람의 귓전에 다 들리도록 자신들은 철저하게 '소득의 십일조를 드린다고 기도하는 사람들'이었습니다. 정말 그들은 큰 돈을 성전에 헌금하는 사람들이었습니다. 철저한 십일조도 일주일에 이틀을 금식하는 것만큼 어려운 일입니다.

> "바리새인은 서서 따로 기도하여 이르되 하나님이여 나는 다른 사람들 곧 토색, 불의, 간음을 하는 자들과 같지 아니하고 이 세리와도 같지 아니함을 감사하나이다 나는 이레에 두 번씩 금식하고 또 소득의 십일조를 드리나이다 하고"(눅 18:11~12).

그런데 예수님께서는 이렇게 기도하는 바리새인의 기도에 대해 그들의 기도는 하나님께 응답을 받지 못한다고 말씀하십니다(눅 18:14). 바리새인처럼 살기도 쉽지 않고, 바리새인처럼 기도하기도 쉽지 않은데 예수님께서 바리새인처럼 기도하지 말라고 잘라 말씀하신 것입니다(마 6:5~8).

바리새인의 기도가 하나님께 응답을 받을 수 없는 까닭은 그들의 기도가 율법을 의지하면서도 율법의 정신이 빠진 기도였기 때문입니다. 그들은 율법을 배우고 율법을 실천하면서도 하나님에 대한 두려움과 떨림이 없었습니다. 그들은 자기들과 다른 사람들을 비교하면서 자신들이 눈에 보이는 율법을 지킨다는 점을 부각하며 자랑하기에 바빴습니다. 율법을 지키며 율법을 강조하면서 정작 다른 사람들에 대한 '긍휼의 마음'은 빠져 있었습니다. 놀라운 사실은, 바리새인에게 빠져 있는 '긍휼의 마음'이 바로 우리 하늘 아버지의 마음이라는 사실입니다.

누구나 말씀의 거울 앞에서 부끄럽고 부족한 자기 자신의 모습을 보아야 합니다. 그런데 바리새인들은 '자기는 율법을 지키므로 의롭고, 다른 사람들은 율법을 지키지 못하므로 멸시해도 된다'는 생각으로 기도했던 것입니다(눅 18:9,11). 그들은 자기 자신을 높였습니다(눅 18:14). 하나님 앞에서 경건의 모습을 가진 듯했으나 그것은 위선이었습니다. 바리새인의 기도에는 '긍휼'이 없고, 자기를 의롭다고 여기는 '위선'으로 가득 차 있었던 것입니다.

참된 경건은 연약한 이를 돌아보는 것입니다. '제사장 나라' 법은 제사장이 '율법을 어기고 속죄제와 속건제'를 드리는 이들에 대해 긍휼의 마음으로 그들의 제사를 도와야 합니다. 다른 사람과 비교해서 자기처럼 살지 못하는 이들을 업신여기는 것은 '제사장 나라 거룩한 시민'이 해서는 안 될 일입니다. 그런데 바리새인의 기도에는 참된 경건은 없고, 자기 자랑만 가득했습니다.

예수님을 만나기 전, 바울은 바리새인들의 기도 전통에서 기도를 배웠을 것입니다. 그는 그 시대 최고의 율법 학자 가말리엘에게서 율법 전문가 교육을 받았습니다. 그러면서 구약성경 한 권에 관한 충분한 지식을 쌓았습니다. 바울은 구약성경의 기도에서 기도가 무엇인지 배웠을 것입니다. 1500년 전 모세오경을 가슴에 품고 기도했을 것입니다. 그런데 스데반이 순교하면서 하나님께 올려드리는 기도를 들으며 큰 충격을 받았을 것입니다. 스데반의 기도는 자기를 돌로 치는 자들을 용서해달라는 기도였습니다.

이어서 바울에게 결정적인 사건이 일어났습니다. 다메섹으로 가는 길에 예수님을 만난 것입니다. 그때부터 청년 사울은 바울이 되어 다른 삶을 살았습니다. 바리새인의 삶에 충실했던 바울이 그때부터 달라진 사람으로 기도하기 시작한 것입니다. 바울 기도의 완성은 예수님을 구세주와 주님으로 만난 이후부터입니다. 예수님을 뵙고 나서 비로소 구약성경이 열린 것입니다. 바울은 그 이전에 가지고 있던 '긍휼'이 빠져 있는 바리새인의 지식과 형식주의를 버렸습니다. 왜냐하면, 그리스도를 아는 지식이 가장 고상하다는 것을 알았기 때문입니다(빌 3:4~9).

바울의 신앙고백을 들어보면 그가 어떤 사람인지 알 수 있습니다. 갈라디아서 2장 19절에서 20절은 바울의 위대한 신앙고백입니다.

> "내가 율법으로 말미암아 율법에 대하여 죽었나니 이는 하나님에 대하여 살려 함이라 내가 그리스도와 함께 십자가에 못 박혔나니 그런즉 이제는 내가 사는 것이 아니요 오직 내 안에 그리스도께서 사시는 것이라 이제 내가 육체 가운데 사는 것은 나를 사랑하사 나를 위하여 자기 자신을 버리신 하나님의 아들을 믿는 믿음 안에서 사는 것이라"
> (갈 2:19~20).

바울의 신앙고백은 베드로를 비롯해 이전 제자들의 신앙고백과는 그 차원이 다릅니다. 다른 이들의 신앙고백은 예수 그리스도를 마주하면서 "주(당신)는 그리스도이십니다."라는 고백이었습니다. 그러나 바울은 "내 안에 그리스도께서 사신다."라고 고백한 것입니다. 바울의 신앙고백은 '율법에 대하여 죽었다.' '그리스도와 함께 십자가에 못 박혔다.' '이제는 내가 산 것이 아니요 오직 내 안에 그리스도께서 사신다.'입니다.

내 안에 내가 너무나 많은 것이 우리인데 바울은 "오직 내 안에 그리스도께서 사신다."라고 고백합니다. 바울은 자신의 이 고백이 모든 성도의 고백이 되기를 소망했습니다.

　우리 가운데 바울처럼 고백할 수 있는 사람이 있을까요? 바울과 같은 고백을 하려면, 우리는 먼저 그리스도와 함께 십자가에 못 박혀야 합니다. 이것은 '나는 죽고 그리스도만 살아야' 가능합니다. 우리의 육체를 십자가에 못 박아야만 가능합니다. 그래야 그리스도와 함께 다시 살아날 수 있습니다. 바울의 신앙고백은 정말 '깊이 생각해보아야 하는' 묵직한 고백입니다.

3. 바울이 남긴 교회를 위한 기도들

바울은 그리스도와 그의 몸인 교회에 대해 많이 생각하면서 교회의 영광스러움을 더 깨달아 알게 되었고, 교회가 그의 전부가 되었습니다. 그래서 바울은 복음을 전파하며 교회를 세우고, 교회를 위해 기도하는 일을 쉬지 않는 삶을 살았습니다. 바울이 자신을 위해 어떤 기도 내용으로 기도했는지는 그다지 기록에 남기지 않았습니다. 그러나 교회를 위한 아름다운 기도는 기록에 많이 남겨주었기에 오늘 우리가 전심을 다해 교회를 위해 기도할 수 있게 되었습니다. 교회를 위한 바울의 기도를 살펴보면 다음과 같습니다.

먼저 바울의 기도는 충분한 성경 지식에 기반합니다. 바울의 기도는 십자가에서 죽으시고 부활하신 예수 그리스도를 아는 지식과 믿음에서 나온 기도입니다. 바울은 그리스도의 몸인 교회의 영광스러움을 알고 있었기에 교회를 위한 주옥같은 기도를 남길 수 있었습니다. 바울은 데살로니가 교회, 에베소 교회, 빌립보 교회, 골로새 교회 등을 위한 기도를 남겼습니다. 그리고 다음 세대의 교회를 이끌고 갈 복음 2세대 지도자들인 디모데와 디도를 위해서도 기도를 남겼습니다.

> "믿음으로 말미암아 그리스도께서 너희 마음에 계시게 하시옵고 너
> 희가 사랑 가운데서 뿌리가 박히고 터가 굳어져서"(엡 3:17).

이 기도가 바울의 소원이었습니다. 이 기도는 자기를 드러내 자랑하는 바리새인들의 기도와는 천양지차(天壤之差)입니다. 바울은 '내 안에 계시는 그리스도께서 성도들의 마음에도 같이 계시게 해달라'고 기도했습니다. 그리고 기도하는 사람 바울은 늘 교회들에게 기도 요청을 했습니다. 바울은 하나님께서 성도의 기도를 들으시고 어떻게 세계를 경영하시는지 알기 때문입니다. 바울이 교회에 보내는 편지들 가운데 그가 하나님께 올려드린 많은 기도를 보십시오. 그가 얼마나 그리스도에게 집중하고 있는지!

데살로니가 교회를 위한 바울의 기도

> "그러므로 너희가 주 안에 굳게 선즉 우리가 이제는 살리라 우리가 우
> 리 하나님 앞에서 너희로 말미암아 모든 기쁨으로 기뻐하니 너희를
> 위하여 능히 어떠한 감사로 하나님께 보답할까 주야로 심히 간구함
> 은 너희 얼굴을 보고 너희 믿음이 부족한 것을 보충하게 하려 함이라"
> (살전 3:8~10).

"하나님 우리 아버지와 우리 주 예수는 우리 길을 너희에게로 갈 수 있게 하시오며 또 주께서 우리가 너희를 사랑함과 같이 너희도 피차간과 모든 사람에 대한 사랑이 더욱 많아 넘치게 하사 너희 마음을 굳건하게 하시고 우리 주 예수께서 그의 모든 성도와 함께 강림하실 때에 하나님 우리 아버지 앞에서 거룩함에 흠이 없게 하시기를 원하노라"(살전 3:11~13).

"평강의 하나님이 친히 너희를 온전히 거룩하게 하시고 또 너희의 온 영과 혼과 몸이 우리 주 예수 그리스도께서 강림하실 때에 흠 없게 보전되기를 원하노라 너희를 부르시는 이는 미쁘시니 그가 또한 이루시리라"(살전 5:23~24).

"이러므로 우리도 항상 너희를 위하여 기도함은 우리 하나님이 너희를 그 부르심에 합당한 자로 여기시고 모든 선을 기뻐함과 믿음의 역사를 능력으로 이루게 하시고 우리 하나님과 주 예수 그리스도의 은혜대로 우리 주 예수의 이름이 너희 가운데서 영광을 받으시고 너희도 그 안에서 영광을 받게 하려 함이라"(살후 1:11~12).

(바울의 기도 권면과 부탁)

"쉬지 말고 기도하라"(살전 5:16).

"형제들아 우리를 위하여 기도하라"(살전 5:25).

"형제들아 너희는 우리를 위하여 기도하기를 주의 말씀이 너희 가운데서와 같이 퍼져 나가 영광스럽게 되고 또한 우리를 부당하고 악한 사람들에게서 건지시옵소서 하라 믿음은 모든 사람의 것이 아니니라 주는 미쁘사 너희를 굳건하게 하시고 악한 자에게서 지키시리라 너희에 대하여는 우리가 명한 것을 너희가 행하고 또 행할 줄을 우리가 주 안에서 확신하노니 주께서 너희 마음을 인도하여 하나님의 사랑과 그리스도의 인내에 들어가게 하시기를 원하노라"(살후 3:1~5).

에베소 교회를 위한 바울의 기도

"이로 말미암아 주 예수 안에서 너희 믿음과 모든 성도를 향한 사랑을 나도 듣고 내가 기도할 때에 기억하며 너희로 말미암아 감사하기를 그치지 아니하고 우리 주 예수 그리스도의 하나님, 영광의 아버지께서 지혜와 계시의 영을 너희에게 주사 하나님을 알게 하시고 너희 마음의 눈을 밝히사 그의 부르심의 소망이 무엇이며 성도 안에서 그 기업의 영광의 풍성함이 무엇이며 그의 힘의 위력으로 역사하심을 따라 믿는 우리에게 베푸신 능력의 지극히 크심이 어떠한 것을 너희로 알게 하시기를 구하노라"(엡 1:15~19).

"그의 능력이 그리스도 안에서 역사하사 죽은 자들 가운데서 다시 살리시고 하늘에서 자기의 오른편에 앉히사 모든 통치와 권세와 능력과 주권과 이 세상뿐 아니라 오는 세상에 일컫는 모든 이름 위에 뛰어나게 하시고 또 만물을 그의 발 아래에 복종하게 하시고 그를 만물 위

에 교회의 머리로 삼으셨느니라 교회는 그의 몸이니 만물 안에서 만
물을 충만하게 하시는 이의 충만함이니라"(엡 1:20~23).

"이러므로 내가 하늘과 땅에 있는 각 족속에게 이름을 주신 아버지 앞
에 무릎을 꿇고 비노니 그의 영광의 풍성함을 따라 그의 성령으로 말
미암아 너희 속사람을 능력으로 강건하게 하시오며 믿음으로 말미암
아 그리스도께서 너희 마음에 계시게 하시옵고 너희가 사랑 가운데
서 뿌리가 박히고 터가 굳어져서 능히 모든 성도와 함께 지식에 넘치
는 그리스도의 사랑을 알고 그 너비와 길이와 높이와 깊이가 어떠함
을 깨달아 하나님의 모든 충만하신 것으로 너희에게 충만하게 하시
기를 구하노라 우리 가운데서 역사하시는 능력대로 우리가 구하거나
생각하는 모든 것에 더 넘치도록 능히 하실 이에게 교회 안에서와 그
리스도 예수 안에서 영광이 대대로 영원무궁하기를 원하노라 아멘"
(엡 3:14~21).

(바울의 기도 권면과 부탁)

"모든 기도와 간구를 하되 항상 성령 안에서 기도하고 이를 위하여 깨
어 구하기를 항상 힘쓰며 여러 성도를 위하여 구하라 또 나를 위하여
구할 것은 내게 말씀을 주사 나로 입을 열어 복음의 비밀을 담대히 알
리게 하옵소서 할 것이니 이 일을 위하여 내가 쇠사슬에 매인 사신이
된 것은 나로 이 일에 당연히 할 말을 담대히 하게 하려 하심이라"(엡
6:18~21).

빌립보 교회를 위한 바울의 기도

"내가 기도하노라 너희 사랑을 지식과 모든 총명으로 점점 더 풍성하게 하사 너희로 지극히 선한 것을 분별하며 또 진실하여 허물 없이 그리스도의 날까지 이르고 예수 그리스도로 말미암아 의의 열매가 가득하여 하나님의 영광과 찬송이 되기를 원하노라"(빌 1:9~11).

골로새 교회를 위한 바울의 기도

"이로써 우리도 듣던 날부터 너희를 위하여 기도하기를 그치지 아니하고 구하노니 너희로 하여금 모든 신령한 지혜와 총명에 하나님의 뜻을 아는 것으로 채우게 하시고 주께 합당하게 행하여 범사에 기쁘시게 하고 모든 선한 일에 열매를 맺게 하시며 하나님을 아는 것에 자라게 하시고 그의 영광의 힘을 따라 모든 능력으로 능하게 하시며 기쁨으로 모든 견딤과 오래 참음에 이르게 하시고 우리로 하여금 빛 가운데서 성도의 기업의 부분을 얻기에 합당하게 하신 아버지께 감사하게 하시기를 원하노라"(골 1:9~12).

(기도를 들으실 아버지 하나님과 그의 아들 예수 그리스도에 관한 바울의 진술)

"그가 우리를 흑암의 권세에서 건져내사 그의 사랑의 아들의 나라로 옮기셨으니 그 아들 안에서 우리가 속량 곧 죄 사함을 얻었도다 그는 보이지 아니하는 하나님의 형상이시요 모든 피조물보다 먼저 나신

이시니 만물이 그에게서 창조되되 하늘과 땅에서 보이는 것들과 보이지 않는 것들과 혹은 왕권들이나 주권들이나 통치자들이나 권세들이나 만물이 다 그로 말미암고 그를 위하여 창조되었고 또한 그가 만물보다 먼저 계시고 만물이 그 안에 함께 섰느니라 그는 몸인 교회의 머리시라 그가 근본이시요 죽은 자들 가운데서 먼저 나신 이시니 이는 친히 만물의 으뜸이 되려 하심이요 아버지께서는 모든 충만으로 예수 안에 거하게 하시고 그의 십자가의 피로 화평을 이루사 만물 곧 땅에 있는 것들이나 하늘에 있는 것들이 그로 말미암아 자기와 화목하게 되기를 기뻐하심이라"(골 1:13~20).

(바울의 기도 생활 권면)

"기도를 계속하고 기도에 감사함으로 깨어 있으라 또한 우리를 위하여 기도하되 하나님이 전도할 문을 우리에게 열어 주사 그리스도의 비밀을 말하게 하시기를 구하라 내가 이 일 때문에 매임을 당하였노라 그리하면 내가 마땅히 할 말로써 이 비밀을 나타내리라"(골 4:2~4).

(기도하는 사람 에바브라에 관한 바울의 칭찬)

"그리스도 예수의 종인 너희에게서 온 에바브라가 너희에게 문안하느니라 그가 항상 너희를 위하여 애써 기도하여 너희로 하나님의 모든 뜻 가운데서 완전하고 확신 있게 서기를 구하나니 그가 너희와 라오디게아에 있는 자들과 히에라볼리에 있는 자들을 위하여 많이 수

고하는 것을 내가 증언하노라"(골 4:12~13).

"그러므로 내가 첫째로 권하노니 모든 사람을 위하여 간구와 기도와 도고와 감사를 하되 임금들과 높은 지위에 있는 모든 사람을 위하여 하라 이는 우리가 모든 경건과 단정함으로 고요하고 평안한 생활을 하려 함이라"(딤전 2:1~2).

"그러므로 각처에서 남자들이 분노와 다툼이 없이 거룩한 손을 들어 기도하기를 원하노라"(딤전 2:8).

"내가 밤낮 간구하는 가운데 쉬지 않고 너를 생각하여 청결한 양심으로 조상적부터 섬겨 오는 하나님께 감사하고"(딤후 1:3).

교회를 위한 바울의 기도는 놀라운 선물입니다. 바울은 우상이 가득한 세상, 우상 신전들의 화려함과 웅장함을 자랑하는 시대에서, 교회당 건물 한 평도 마련되지 않은 상황에서 교회의 영광스러운 미래를 이미 알았습니다. 그래서 바울은 교회당 건축을 위해서가 아니라, 교회를 교회답게 세우기 위해 기도할 수 있었습니다.

바울은 당시 아테네의 파르테논 신전보다 거의 두 배나 큰 규모를 자랑하던 에베소의 아데미 여신을 보고도 전혀 부러워하지 않았습니다. 그런 우상의 신전에는 하나님이 거하시지 않기 때문입니다. 바울은 '오직 그리스도의 몸이요 성전인 교회 안에' 그리스도께서 살아 계시게 되길 간절히 기도했습니다. 그것이 전부였습니다. 그래서 바울은 에베소에 에베소 교회를 세우기 위해 3년 동안이나 눈물로 말씀을 가르치며 기도하고 헌신했던 것입니다(행 20:31; 엡 1:15~19, 3:14~21).

4. 축복의 사람 바울의 기도 주제

바울 서신의 시작 부분과 마치는 부분에서 보여주는 기도의 주제는 언제나 '은혜와 평강', '은혜와 긍휼과 평강'입니다. 이는 구약 대제사장과 제사장의 축복기도에서 배운 기도였습니다.

"여호와는 네게 복을 주시고 너를 지키시기를 원하며 여호와는 그의 얼굴을 네게 비추사 은혜 베푸시기를 원하며 여호와는 그 얼굴을 네게로 향하여 드사 평강 주시기를 원하노라 할지니라 하라 그들은 이같이 내 이름으로 이스라엘 자손에게 축복할지니 내가 그들에게 복을 주리라"(민 6:24~27).

바울은 모든 교회에 보내는 편지에 '은혜와 긍휼과 평강'이 함께하기를 기도한다며 시작합니다. 그리고 편지의 마무리는 언제나 '주 예수의 은혜가 함께 하기를'이라며 축복기도로 끝냅니다.

바울 서신서의 시작 부분에서 늘 언급되는 '은혜와 평강, 긍휼'

"하나님 아버지와 주 예수 그리스도로부터 은혜와 평강이 너희에게 있을지어다"(살후 1:2).

"우리 하나님 아버지와 주 예수 그리스도로부터 은혜와 평강이 있기를 원하노라"(갈 1:3).

"하나님 우리 아버지와 주 예수 그리스도로부터 은혜와 평강이 있기를 원하노라"(고전 1:3).

"로마에서 하나님의 사랑하심을 받고 성도로 부르심을 받은 모든 자에게 하나님 우리 아버지와 주 예수 그리스도로부터 은혜와 평강이 있기를 원하노라"(롬 1:7).

"하나님 우리 아버지와 주 예수 그리스도로부터 은혜와 평강이 너희에게 있을지이다"(엡 1:2).

바울 서신서의 마침 부분에서 항상 언급되는 '주 예수 그리스도의 은혜', '주 예수 그리스도의 은혜와 하나님의 사랑과 성령의 교통하심'

"우리 주 예수 그리스도의 은혜가 너희에게 있을지어다"(살전 5:28).

"형제들아 우리 주 예수 그리스도의 은혜가 너희 심령에 있을지어다 아멘"(갈 6:18).

"주 예수 그리스도의 은혜와 하나님의 사랑과 성령의 교통하심이 너희 무리와 함께 있을지어다"(고후 13:13).

"주 예수 그리스도의 은혜가 너희 심령에 있을지어다"(빌 4:23).

"나는 주께서 네 심령에 함께 계시기를 바라노니 은혜가 너희와 함께 있을지어다"(딤후 4:22).

바울은 쉬지 않고 기도하는 사람이었으며 주야로 간구하는 사도였습니다. 바울은 성도들에게 자신 있게 자신처럼 '항상' 기도하기를 권면하는 사도였습니다. 주야로 기도하는 사람이 하나님께 소망을 둔 사람이라고 판단했기 때문입니다. 바울의 특별한 기도 생활을 보여주는 표현들은 다음과 같습니다.

"그러므로 여러분이 일깨어 내가 삼 년이나 밤낮 쉬지 않고 눈물로 각 사람을 훈계하던 것을 기억하라"(행 20:31).

"주야로 심히 간구함은 너희 얼굴을 보고 너희 믿음이 부족한 것을 보충하게 하려 함이라"(살전 3:10).

"내가 그의 아들의 복음 안에서 내 심령으로 섬기는 하나님이 나의 증인이 되시거니와 항상 내 기도에 쉬지 않고 너희를 말하며"(롬 1:9).

"모든 기도와 간구를 하되 항상 성령 안에서 기도하고 이를 위하여 깨어 구하기를 항상 힘쓰며 여러 성도를 위하여 구하라"(엡 6:18).

"내가 밤낮 간구하는 가운데 쉬지 않고 너를 생각하여 청결한 양심으로 조상적부터 섬겨 오는 하나님께 감사하고"(딤후 1:3).

바울은 전도여행을 하며 계속해서 교회를 세웠는데, 그러면서도 늘 기도할 곳을 찾아 기도했습니다. 바울은 여러 교회의 소식에 늘 귀를 기울이며 모든 교회를 위한 기도를 쉬지 않았습니다.

"안식일에 우리가 기도할 곳이 있을까 하여 문 밖 강가에 나가 거기 앉아서 모인 여자들에게 말하는데"(행 16:13).

"우리가 너희 모두로 말미암아 항상 하나님께 감사하며 기도할 때에 너희를 기억함은 너희의 믿음의 역사와 사랑의 수고와 우리 주 예수 그리스도에 대한 소망의 인내를 우리 하나님 아버지 앞에서 끊임없이 기억함이니"(살전 1:2~3).

5. 바울의 기도 공식 다섯 가지

다메섹 도상에서 예수님을 만난 후부터 바울은 바리새인들의 기도가 아닌, 성경 속 하나님의 사람들처럼 '하나님께 통하는 기도'를 드렸습니다. 다섯 가지의 기도 공식으로 바울의 기도를 살펴봅니다.

첫째, 바울의 기도는 먼저 '기록된 성경'(구약성경 39권과 예수 그리스도에 관한 기록)을 충분히 공부하고 하나님께 올려드린 기도였습니다.

한나가 하나님께 아들을 구하면서 성경 속 사라의 이야기와 나실인 법을 알고 믿음으로 하나님께 기도를 드렸듯이, 바울은 구약성경에 정통했으며 예수 그리스도에 대해서도 알고 그 성경 지식을 바탕으로 믿음으로 하나님께 기도했습니다.

"나는 유대인으로 길리기아 다소에서 났고 이 성에서 자라 가말리엘

의 문하에서 우리 조상들의 율법의 엄한 교훈을 받았고 오늘 너희 모
든 사람처럼 하나님께 대하여 열심이 있는 자라"(행 22:3).

"데오빌로여 내가 먼저 쓴 글에는 무릇 예수께서 행하시며 가르치시
기를 시작하심부터 그가 택하신 사도들에게 성령으로 명하시고 승천
하신 날까지의 일을 기록하였노라"(롬 1:1~2).

둘째, 바울은 성경 지식의 바탕 위에 현실의 문제를 정확하게 판단하고
하나님께 기도했습니다.

다윗이 사울의 칼끝을 피해 10여 년을 도망 다니면서 "오직 그만이 나의
반석이시요 나의 구원이시요 나의 요새이시니"(시 62:2)라고 간구하며 기도
했듯이, 바울도 수많은 어려움과 대면하면서 늘 하나님의 도우심을 구하고
하나님만을 의지했습니다. 바울은 성도들에게 당시 그리스도인들의 가장
큰 어려움이었던 유대교 유대인들이 복음 전파 방해와 로마 제국의 박해를
이겨내며 끝내 "예수 그리스도의 십자가를 조금도 헛되이 하지 말자!"라며
함께 기도하기를 권했습니다. 이것이 성경 지식을 기반으로 현실의 문제를
안고 바울이 하나님께 기도했던 내용입니다.

"다른 복음은 없나니 다만 어떤 사람들이 너희를 교란하여 그리스도
의 복음을 변하게 하려 함이라"(갈 1:7).

"우리의 씨름은 혈과 육을 상대하는 것이 아니요 통치자들과 권세들
과 이 어둠의 세상 주관자들과 하늘에 있는 악의 영들을 상대함이라

그러므로 하나님의 전신 갑주를 취하라 이는 악한 날에 너희가 능히 대적하고 모든 일을 행한 후에 서기 위함이라 그런즉 서서 진리로 너희 허리 띠를 띠고 의의 호심경을 붙이고 평안의 복음이 준비한 것으로 신을 신고"(엡 6:12~15).

셋째, 바울은 기도하기 전에 먼저 성경을 묵상한 후 하나님께 기도했습니다.

하나님께 기도하기 전에 먼저 성경을 묵상하는 것은 성경적 기도를 드릴 수 있는 '핵심 비결'입니다. 기도하고 싶고, 기도하기로 마음을 먹었다면, 잠시라도 먼저 기록된 하나님의 말씀인 성경을 먼저 생각하고 묵상한 후 기도로 들어가십시오. 그러면 내가 만족하는 기도가 아닌, 하나님께서 들으시고 응답해주실 기도를 할 수 있습니다. 이것이 성경 속 하나님의 사람들이 가진 기도의 비결입니다.

"내가 그리스도와 함께 십자가에 못 박혔나니 그런즉 이제는 내가 사는 것이 아니요 오직 내 안에 그리스도께서 사시는 것이라 이제 내가 육체 가운데 사는 것은 나를 사랑하사 나를 위하여 자기 자신을 버리신 하나님의 아들을 믿는 믿음 안에서 사는 것이라"(갈 2:20).

"내가 기도할 때에 기억하며 너희로 말미암아 감사하기를 그치지 아니하고 우리 주 예수 그리스도의 하나님, 영광의 아버지께서 지혜와 계시의 영을 너희에게 주사 하나님을 알게 하시고 너희 마음의 눈을 밝히사 그의 부르심의 소망이 무엇이며 성도 안에서 그 기업의 영광

의 풍성함이 무엇이며 그의 힘의 위력으로 역사하심을 따라 믿는 우
리에게 베푸신 능력의 지극히 크심이 어떠한 것을 너희로 알게 하시
기를 구하노라"(엡 1:16~19).

넷째, 바울의 기도는 하나님의 때에 이루어질 것을 믿음으로 기다리며
하나님께 올려드린 기도였습니다.

바울은 제자들과 선지자들의 기록의 '터' 위에 세움을 입은 교회의 성도
들이 '하나님이 거하실 처소'가 되어가는 것을 소망하는 기도였습니다.

"너희는 사도들과 선지자들의 터 위에 세우심을 입은 자라 그리스도
예수께서 친히 모퉁잇돌이 되셨느니라 그의 안에서 건물마다 서로
연결하여 주 안에서 성전이 되어 가고 너희도 성령 안에서 하나님이
거하실 처소가 되기 위하여 그리스도 예수 안에서 함께 지어져 가느
니라"(엡 2:20~22).

"너희는 너희가 하나님의 성전인 것과 하나님의 성령이 너희 안에 계
시는 것을 알지 못하느냐"(고전 3:16).

다섯째, 바울의 기도는 하나님께 영광을 돌리는 기도였습니다.

바울이 하나님께 기도하며 모든 영광을 하나님께 돌려드린 이유는 '장차
우리에게 나타날 영광과 비교할 수 없기 때문'이었습니다.

"찬송하리로다 하나님 곧 우리 주 예수 그리스도의 아버지께서 그리

스도 안에서 하늘에 속한 모든 신령한 복을 우리에게 주시되 곧 창세
전에 그리스도 안에서 우리를 택하사 우리로 사랑 안에서 그 앞에 거
룩하고 흠이 없게 하시려고 그 기쁘신 뜻대로 우리를 예정하사 예수
그리스도로 말미암아 자기의 아들들이 되게 하셨으니 이는 그가 사
랑하시는 자 안에서 우리에게 거저 주시는바 그의 은혜의 영광을 찬
송하게 하려는 것이라"(엡 1:3~6).

"자녀이면 또한 상속자 곧 하나님의 상속자요 그리스도와 함께 한 상
속자니 우리가 그와 함께 영광을 받기 위하여 고난도 함께 받아야 할
것이니라 생각하건대 현재의 고난은 장차 우리에게 나타날 영광과
비교할 수 없도다"(롬 8:17~18).

"깊도다 하나님의 지혜와 지식의 풍성함이여, 그의 판단은 헤아리지
못할 것이며 그의 길은 찾지 못할 것이로다 누가 주의 마음을 알았느
냐 누가 그의 모사가 되었느냐 누가 주께 먼저 드려서 갚으심을 받겠
느냐 이는 만물이 주에게서 나오고 주로 말미암고 주에게로 돌아감
이라 그에게 영광이 세세에 있을지어다 아멘"(롬 11:33~36).

우리의 기도도 바울처럼 '기록된 성경을 먼저 알고' 믿음으로 하나님께
올려드리는 기도가 되어야 합니다. 그리고 '성경을 기반으로 현실 문제를
하나님께 아뢰며' 하나님의 뜻이 하늘에서 이루어진 것처럼 땅에서도 이루
어지기를 소망하며 기도해야 합니다. 그 다음 '기도 전에 반드시 성경을 먼
저 묵상'하고 성경적 기도를 드리기 위해 노력해야 합니다. 또한, 하나님의

응답을 기다리되 하나님의 때에 하나님께서 이루어주실 것을 믿고 기도해야 합니다. 마지막으로 우리의 기도도 '하나님께 영광을 돌리는 기도'가 되어야 합니다. 그러면 우리의 기도도 하나님께서 기뻐하시는 '하나님과 통하는 성경적 기도'가 될 것입니다.